产品经理面试100问

何文彬 / 著

理解公司，掌控面试，赢得高薪职位

電子工業出版社
Publishing House of Electronics Industry
北京•BEIJING

内 容 简 介

本书以产品经理的面试流程为主线，对常见的案例进行深入分析，从为什么要做好职业生涯规划、如何认清楚产品经理岗位，到研判企业为什么招聘、招聘要求有哪些，再到如何准备面试问题，逐一给出对策和建议，用 100 问的形式解答了产品经理在面试中常见的问题。

面试是每个人职业生涯规划的起点，本书希望提供给读者一站式的指导，帮助读者做好充分的准备，更重要的是教会读者读懂企业、读懂面试官，积极主动地把面试官当成“用户”，把简历和面试过程当成“产品”，充分利用产品思维，在关键环节中获胜，在众多应聘者中脱颖而出。

本书适合刚入行或想转行做产品经理的人阅读。

图书在版编目（CIP）数据

产品经理面试 100 问：理解公司，掌控面试，赢得高薪职位 / 何文彬著. —北京：电子工业出版社，2020.11
ISBN 978-7-121-39783-7

Ⅰ. ①产…　Ⅱ. ①何…　Ⅲ. ①企业管理－产品管理－问题解答　Ⅳ. ①F273.2-44

中国版本图书馆 CIP 数据核字（2020）第 198134 号

责任编辑：石　悦
印　　刷：中煤（北京）印务有限公司
装　　订：中煤（北京）印务有限公司
出版发行：电子工业出版社
　　　　　北京市海淀区万寿路 173 信箱　　邮编：100036
开　　本：720×1000　1/16　印张：17.5　字数：274 千字
版　　次：2020 年 11 月第 1 版
印　　次：2020 年 11 月第 1 次印刷
定　　价：69.00 元

凡所购买电子工业出版社图书有缺损问题，请向购买书店调换。若书店售缺，请与本社发行部联系，联系及邮购电话：（010）88254888，88258888。

质量投诉请发邮件至 zlts@phei.com.cn，盗版侵权举报请发邮件至 dbqq@phei.com.cn。

本书咨询联系方式：（010）51260888-819，faq@phei.com.cn。

前言

今年已经 40 岁的我正值“不惑之年”，但是仍然有很多困惑存在，不管是在职场、家庭生活上，还是在子女教育上，和大家都一样，每天都会有很多烦心事。回想从学生时代到职场的这么多年，我觉得我还算幸运，在国内顶尖的互联网公司工作了十年有余，这里有运气的成分，也有前辈们的经验指导。当离开时，我却发现并没有可以拿得出手的方法论和大家分享，尤其在很多年轻朋友问我求职建议时，我总有一种“别问我为什么，照着做就对了”的感觉。后来，我便去学习了到底应该如何做职业生涯规划，并取得了国家认证的职业生涯规划师的证书，希望从此不再“误人子弟”。

我写本书的初衷是提醒自己思考未来，也希望能给更多年轻人指引，希望他们能够尽快把大学生的思维方式转变为职场人的思维方式。只要你踏入职场，就已经开始为自己的简历添砖加瓦了，未来会有什么样的职业选择，其实都取决于昨天做了什么。我经常问自己一个问题：“你的职业生涯规划是什么？”这个问题很宽泛，很多人没有认真地想过，或者只能给出一些模糊的答案。其实我们在小的时候就被问过类似的问题，“你的理想是什么？”“长大后你要做什么？”“你想成为一个什么样的人？”当时，我们可能会回答想当科学家。随着年龄的增长、学业负担的加重，加上考取名校的压力、成绩排名的压力等，我们可能放弃了梦想，或者暂时不去思考这个问题了，而在按下这个暂停键后，就一直没有再按回来，好像在进入职场后，仍然不想思考这样的问题。我们可能在很多时候更关心眼前的事情，比如“工资有多少”“加班多不多”“是不是 996 工作制”“房租贵不贵”，而忽视了对未来的规划，好像生活就应该“随遇而安”，好像年轻就应该“多尝试，多失败”，甚至还美其名曰：“现在不吃点苦，等老了连尝试的勇气都没有了”。其实这就是“走一步算一步”，就是“今朝有酒今朝醉”的态度。我认为职业生涯规划恰恰在我们不断尝试的过程中给了我们“策略”的支撑，教会我们不要蛮干、傻干。道理大家都懂，而职业生涯是我们自己的，并且职业生涯没有回头路，时间过去了就过去了，永远都不会倒流。

从 2017 年开始，我在国内知名的服务平台上做职业生涯规划的咨询服务，一对一的咨询对象已经超过了 1000 人。从这些人身上，我看到了很多共性的东西，他们在面对如何求职、如何面试、如何写简历、如何评估自己的能力、如何选择行业、如何选择公司等问题时都有非常多的共同点，都很迷茫，好像从来没有人回答过他们这些问题。他们从互联网的文章中学习，从师兄和师姐的经验中学习，从就业指导中心的老师那里学习，但从结果来看，效果不好，一直在碰壁，一直在困惑。运气好的、悟性高的人可能很快找到了心仪的工作，运气不好的人可能 5 年内换了七八份工作。这些年轻人很无奈，他们在大学校园里缺少这样的课程，也缺少这种实践的机会。所以，我希望能从实战的角度、从公司实际招聘的角度、从未来实际工作的角度，讲讲应该如何做好职业生涯规划。

趁年轻敢闯和敢拼是好事，但是如果没有带枪上战场就是你的错了，你的竞争对手很可能比你学历高，比你经验丰富，比你能力强，可是你有什么呢？难道只能“肉搏”吗？只能不断重复低水平的面试吗？我写本书的目的是希望通过 100 个实用的问题，帮助你做职业生涯规划，帮助你解决求职面试的实际问题。这是一本凝结了真实问题、真实案例、真实方法的书，力求帮助刚入职场的你建立全新的职业观，形成求职行为习惯。希望你可以运用本书中提到的诸多方法和理念，通过“正确”的求职方法来获得满意的工作。但是本书不是一个面试技巧的集合，不是面试成功的正确答案。你并不能通过背下典型问题的答案就获得面试成功，而要从本书中学习到如何认识自己的优势，理解公司招聘的诉求，理解面试流程，从而获得展示自我优势的思路和方法。

围绕着产品经理的求职面试，本书分为 5 章。

第 1 章是职业生涯规划，刻不容缓。在求职前，你首先要搞清楚方向，要知道去哪里，希望未来成为一个什么样的人。没有规划的求职选择可能会影响未来，而这一步是被大多数年轻人忽略的。本章能帮助你认清职业生涯规划的重要性，教你如何做职业生涯规划。

第 2 章是公司在招聘时是怎样思考的，重点介绍公司招聘的核心诉求，让你和公司在同一个“频道”上思考，告诉你公司在什么情况下要招聘、招聘流程是什么样的、希望招聘到一个什么样的人才。只有知道了公司的要求，才能够做好应对，才能够有的放矢。

第 3 章是产品经理如何发现自己的优势，介绍如何发现自己的核心价值、如何用自己的优势找到满意的工作。同时，本章也给你一个努力的方向，让你清楚地知道该如何提高自己的能力、如何为下一次跳槽做最好的准备。

第 4 章是简历不是写出来的，而是设计出来的，介绍如何设计一份与众不同的简历、如何在众多模板简历中脱颖而出、如何让简历真的成为敲门砖、如何在 1 分钟内打动面试官、简历都有哪些投递的方式等。

第 5 章是如何掌握面试的主动权。面试的过程就是优势检测的过程，本章介绍如何掌控整个面试过程、如何做到面试不紧张、如何面对压力面试和情景化面试等。通过本章的学习，你可以学会掌握面试的主动权，轻松带节奏。

现在有机会出版这样一本书，我感到很荣幸，同时也非常珍惜这样的机会。我希望本书能够帮助你突破职业瓶颈，做好职业生涯规划，早日获得满意的工作。

Contents 目录

第 1 章

职业生涯规划，刻不容缓

产品经理的职业生涯规划是非常重要的事情，这和很多职位都一样。没有哪个行业、哪个职位的工作是可以轻松做好的，再简单的工作如果想做到卓越也是需要努力和沉淀的。产品经理也要做职业生涯规划，也需要对未来几十年的工作做更好的展望。

产品经理并不是普通的技能型职位，而是一个对综合能力要求很高的职位，需要在专业知识、行业知识、专业技能等多个方面进行不断的学习和积累，并且是有行业属性的。很多行业都有特有的知识体系，不深入工作 5 年以上，很难做到融会贯通。比如，互联网金融行业的风险控制产品经理如果原来没有在金融体系、银行体系工作过，那么很难做出优秀的风险控制产品。这种风险控制产品可不是随随便便在办公室里想想，或者打开某个竞争对手的产品看看就能够想清楚的。

每一次择业都是一种选择。产品经理应该慎重对待自己的每一次选择，每一次赛道的变化都可能吞噬之前的积累，每一次公司的变更都可能让自己退步。更严重的事情是，也许你在找工作时没有目标，在辞职后找了几个月的工作，好不容易有一家公司愿意给你发聘用邀请，这时你是继续找工作，还是去工作？可能迫于生活压力你就直接去上班了，也不管什么行业、什么公司，把这些问题都留到了下一次面试，到那时人力资源经理自然而然地会问你“为什么离职？为什么换行业？”

当然，我们要做的是职业生涯规划，不要总问一些终极的问题，比如，怎样才能找到好工作，怎样才能赚得更多，怎样才能让老板喜欢。这些问题都缺少抓手，也都是宽泛的大问题，没有人想要找个坏工作，也没有人想要赚得少一点。

要想回答终极问题就要学会拆解问题，找到抓手，分析问题，转化问题，把问题变成可量化的、可执行的问题。所以，我写了本书，希望通过问答的形式，把你在找工作面试过程中最关心的问题都拿出来讨论。我希望通过问答的形式给你满意的答案，给你可操作的答案，让你知道下一步应该怎么想、怎么做。我希望能够帮助更多的人换个视角看问题，切切实实地解决简历包装和找工作面试的大问题。

问题1 为什么这么多人想转行做产品经理，你也想转行吗

大多数人的行为是符合“从众效应”的，尤其在学习专业的选择以及工作行业的选择上，很多人都喜欢跟风。

我在上大学的时候也一样从众，选择了计算机科学技术与应用专业，也跟风学习，一会儿学习 VB 编程语言，一会儿学习 Pascal 编程语言，后来听说计算机组网好，又参加了思科公司推出的网络配置、网络组网等基础技能培训，并考取了 CCNP（Cisco Certified Network Professional，思科认证网络专业人员）和 CCAP（Cisco Certified Network Associate，思科认证网络工程师）证书，再后来又学习 Dreamweaver、Flash 等。我相信如果你和我同龄，或者询问一下我那个年代的计算机相关专业的大学生，那么基本上都学过这些。

当然，现在这么多人想转行做产品经理也和我当时的想法一样，都想找一个有前途的工作，拿着高工资，开心地工作。可以说，产品经理这个职业是随着中国互联网一起成长起来的，特别是最近十年，中国的风险投资盛行，中国移动互联网快速普及，加上中国互联网产业高速发展，造就了很多“互联网英雄”，他们获得了事业的成功，也获得了金钱和名望，很多公司都到美国、中国香港等地上市。这些人的名字几乎家喻户晓，从某种程度上讲，这些人就代表了“产品经理”，成了年轻人的榜样。所以，在互联网圈子中流传着这样一句话：“产品经理就是未来的 CEO（首席执行官）”，这样看来如果能当产品经理就能当 CEO，如果能当 CEO 公司就能到美国上市，如果公司能上市就能走上人生巅峰，试问哪一个有梦想的年轻人不想走上人生巅峰呢？

在互联网公司中，很多 CEO 愿意称自己为产品经理，比较著名的就是腾讯公司的马化腾和 360 公司的周鸿祎，当然苹果公司的乔布斯、特斯拉汽车公司的埃隆·马斯克也都是大家公认的产品经理。正是这些人的成功使得产品经理成为热

门职业。这些公司的共同特点就是以产品为导向，是靠产品经理的产品思维成功的，而且他们身体力行，常常站在产品经理的角度去推动整个公司的发展。这种成就感也是产品经理这个职位的魅力之一。

高工资是产品经理的一个特点，产品经理的另一个特点就是有趣，这个特点也让很多人有兴趣想做产品经理。随着《人人都是产品经理》的畅销，人人都是产品经理的理念影响的人有几十万个。所以，很多人觉得自己就是产品经理，在使用产品时有很多不爽的地方，可以提出很多有趣的想法。正是这样的假象，让很多人都觉得“人人都是产品经理”，所以他们也能转行成功，也能做出一款像抖音一样成功的产品，也能做出一款像微信一样成功的产品。

很多人想转行做产品经理的很简单的理由就是“经常和用户沟通需求”。这让他们误以为自己就是一个产品经理，仅从这点来判断自己能做产品经理是不客观的、不全面的。因为项目经理也要做这些事情，广告公司的客户顾问也要做这些事情，软件公司的销售顾问也要做这些事情，甚至汽车销售顾问也要做这些事情，难道他们都是产品经理吗？很多职位都需要与人沟通，都需要了解用户的真实需求，但这仅仅是产品经理的一小部分工作而已。

我不知道你是否正在思考转行做产品经理的事情，不知道到底是什么原因让你想转行做产品经理。是因为高工资，还是因为喜欢？如果因为喜欢，那么到底喜欢产品经理这个职业的什么特点呢？如果你只是想试试看，想去做自己喜欢的事情，那么我奉劝你在选择之前要多了解一下产品经理这个职业，可以通过看书，通过找同学、朋友多了解一下。你需要知道你是否已经具备产品经理的能力要求，是否喜欢产品经理每天要做的事情，是否喜欢产品经理每天加班工作的状态，是否喜欢产品经理重复地工作、不停地开会、不停地跟进度……希望在了解之后你再做决定，而不是一时兴起做选择，更不应该是“不知道自己还能做什么工作”，所以才选择做产品经理。

坦白地讲，什么时候都可以转行做产品经理，最好的时机就是现在。只要你准备好了，随时都可以转行。

问题2 你每次选择离职的理由是什么

其实很多产品经理并没有想清楚自己选择离职的理由是什么，也许只是为了离职而离职，为了让自己更开心就可能离职，也可能因为某次争论就离职。下面列出一些离职的理由，看看有没有你用过的。

（1）新公司多给 2000 元工资，所以你选择离职。

（2）你和老板赌气，因为某个产品理念不一致、观点不同，所以你一怒之下裸辞。

（3）你觉得公司的大多数人都比较平庸，感觉英雄无用武之地，所以离职。

（4）你觉得这个公司没有人能够带你，完全没有成长空间，所以离职。

（5）你觉得工作压力太大了，而且经常加班，完全没有个人生活，所以离职。

（6）你觉得公司的业务发展得不好、今年形势不好、公司的资金链断裂等，所以离职。

（7）老板不听你的建议，又不懂产品，经常乱做，所以你选择离职。

（8）你刚大学毕业，谈异地恋有困难，所以离职。

（9）你很想去大城市发展或者去大公司工作，所以离职。

（10）大城市的生活成本高，你想去小城市发展，所以离职。

（11）你想考公务员，所以离职。

（12）工作辛苦，你想去看看外面的世界，所以离职。

可能还有很多理由，不知道你的理由是什么。这个问题实际上是在问你自己到底追求的是什么、想要的究竟是什么、对自己的价值观取向有没有清晰的判断、在面对当前的困难时有没有符合价值观的决策标准。

你在选择加入一个公司的时候，有没有仔细了解过这个公司？是随便找个工作先做着，还是一定要去那些自己喜欢的行业工作呢？下面简单地列出几个加入公司的理由，你可以思考一下。

（1）对于腾讯、阿里巴巴这样的大公司来说，你觉得什么职位都行，先加入再说。

（2）你感觉社交 App 或者互联网金融行业非常好，就想来试试。

（3）你以前从来没有从事过这个行业的工作，所以感兴趣，来试试。

（4）人们都说这个公司的工资比较高，所以你就加入了。

（5）你找了快半年的工作，好不容易有个公司邀请你，所以你就加入了。

可能还有很多理由，不知道你有没有思考过。就怕你没有想过，稀里糊涂地加入一个公司，在工作了一段时间后发现不喜欢，不是当初想象的那样，所以就产生了上面提到的离职念头，然后就离职了。这些都会记录在简历中，对自己的职业生涯没有谨慎对待的行为都会被记录在案，特别是当你坐在人力资源经理面前，被问到为什么离职、为什么加入某公司的时候，你会感觉到一丝凉意，但是后悔也晚了。

我在做面试官的时候，经常能看到一些产品经理 3 年换 5 个公司，或者连续在创业公司打转，或者几年内从事过很多毫不相关的行业的工作，这些经历都会给他们的求职面试蒙上一层阴影。那么是怎样造成这样的困局的呢？有什么办法解决吗？下面介绍一种职业价值观排序工具，可以帮你形成一些属于自己的决策标准。当有了自己的决策标准的时候，你就能够谨慎地对待每一次选择。

职业价值观排序工具的使用方法如下。

1. 了解职业价值观

（1）追求通过工作去帮助他人。

（2）追求美的享受。

（3）追求充满智力挑战的工作。

（4）追求成就感。

（5）追求独立性。

（6）追求声望和地位。

（7）追求经济回报。

（8）追求管理权利。

（9）追求工作与生活的平衡。

（10）追求工作环境舒适。

（11）追求创新。

（12）追求人际关系的和谐。

（13）追求工作的安全感。

2．筛选价值观

（1）仔细了解每一个价值观，并思考获得或者失去这个价值观的感受是什么。

（2）选出 8 个你认为最重要的价值观。

（3）为了平衡生活感受，从这 8 个价值观中删掉 3 个。

（4）如果现实生活很残酷，你仍然需要再删除两个价值观，那么从剩余的 5 个中选择哪两个？

（5）最终会剩下 3 个职业价值观，你看一看，后悔吗？请你做优先级排序，并总结出一句话表明你对工作的期待。

有了上述职业价值观排序的工具，我相信你就能衡量选择加入一个公司的理由，衡量你想离职的理由到底是不是符合你的价值观。如果你发现不符合你的价值观衡量标准，那么可能是因为你没有找到真正的原因，或者是因为一时冲动，所以你在面对自己的职业生涯选择时应该再理性一些，再慎重一些。

问题3 产品经理还是一个高工资职业吗

很多人选择做产品经理的理由就是待遇不错，尤其要是能进入像腾讯、阿里巴巴这样的知名公司做产品经理，工资处于互联网行业的中上等水平，公司的福利待遇会让很多人羡慕，有免费的早餐和下午茶，直到深夜仍然有免费的班车，加班超过22点打出租车回家还能报销，每年会为员工购买商业保险，进行免费体检，对员工简直就像对待家人，经营业绩好的部门年终奖非常可观。试问有哪个大学毕业生对这样的公司会无动于衷呢？在每年校招的时候，大家都挤破头想要获得这些大公司的工作机会。

随着互联网行业整体的增长放缓，各大公司慢慢地回归理性，对人才的争夺和人才的储备更加理性、有规划。以前，各个公司都飞速发展，野蛮增长，所以稍有工作经验的产品经理或者在大公司里磨炼过的产品经理，只要跳槽去小公司，工资基本都会翻倍，但是从2019年开始，这种情况少了很多。表1-1是我在拉勾网上收集的几个新的招聘职位，从中可以看出当前的工资水平。

表 1-1

公司名称	工资范围	职位名称	能力要求	工作地点
腾讯	20 000～35 000元，15薪	社交电商玩法产品经理	负责从0到1的产品规划和运营创新	深圳
阿里巴巴	20 000～35 000元，16薪	策略产品经理	负责天猫超市整体用户产品的设计	杭州
百度	20 000～30 000元，14薪	会员产品经理	负责会员体系产品规划	北京
字节跳动	25 000～50 000元，15薪	开放平台产品经理	负责字节跳动商业化开放平台建设	北京

续表

公司名称	工资范围	职位名称	能力要求	工作地点
美团点评	30 000～60 000 元，15 薪	产品经理	负责美团外卖的相关策略产品、会员营销产品等	北京
京东	25 000～35 000 元，14 薪	推荐产品经理	负责站内外推荐系统的设计	北京
唯品会	18 000～28 000 元，13 薪	用户画像产品经理	负责设计用户画像产品线	广州
拼多多	25 000～45 000 元，15 薪	用户增长产品经理	负责拼多多各个渠道的用户增长	上海

从表 1-1 中可以看出，互联网公司给出的产品经理的工资大多是 20 000 元以上，这还只是普通的产品经理，如果是高级产品经理和产品总监，那么工资的起点还要更高。

这样的工资水平要高于传统行业的一些职位，甚至在某些公司产品总监的工资已经超出了传统行业总经理的水平，如图 1-1 和图 1-2 所示。

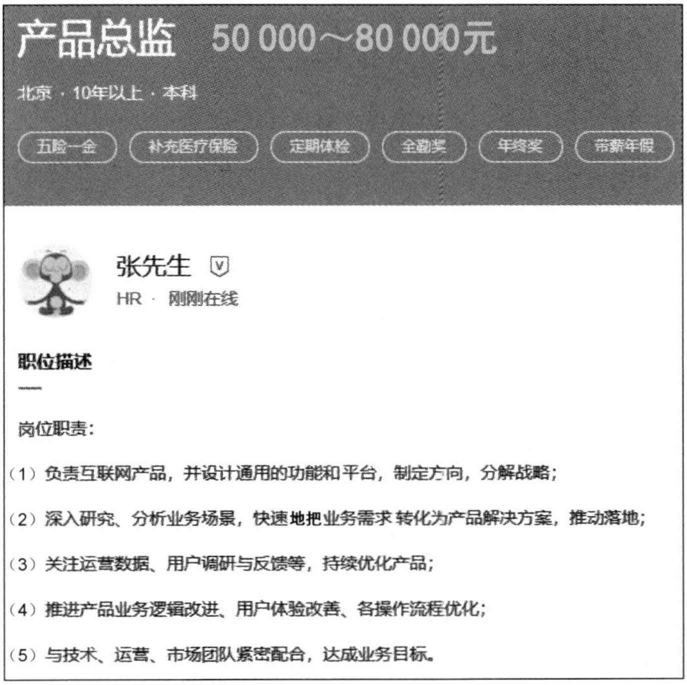

图 1-1

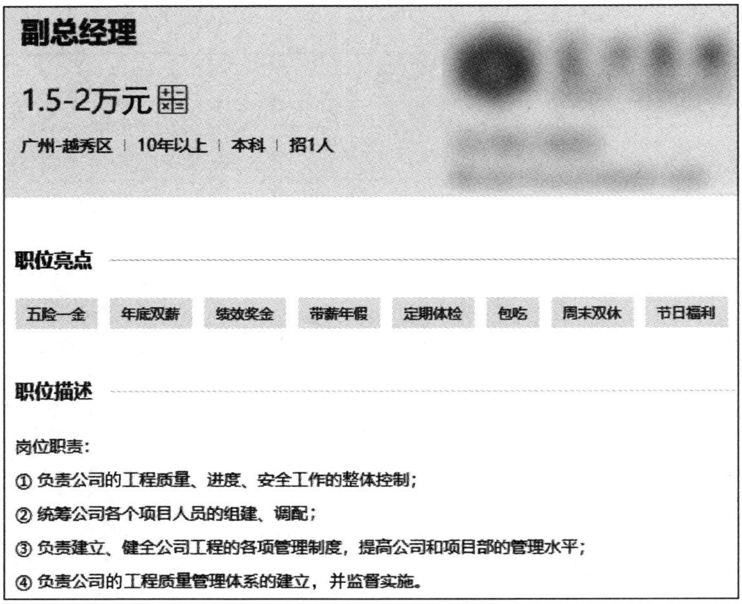

图 1-2

你也要看到产品经理的工作是非常辛苦的，他们经常要加班，甚至在很多竞争激烈的行业，产品经理的工作实行“996”工作制，这样的工作节奏你能接受吗？如果把工资按照每小时来计算，那么这些产品经理的工资很可能还不如你的工资高。

这些产品经理需要 24 小时开机，随传随到，每天有干不完的工作，回不完的微信消息，经常需要到凌晨才能睡觉，早上 8 点左右还要起床，如果工作在北京 5 环以内，住在通州，那么上班的通勤时间可能要一个半小时，这样的生活状态是你想要的吗？这样的高工资是你追求的吗？

问题4 你会选择裸辞吗

假如你是产品经理，对工作不满意，或者你非常想要做产品经理，我都不建议你裸辞，这个风险实在太高了。

如果有人问你为什么裸辞，那么我相信你一定会回答“裸辞还需要理由吗？”因为你有勇气裸辞，就不会在乎原因。但是我还是希望和你一起讨论一下裸辞。

裸辞背后的原因是什么？我相信你肯定感觉忍无可忍才想到裸辞，“大不了不干了”这句话真的是说起来容易，但是后果很严重。不管你是和老板意见不合，是和同事针锋相对，还是加班非常辛苦，其实你都在选择不面对这个问题，甚至也不想面对裸辞带来的任何后果，只想尽快结束这一切。我们回看造成这些冲突的理由，很多时候都是你站在自己的角度思考得出的结论。比如，“为什么不听取我的意见”“为什么都针对我”……如果你愿意把这些理由写出来，就会发现这些理由都是以你为中心的，你都是希望按照你的意愿去处理问题。可是现实的情况是公司是由团队组成的，团队是由不同背景的人组成的，凭什么一定要以你为中心呢？

其实这些都不是真正的理由，真正的理由可能是你的能力不匹配。你应付不了这个公司的局面，那么很可能其他公司的机会你也把握不住。不能因为一时工作有问题就选择裸辞，也不能因为对工作不了解，刚工作几天就后悔，想着下一个工作可能会有所好转。

裸辞会有什么后果？当说出“我不干了”时，你可能头脑发热，并没想过有什么后果，我们可以静下心来一起看看有什么后果。

（1）固定收入中断。这是最直接的后果，没有了固定收入，心态就会受到影响。你需要吃饭，交房租。

（2）固定的生活节奏被打乱。这是大多数人会忽略的，在原来上班的时候再忙，加班再多，哪怕前一天加班到半夜，第二天下午也会去公司上班。这个生活节奏一旦被打乱，你可能就会忘记吃早餐，可能打开电视一直看综艺节目。

（3）可能一下子失去了目标。很多人在裸辞后，在第一周过得还很开心，心想可算休息了，睡懒觉，打游戏，玩得不亦乐乎。然而在第二周他们可能就觉得无聊了，在第三周可能突然想找工作了，这时候可能会猛然发现自己不知道该做什么。继续找一个普通产品经理的工作吗？他们可能心有不甘，觉得自己的能力已经足够当产品总监了，于是给几个产品总监的职位投递了简历，发现杳无音信，不知道哪里有问题，就开始失去目标，不知道找工作是为了应付生活，还是为了自己的职业生涯规划。

（4）裸辞，就是在你的简历上划了一刀。在每次面试时，你都会被问到为什么离开上一家公司，每次都要解释为什么裸辞。如果你裸辞的次数太多，那么会给人轻率的感觉，会让人力资源经理认为你的工作稳定性不高，同时他还可能质疑你的判断能力、长期规划能力、对行业的理解能力、对公司战略的理解能力等。

有的人会给自己的裸辞找一堆理由，常见的理由如下。

（1）我干不下去了，我要去读书。在一些刚刚工作，还有非常浓厚的学生气的人中可能会出现这种情况，他们还想着再去考研或者读工商管理硕士，然后一下子就可以变成总经理、董事长，从此再也不用在基层工作了，或者觉得自己的能力有限，想进大公司工作却发现学历不行，赶紧考研然后“改头换面”重新开始。

（2）我不干了，我要去创业。在一些有理想、有憧憬，希望能够干出一番事业的年轻人中可能出现这种情况。但是如果搞不清楚核心竞争力与核心资源是什么，就算辞职100次也没有用，因为在职的时候就没能明明白白地工作，怎么可能裸辞就顿悟了呢。

（3）我不干了，我要好好休息一下。在加班过于频繁、工作压力巨大时可能出现这种情况，还是情有可原的。可是到底是为了休假调整状态，还是没有韧性，遇到困难就退缩？总之，出去放松，旅游是一个“冠冕堂皇”的好理由。

裸辞真的不是解决问题、渡过难关的好办法。当职业生涯遇到瓶颈、工作不顺心的时候，你是非常需要一个专业人士帮你做一次完整咨询的。我现在在工作中仍然会遇到一些工作方向调整的事情，会遇到跨部门沟通困难的局面，也会回家与家里人抱怨，说一两句气话，“大不了就不干了”，可是这样的做法不能解决问题，只会证明自己非常脆弱，脆弱到一旦不以自己为中心，就要裸辞，难道这可以威胁到别人吗？

为什么非要裸辞呢？我们工作的目的是什么？我们是来赚钱的，是来积累行业经验的，还是来为自己的简历加分，然后可以跳槽到更好的公司呢？裸辞完全没有必要，可以请年假啊！休息几天，调整一下工作状态，调整一下心态，重新出发上路，说不定就有不同的想法，看问题的角度也可能发生改变，问题可能就解决了。

问题5 什么样的工作才算好工作

小何是一所211大学计算机专业2020届本科应届毕业生。来小何所在学校招聘的公司络绎不绝。计算机专业的毕业生，如果会点编程的技能，那么可选择的机会很多，这对小何来说却不一定是一件好事。面对纷至沓来的公司，以及让人眼花缭乱的各种职位，他还没有想清楚要干什么、能干什么。

换句话说，他没有很好的职业生涯规划。这可能也是很多应届毕业生的问题。他们的家庭条件好，从小就经历了中国经济高速发展、科技不断迭代升级、社会分工多元化，所以他们不歧视任何职业，同时可能也不羡慕任何职业。在这种环境中成长起来的小何，面对找工作这么大的事情，不迷茫是不可能的，他连自己为什么要学习这个专业都不清楚，更何况选择工作。

很多人都会问什么才是好工作、哪个行业比较稳定、什么公司的工资福利好。我相信这是大家对未来的美好期待，每个人都一样。在有期待的同时，我们需要把问题细化一些，把好工作定义清楚。

下面来说说大家普遍认同的好工作具备的6大因素。

因素1：能够学到东西，使得自己的能力得到提升。

因素2：能够交到朋友，拓展自己的人脉。

因素3：工资高，福利待遇好，有加班费，逢年过节有礼品。

因素4：公司的知名度高。

因素5：能掌控和管理资源。

因素6：能够得到职业美誉度、社会地位、社会认同。

不管你是刚毕业的大学生，还是已经在职场摸爬滚打很多年的“老江湖”，相信你都会考虑上述的因素。尤其是“工资高”，这是每一个人都无法回避的话题。毕竟我们都要生活，尤其年龄偏大的求职者更是非常现实的，很在意工资的问题。

我们一般会拿工资做两种对比。纵向比，把拿到手的工资和自己以往的工资相比，看看有没有进步、有没有成就感；横向比，与同行、同学比，看看有没有优越感。如果都能够胜出，那么这样的工作算得上好工作。

当然，如果工资不高，那么这个工作很神圣也是可以的，或者公司的知名度高也可以，或者感觉自己做的产品正在服务于亿万个用户，那种满足感和成就感也是用钱买不来的。

同样做普通职员，在小创业公司和在互联网一线大公司的感受显然是不同的。大公司会开拓你的视野，你面临的问题都是不同数量级的，对你的能力提升是非常显著的，同时大公司也能让你骄傲和自豪，会赋予你更多的附加价值，最重要的是，大公司能为你的下一份好工作做出有力的背书。

在职场上有很多关系需要你建立和维护，你必然要结识公司内的朋友、行业内的朋友，形成一张高效互动的人脉关系网。俗话说：“多个朋友多条路”，所以每个人都希望广结善缘。那么问题来了，你能为职场上的朋友创造什么价值？职场上的人际关系要比家人关系、同学关系更复杂。有些人不能适应人际关系复杂的企业，不喜欢溜须拍马，不喜欢阿谀奉承，这都非常容易理解。所以，有些人会把是否掌控和管理资源、是否能够很好地维系人脉关系、有没有办公室政治等因素作为评估好工作的重要因素。

其实不管别人怎么定义好工作，最终的评判权都在你的手里。当面试官问你认为什么样的工作是好工作时你可以思考一下再回答，确定你的主题观点，尽量别太突出自己独特的价值观。比较普适的回答如下：

我认为好工作的标准随着年龄的增长会有所变化。

在 20 多岁刚大学毕业时，我会觉得能学到东西很重要；到了 30 多岁，我可能已经成家立业，所以能赚钱的工作是好工作；再到 40 多岁时，我会考虑追求有意义的工作，能够实现理想的工作。

这样的表达一定会赢得面试官的赞许，既灵活地回答了问题，又凸显了你的逻辑思维能力强的特点。

下面介绍一个小工具，帮助你在选择工作、行业、公司前做自我评估，理性地判断这是不是一个好工作。这个工具分为个人评估、工作评估和终极评估 3 个部分，见表 1-2。

表 1-2

评估项	评估问题	评估答案	评估得分（满分为 100 分）
个人评估	我的个性是什么		
	我的工作兴趣是什么		
	我在工作中的梦想是什么		
	我想成为什么样的人		
	我做人和做事的价值观是什么		
	我具有什么样的天赋与特长		

续表

评估项	评估问题	评估答案	评估得分（满分为 100 分）
工作评估	这个工作有非常好的发展空间吗		
	这个工作可长期从事吗		
	这个工作需要掌握一门技艺或者本领吗		
	这个工作有创造性、不易被取代吗		
	这个工作能激发我的成就感吗		
	这个工作符合我的性格特点和职业需求吗		
终极评估	如果世界上所有工作的收入都一样，那么我会从事这个工作吗		
	我希望自己的孩子以后也从事这样的工作吗		
	如果还有十年的寿命，那么我还会从事这个工作吗		
总分与总结			

问题6 为什么你在每次跳槽后工资没有太大变化

小何听说通过猎头介绍跳槽成功的工资可以翻倍，尤其从腾讯或者阿里巴巴这样的大公司跳槽出去的员工，工资翻倍，期权翻倍，真的是这样吗？为什么当小何跳槽的时候工资只有一点点涨幅呢？

首先，我们来明确一下工资是什么。一般来说，工资是员工因向所在的组织提供劳务而获得的各种形式的酬劳。狭义的工资指货币和可以转化为货币的报酬。工资包括四个部分，分别是固定工资、浮动工资、短期奖励工资、长期奖励工资。

固定工资通常也叫基本工资，不随业绩或工作成果变化。浮动工资具备一定的激励作用，如绩效工资、公司分红或者利润分成等。当然，广义的工资还包括一些福利，比如公司向员工提供的各种保险、非工作日加班工资、额外的津贴和其他服务，比如单身公寓、免费工作餐等。

短期奖励工资是针对一年或者一年以内的特定绩效提供奖励的一种工资，比如年终奖，有些公司会把年底双薪或者三薪算进去。长期奖励工资是针对一年或者一年以上的特定绩效提供奖励的一种工资，比如股票、期权等，每家公司都不一样，在跳槽的时候最好问清楚。

有些人在谈工资时不够自信，如果提出的工资高了，那么担心不能被录用，如果提出的工资低了，那么又觉得自己吃亏。其实能否得到合理的工资取决于以下 3 个因素。

因素 1：你是否具备这个职位需要的能力，是否能够超出职位要求，对于公司来说是不是一个非常难得的、不可或缺的人才，甚至是不能去竞争对手公司的人才。

因素 2：你是否把这个公司的工资结构问清楚了。比如，算上年终奖，大概是 14 薪，还是 16 薪。年终奖有没有业绩要求，要不要乘以一个系数。你的工资中是否包括了各种奖金、津贴、补助等。

因素 3：以你上一个工作的工资，或者过往任何工作的最高工资为基数，公司会给出一个合理的涨幅，一般在 20%～200%，这完全取决于因素 1。当然，还有一些公司给出的工资是不升反降的或者工资结构设计得非常复杂。

这些因素都可能决定你的工资变化。你要能够根据自己的价值观排序，根据自己当前的诉求理性地看待工资的谈判，切忌把工资看成工作价值的全部，因为没有人能够靠工资变成亿万富翁，而且在年轻的时候，应该用 60%的工资投资自己，让自己的能力得到快速提升，这样才能够在未来的 20 年平步青云。

其实，说到工资就免不了说到工作能力。很多人的能力不行，却希望通过跳槽来实现工资的提升。你可以这样理解，一个运转良好的公司每年都会给员工涨工资，但是不一定给全员涨工资，就算涨了工资，涨幅可能在 5%～30%。公司要考虑所有员工的工资结构、公司的运营成本，考虑公司未来的现金流等问题。既然在公司里继续工作的员工的工资涨幅最高可能只有 30%，为什么你跳槽就会获得工资翻倍的增长呢？是因为你过去的业绩证明你有能力推动行业变革，你是行业领军人物，还是你过去的工作经验独一无二，不但能够解决新公司的所有问题，还能够将新公司带到更高的一个阶层，给公司带来本质的变化呢？这些问题是值得你仔细思考的。

很多人的能力还徘徊在初级水平，或者是陀螺式成长的，看上去好像做了 5 年的产品经理，但其实是把第一年的工作重复了 5 年，每天还只是写写产品文档，画画交互设计图，开会讨论工作进度，站在设计师身后建议把字放大一些。看上去他们每天都在加班，非常忙碌与辛苦，但是从个人的能力角度来看没有提升，最多算增加了一些类似的经验。这也是我们经常说的“没有功劳，还没有苦劳吗”，可是在职场中要为公司创造商业价值，苦劳可能不能创造价值，所以就不能得到奖励。

优秀的人的能力应该是螺旋式上升的。吴军老师讲过一个谷歌公司新员工培训的案例，你可以用一支笔在白纸上画出大一点的 Z 字，最下面的一条边称为基线。你的所有工作都应该建立在这条线的基础上，而不是从这条线下面开始做起，这点很重要。举个例子，当你应聘产品经理时，这条基线就应该是具备基本的办公技能，熟悉电脑操作等，你不可能进入公司工作后现学。接下来，你参加各种培训，看各种书籍，每天刷朋友圈的好文章，目的就是提高自己的基线。只有提高了基线，你才能进入下一个圈层。Z 字上面那条边代表了极限值，是无法突破的。但是你有了目标，不断地提升自己的能力就是为了更接近上面那条线，所以你在跳槽时应该更有目标，应该在一个行业中积累，或者在一个技能领域沉淀，不然之前的基线就没用了。就好像你练了两年游泳，又去练田径，然后去练射击，最后可能一事无成。我们找工作也是一样的，要注意自己的基线，每一次跳槽、每个阶段的努力都是为了让能力螺旋式上升。就像在登山时我们需要有能够攀爬上去的绳索或者阶梯，而不是一直在山脚下不停地切换目标。

问题7 这几年一直在小公司工作，怎样才能进入大公司做产品经理

小何和小王是小学同学，后来上了不同的高中，在考大学的时候小何没有考进理想的大学，而小王一路顺风顺水，考上了某名牌大学，毕业后成功入职国内顶尖的互联网公司。小何不认为自己的能力有问题，而认为高考没考好，大学不够有名气，所以毕业后才一直在小公司工作。小何仍然非常想进大公司工作，但是一直没有机会，他认为是运气的原因。你觉得要怎样做才能进入大公司工作呢？

我们一起来看看大公司的门槛和当时大学的分数线到底像不像。

首先，凡是大家认为好的地方，一定会有条件，好地方一定是资源和位置都稀缺的，不可能随便让所有人都去，这叫入门门槛。

你要想进入大公司找到好工作，就要展示出你的能力，而不要过分在乎过往的经历。没有大学因为你的高中是重点高中就直接录取你，同样也不会有公司因为你过去在大公司工作就直接录用你。

在刚刚毕业找工作的时候好的大学确实起到了一定的作用。当很多简历摆在面试官面前时，面试官只看到了一摞简历，不认识任何人，一般会认为从好大学毕业的应聘者在学习能力方面有非常大的概率比那些从普通大学毕业的应聘者要好，所以会优先选择这部分人。同样，在面向社会招聘时，曾经在大公司工作过会给你提供一个很好的背书，你会优先被考虑录用。但是这不代表没上过清华大学和北京大学的人就找不到好工作，没在腾讯和阿里巴巴工作过的人也不一定就没有能力。一个公司在招聘的时候主要还是看你是否有能力做好这个工作，背景因素并非决定性因素。

为了能够进入大公司工作，你可以按照以下3个步骤进行操作。

（1）正确评估自己，参照大公司的招聘要求，逐一评估自己的能力现状。你要正确评估当初没能进入大公司工作的原因到底是运气差、不自信，还是能力问题或者学历问题等，假设都没有问题，那么可以马上改简历，并且投递给大公司。

（2）如果发现有差距，那么需要制定一个比当前目标职位更高一点的目标，设定完成这个目标的时间节点。这样能够确保经过一年或者两年的努力，你可以具备竞争力。

（3）把现在的工作环境当成一个实验室，你可以看到很多实践的机会，去锻炼，去成长，去拿未来的要求衡量自己的工作。比如，你未来想当一个产品总监，当遇到产品问题时，就应该想产品总监应该如何看待这个问题、如何解决这个问题。

所有的机会都是留给有准备的人的，你现在不努力，凭什么在跳槽的时候就一定可以从小公司进入大公司工作呢？

很多人又会问，应该怎样评估自己呢？怎么知道大公司有哪些要求呢？其实很简单，可以从以下3个维度评估自己。

1．按照行业内的产品经理能力模型评估自己的能力

目前，在互联网上很容易找到腾讯产品经理能力模型的相关文件，你可以非常清晰地看到什么样的级别需要做哪些工作、怎么提供举证文件、如果想升级到下一个职业等级那么还需要达到什么样的水平。这种能力模型非常适合做自我评估，同时也能够确定自己到底在什么样的职业等级。

2．根据目标公司的目标职位的招聘要求评估自己的能力

你可以登录各大招聘网站，找到适合自己的职位，然后进行能力和职位职责的评估。建议找到10份与该职位同级别的招聘要求、10份比这个职位高出一个级别的招聘要求，然后把这些招聘要求做横向对比，你很快就能够发现哪些是通

用能力，哪些是行业必备能力，未来如果持续在这个行业发展，还需要具备哪些能力，这些都是能够帮助你设定目标的实战方法。

3. 投简历，参加面试，然后回来复盘自己的能力

投简历，参加面试等于到真正的前线去体验，能够得到最真实的感受。你投出去的简历有没有人反馈、你有没有收到邀约，都从侧面反映了你在真实的招聘市场中处于什么水平。参加这种面试，不用有心理压力，因为你只是来看看，只是来试试，所以能够发挥自如而不紧张，如果面试不成功那么多半是因为你的能力有问题，不要怪运气不好或者因为紧张而没发挥好。

东西越好，追求的人就越多，竞争就越激烈，好公司、大公司的职位也一样，所以从现在开始你就应该努力提升自己的能力，而不能把命运交给运气，更不能因为进不了大公司工作就抱怨小公司的工作，负面情绪只会让你的情况越来越糟。

问题8 要不要去报名参加一个产品经理培训班

小何刚从大学毕业，看到很多同学都进入互联网公司做了产品经理，觉得产品经理是一个光鲜亮丽的职业，工资高，还能和很多有趣的人一起工作，天天为了找到更好的想法，为用户创造一款非常有价值的产品而努力。很可惜小何在大学学的是历史专业，在大学期间也没有研究过互联网产品经理这个职业，可是天天使用微信、支付宝、美团、滴滴出行这些软件，有时候也能说出一些好的想法。在这种情况下，小何要不要报名参加一个产品经理培训班呢？

这要从两个方面讨论，一个是参加产品经理培训班的时机，另一个是参加产品经理培训班的目标。

首先，从参加产品经理培训班的时机判断。在上面的例子中，小何属于应届毕业生，想往互联网方向发展，那么可以参加一个产品经理培训班。如果小何已经毕业1年了，仍然还没有找到合适的机会，那么应该马上参加一个产品经理培训班。如果小何已经在博物馆工作好几年了，那么不建议参加产品经理培训班了。如果小何在其他互联网公司做运营经理好几年了，那么也可以参加产品经理培训班。

在参加产品经理培训班的时机上的判断原则很容易掌握，如果是新入行或者相关行业转岗，那么可以参加产品经理培训班。如果跨行业转行就不建议参加，除非自己的专业背景非常强，可以达到顾问级别，就另当别论了。

其次，从参加产品经理培训班的目标判断。如果你想了解一下产品经理的工作流程、日常工作情况、都使用哪些软件等基础性的知识，那么可以参加产品经理培训班。如果你希望通过参加产品经理培训班找到一份普通的产品经理工作，那么可以参加产品经理培训班。如果你想通过参加产品经理培训班达到转行或者转岗的目标，那么要慎重考虑，因为参加产品经理培训班不一定可以帮你达到目标。假如你想通过参加产品经理培训班找到一份非常好的工作，甚至进入腾讯、阿里巴巴这样的大公司工作，成功的概率估计非常小。

你可以重新评估一下你的需求，可以参考以下5个维度。

（1）对于产品经理的基本办公技能，你是否需要学习？比如，文档编辑软件、交互设计图设计软件的使用技巧等。

（2）对于产品经理的行业分析能力、商业分析能力、用户分析能力，你是否需要学习？这个培训班是单独开设了这门专项课，还是只告诉你会讲到相关知识点？

（3）产品经理要如何规划一个产品？是靠创意找到解决痛点的方式，还是有什么固定的套路？这方面你是否需要学习？

（4）产品经理要如何进行项目管理、如何把握产品的落地执行、如何管理整个项目的进度和质量以保证项目按时上线？这些能力你具备吗？你是否需要学习？

（5）产品经理如何理解公司战略、如何在正确的产品方向上做产品体系规划、如何做中长期的布局规划？这些你是否要学习？

同样，你要评估一下这个产品经理培训班的实力，可以参考以下几个维度。

（1）这个培训班成立的时间有多久？

（2）这个培训班的老师都来自哪里，都有非常丰富的产品经理实战经验吗？

（3）这个培训班的教学计划如何？是否能够满足你的需求？

（4）这个培训班的教学计划比较偏重于哪个方面？老师是不是这个方面的专家？在其他方面是否同样具备非常丰富的经验？

（5）这个培训班的毕业学员都去了什么公司工作？

（6）这个培训班的毕业学员现在都是什么水平的？是否达到了行业的中等水平？

（7）这个培训班的收费价格如何？

（8）这个培训班的培训形式如何？有没有相关的辅导老师对课后作业批改点评？对于个别学员是否有单独辅导？

以上这些维度可以帮助你更好地判断是不是要报名参加这样的产品经理培训班。目前，在国内的大学教育体系中，暂时没有产品经理专业，当然市场上各种各样的产品经理培训班林林总总，所以你要谨慎选择，认真评估。产品经理培训班最多只能算是产品经理工作的开始，经验的积累、能力的提升才是成为合格产品经理的正确路径，你不能指望参加一个产品经理培训班就解决就业问题。

问题9　产品经理的工作就是每天和人打交道，每天思考很多有趣的点子吗

小何是我的一个学弟，在广告公司工作，有一天来找我咨询如何才能转行成为产品经理，我的第一反应就是大家怎么都要做产品经理呢？接下来，我问了他几个经典的问题："你觉得产品经理的什么能力最重要？你为什么觉得你可以做产品经理？什么样的产品经理是你向往的？"小何很快给出了他的答案，他觉得产品经理的沟通能力最重要，每天都和人打交道，讨论方案，讨论产品，如果能想出非常好的点子就会感到非常兴奋。因为他以前的工作就是类似的，所以他认为他完全有能力转行做一个产品经理。

产品经理到底是做什么的呢？为什么每天都要和人打交道？为什么要为产品创意而兴奋呢？这就要从产品经理的工作目标说起。

产品经理的工作目标到底是什么呢？其实产品经理的工作目标就是创造价值。一是为用户创造价值，二是为公司创造商业价值，如果这两个都没有做到那么只能说明很失败。

产品经理要想为用户创造价值，就要想办法了解用户。我非常反对要找到用户的痛点，其实用户可能没有痛点。比如，在没有触摸屏的智能手机时代，没有人认为按键手机在使用方面有痛点。再比如，对于网上购物，没有人认为在线下买东西很烦躁；对于移动支付，十年前没有人觉得使用现金很痛苦。所以，不要动不动就把痛点挂在嘴边，而要把给用户创造价值牢记在心。也许我们在帮用户节省时间，也许在帮用户节约金钱，也许在帮用户简单出行，也许在帮用户创造在家里就可以安心购物的"线上商城"。所以，我们并不需要每天想很多有趣的点子、别出心裁的点子，而应该深刻地了解用户，对用户的行为不断地观察与揣摩，找到能够创造价值的切入点，然后通过不断地进行产品迭代和产品体验升级去感

动用户，改变用户的行为，这才是产品经理可以为之自豪的理由。这也是很多产品经理都想做一个有影响力的产品，可以改变上亿个用户行为的产品的理由。

产品经理要为公司创造价值，要想办法解决用户购买的问题，包括用户的注意力、用户的时间，以及用户的金钱。这些可能都会给公司创造商业价值，公司不管是通过广告变现，还是通过销售会员卡赚钱，背后都需要有大量的用户支撑，所以产品经理的核心工作之一应该是研究用户行为。

那么为什么很多人都会误以为产品经理的主要工作是和人打交道呢？我想主要原因在于产品经理对于公司内部同事来说更像一个销售员，这个销售员不是卖货，而是销售自己的理念，销售自己对这个产品的想法，所以产品经理才要不断地与人沟通，以便对方能够理解自己的想法，从而一起为了创造一个伟大的产品而奋斗。所以，产品经理与人沟通是在传递自己的思想。这种沟通也会体现在产品经理输出的产品需求文档和产品体验交互设计图中，目的都是表达清楚自己的想法，驱动整个团队达成一致的产品理念。这样看来，产品经理的沟通其实是发挥影响力的一种手段。这让很多人产生了误会，以为产品经理每天的工作就是与人打交道，就是沟通。试想一下，如果你没有很好的产品理念，只空有一身的沟通技巧，这样的沟通能做出好产品吗？这是把手段当成了目的。所以，并不是说你在平时的工作中有很多与人沟通的经验，就可以做产品经理了。

很多人做产品经理都怀揣着一个伟大的梦想，这没有错。但很显然不可能每一个产品都很伟大，都会带来一场革命。你可以把追求伟大当成目标，但是不能认为产品经理每天的工作就是想有趣的点子。对于产品经理来说，每天的日常工作其实有很多重复性的劳动，有很多烦琐细碎的工作，并不是每天的工作都能带来成就感。相反，你看着业绩指标、各项产品数据的增长情况，可能还会体验到挫败感，感到很无奈，没有任何方向，不知道该做些什么才会使用户喜欢你的产品，这些可能都是产品经理的真实状态。

如果你想转行做产品经理是因为有一个非常好的创意，你认为整个互联网行业都没有人想到，那么应该慎重一些；如果你想做一个成功的产品经理，像微信的张小龙一样，像小米的雷军一样，像360的周鸿祎一样，那么也应该慎重一些。并不是每个产品经理都能成为伟大的产品领袖。其实说这么多的目的就是想让你看清楚现实，产品经理只是一个普通的职业，并不是所有的产品经理都能做出伟大的产品，都能做出影响互联网、影响几亿个用户的产品。自然而然地，产品经理就不是每天都有创新，每天都能做新鲜事的职业。

问题10 作为产品经理的你，把自己当成产品，未来的发展路径如何

作为产品经理的你，早就应该把自己当成产品，深刻地理解每一份工作都是在为自己的简历添砖加瓦。未来的发展路径如何完全取决于你今天和昨天都做了什么努力。

既然把自己当成产品，你就要知道这个产品的用户是谁、用户需要什么、你能为用户创造什么价值。

我们首先来说用户是谁。对于产品经理来说，这是最基础的问题，当你想要做一个产品的时候，应该马上思考用户是谁。在求职时，面试官就应该是你的用户，你的简历就是你的产品，你的面试过程就是产品运营推广的过程。从这个视角来看，你可以仔细审视一下你过去的一些选择是不是你的产品的加分项。有些年轻人觉得公司的氛围不好，觉得上下级的关系难相处，觉得公司里没有经验丰富的人辅导自己，觉得老板的想法愚蠢，这些理由都没有给简历加分，反而减分了。

要怎么做才算给自己的产品加分呢？产品经理都很清楚，应该知道用户需要什么，不能闭门造车生产出一个自己觉得很好的产品，而实际上并没有给用户创造价值，或者产品的卖点并没有那么强的市场竞争力。

下面看图 1-3 所示的招聘要求。

产品经理 / 20 000～38 000元/月

职位描述：

（1）负责××集团创新业务线App、H5页面、小程序的产品规划、功能设计和产品生命周期管理；

（2）聚焦用户消费场景的搭建和优化迭代，负责与前端导购、营销工具、裂变分享相关的产品工作；

（3）深入理解目标用户的消费行为，与平台运营、商品、市场等部门配合，共同实现业务增长目标；

（4）通过数据分析，量化产品表现，持续优化迭代，提高流量转化效率。

职位要求：

（1）本科以上学历，3年及以上电商用户端产品经验；

（2）对社交电商行业有深入了解，对行业发展有自己的独立思考；

（3）具备良好的用户思维，对消费和社交分享行为有敏锐的洞察力；

（4）具备良好的产品化落地及推进能力，具有娴熟的沟通技巧、强烈的责任心和进取心。

图 1-3

公司的职位描述提到了 App、H5 页面和小程序的产品规划，那么你就要想想之前有没有做过相关的工作、达到了一个什么样的水平，是了解相关知识、熟练掌握相关技能，还是精通这类产品的规划。公司的职位描述还提到了要能够做完整的产品生命周期管理，那么你就要想想是否经历过完整的产品生命周期、是否知道产品生命周期都包含哪些阶段、有没有做过一些从 0 到 1 的产品项目。这只是分析其中一条职位描述，如果你把每条职位描述都做深度分析，就会很好地评估自己的水平和能力，能够清楚地知道用户对你这个产品真正的需求是什么。

你只有知道了用户的需求是什么，才能有意识地改进你这个产品，规划你这个产品。这才是你要做的职业生涯规划，要为自己的未来铺路，要为自己的简历添砖加瓦。当然，有很多人迫于生活压力没办法让空窗期太长，或者没有意识到要改善自己这个产品。他们往往都是赶紧先找一个公司上班，结果很可能是从一个不满意的地方跳槽到另一个不满意的地方。

如果你是一个产品经理，那么首先要给自己的职业生涯画一幅“产品路线图

（Roadmap）”，其次还要给每一次工作选择画一张“产品画像”，做一次“竞品分析”，这样才算对得起产品经理的称谓。

问题11 你做的职业生涯规划是否更像你的人生愿景

小何有一天跑过来找我说：“老师，我终于知道我要做什么了，我觉得教育行业非常好，而且未来十年都还存在，所以我最终想创业，能做成一个上市公司。”

小王的职业生涯规划相对细一些，他说他想先学习一下产品经理的工作技能，花3年时间打磨能力，在拥有5年的工作经验之后就创业，争取10年后让公司上市。

你觉得你的职业生涯规划是什么？你会怎样描绘它呢？这要从愿景和规划两个维度说。

愿景是指对未来的前景和发展方向的高度概括的描述。愿景是由核心价值观、核心目的和对未来的展望组成的。愿景最好是未来10年以上的远大目标和对目标的生动描述。稻盛和夫曾经说，要想象一个彩色的未来，越具体越好，这是成功的首要条件，不要以现在的能力束缚对未来的想象！

规划是指个人或组织制订的比较全面、长远的发展计划，是对未来整体性、长期性、基本性问题的思考和考量，是设计未来整套行动的方案。

所以，当做自己的职业生涯规划时，你首先要能够清晰地描绘自己的愿景。这个愿景最好能够描绘成生动的场景。以做成一个上市公司为例，其实这是一个结果，你肯定不会说在公司上市那天就不再工作了。因此，你更应该像拍电影一样，想象敲钟的那一刻自己有多么喜悦、周围有哪些同事、他们都是做什么的、公司的股价如何、为什么那么多投资人会投资、为什么那么多股民会买公司的股票、公司的产品是什么、销售业绩怎么样、能不能在竞争激烈的市场中拔得头筹、在过去的10年里经历了哪些困难和挫折、有没有想过放弃、是什么原因让你还能一直坚持下来。当这样描述你的愿景时，你就会看清楚通往未来的道路，而通往未来的道路其实就是你实现愿景的规划。这样的规划是一整套行动方案，一定定义了关键节点、关键路径，只要按照这样的规划前进就会离愿景越来越近。

相反，很多人在做职业生涯规划时，都会犯同一个错误，就是把结果当成规划，或者说只有梦想而没有落地执行的方案，到最后不知道应该如何实现梦想，或者早早地放弃了梦想。这样做的职业生涯规划都不符合现阶段的状况，有把赚到 1000 万元当成职业生涯规划的，有把创业成功让公司到美国上市当成职业生涯规划的，也有一心就想进入腾讯工作的。其实这些都不是职业生涯规划。

那么年轻人究竟要怎样做职业生涯规划呢？下面介绍一个基本流程。

1．改变认知，明确方向。

首先，要理解每个人其实都是在为自己的“简历”打工。你是希望未来去创业，还是继续在职场中向着更高层次晋升？是想走专家路线，还是想走管理路线？是希望未来把更多的精力放在工作上，还是想找一份稳定的工作而用更多的时间教育孩子？这些问题都是你在做职业生涯规划时要考虑清楚的。

当然，你的年龄、生活压力、价值观也会影响你的选择。我建议在 30 岁以前你要好好投资自己，以能够积累能力为主要目标，平时多关注领导们、前辈们是怎么成功的，关注他们走了什么样的路、有哪些经验教训，千万不要在这个年龄就去追求自己喜欢的事情，因为那是非常难的一件事情，可遇而不可求。很多人都一味地追求自己喜欢，结果却荒废了青春，没有厚实的积淀，等到过了 30 岁面临各种压力的时候，发现自己能力欠缺，那时就非常被动了。

其次，要选好行业，选好从事的职业，到底是产品经理，还是运营经理。你可以参考表 1-2 做理性的判断。

2．抛开杂念，自我评估。

自我评估一直都是一件很难的事情。讲到自我评估就不得不提一个叫元认知的概念。通俗地讲，元认知就是对认知的认知能力。其实很多人的元认知能力比较弱，即他们不知道自己不知道，经常对自己有非常高的自我评估，甚至盲目自信，以为可以很容易地达成自己设定的目标。在公司工作时，他们容易产生怀才不遇的错觉，容易把自己的意见摆在第一位，希望所有人都听自己的，或者在找工作的时候总觉得自己的能力与职位非常匹配。这些都是在自我评估时常犯的错误，正是因为这些错误造成了选择的偏差。

3．长期主义，落地执行。

职业生涯规划讲究的是对整体实施方案的计划，而不是偏重于描绘愿景。要对自己的职业目标有一个可行的、长期的计划，就像小王说的那样，要知道 3 年、5 年、10 年做什么，最好在这个计划中还要加入阶段性的考核目标。比如，如何评估在 3 年后是否达到了预期目标、对于关键任务是否都得到了满意的结果等，建议采用目标与关键成果法（Objectives and Key Results，OKR）去做这部分工作。

职业生涯规划就像灯塔，在迷茫的时候会给你指引方向。只有有了好的职业生涯规划，你才不会为了一点点工资的增长就轻易跳槽；只有有了好的职业生涯规划，你才知道每天要学习什么、积累什么；只有有了好的职业生涯规划，你才不会把一天的工作重复 5 年。

问题12　产品经理未来能成为首席执行官（CEO）吗

有很多人在找工作时的心路历程是下面这样的。

小李，“985”名校毕业，对自己有信心，对未来有期待，对行业分析得头头是道。小李认为教育和医疗都是人们生活中不可或缺的，而且这两个行业都有非常多的机会，不管是在细分领域创业，还是复制欧美国家的成功经验，都可以在中国这个庞大的市场中找到生存空间，而且非常有希望在 5 年或者 10 年后让公司上市。

所以，小李考查再三，选择了进入医疗行业工作，做慢病管理项目。

慢病管理项目听起来是一个非常好的项目，得高血压、糖尿病等病的患者需要长期服药和长期问诊，这类慢性病在国外有很成熟的管理体系，医生、患者，以及医院、药店、医疗保险公司等机构都能紧密配合，高效运转。小李认为哪怕只采用模仿模式，慢病管理项目在中国也会有很大的市场前景。但是在工作 5 年后，小李感受到整个产业链的复杂和庞大，单凭自己的能力推动整个行业改变太辛苦了。小李突然觉得距离自己的 CEO 梦想越来越远，而且更重要的是反观过去这 5 年，说不清楚自己的能力积累在哪里，但又好像什么都做了一点。

小李开始思考要不要跳槽，要不要去教育行业试一下。结果还好，小李凭借名校毕业的背景、过去 5 年积累的通用能力，再加上年轻有激情，很快得到了一份教育行业不错的工作机会。然而，小李没有工作到一年，又想跳槽，并且想回到医疗行业工作。小李觉得教育行业也很复杂，要面对家长、学生、学校、老师、教育局等，也非常难，而且当前这个公司要做的产品自己不太看好，所以得出一个“道不同不相为谋”的结论。

如果你是小李，那么会怎么选择呢？

其实小李的痛苦应该在于不知道产品经理的职责是什么。对于一个项目负责人、未来的 CEO 来说，职责是什么？这两者到底有什么样的能力交叉？是不是每个人都可以从产品经理慢慢转变为 CEO？产品经理是应该每天学习知识、积累能力，将来先变成产品总监，然后变成部门总经理，最后再变成 CEO，还是在对这个行业很熟悉，对自己的产品很有信心后，只要有人投资就马上创业转变成 CEO 呢？

小李在他的职业生涯规划中，其实只是规划了如何选择一个好的行业，但是并没有更仔细地规划如何选择自己的职业、如何设计自己在公司里的定位。

为什么要在职业生涯规划的书中，或者在产品经理求职面试的书中讨论这样的问题呢？其实就是想告诉你，并不是每个产品经理未来都能成为 CEO，你要懂得战略性放弃，当然也不要幻想自己做的每个产品都能成为伟大的产品，虽然有梦想是对的，但是更重要的是为了实现梦想要脚踏实地地做好每一件事情。与其每天念叨自己的创业梦想，不如每天复盘今天学会了什么。

相信你能想到，任何一次角色的转变都不会是一瞬间完成的，必须要有提前的准备和积累。产品经理要想成为 CEO 还需要具备哪些能力呢？下面通过 CEO 的工作事项来聊聊这个问题。

一个合格的 CEO 在高度方面应该具备全局观、战略清晰，在深度方面要懂专业、产品规划能力强、知其然也知其所以然，在广度方面要能够眼观六路耳听八方，要对竞争对手的分析非常深刻，并且能够整合资源。CEO 的职责包括了一切事务，尤其在公司初创期。CEO 要为公司的成败负全责。公司的运营、市场营销、战略、财务、文化、人力资源、雇用与解聘、安全管控、销售、公共关系等，都需要 CEO 一肩挑。这对于产品经理来说无疑是巨大的挑战。产品经理要想成为 CEO，就要拓宽管理边界，同时也需要具备超强的学习能力和管理天赋。

如果你把自己定位成一个产品经理，那么应该做些什么呢？产品经理要如何把自己变成一个 CEO 呢？

1. 仰望星空，脚踏实地

既然你对行业分析、商业模式分析得如此清晰，那么完全可以把它变成未来的蓝图，并且从这张蓝图中找到可以迅速切入的点，然后给自己制定可行的实施步骤，脚踏实地地做好这件事情。该谈战略的时候谈战略，该做事情的时候做事情。你千万不要刚一到公司，还没有弄清楚情况，就认为公司的战略有问题，就期望公司能够选择其他的方向走。这样的员工在华为、阿里巴巴都是被否定的，甚至是可以被直接开除的，因为能力不足、视野不够开阔、信息不够全面，是没有理由挑战当前的战略方向的，应该干好本职工作。

2. 主动升级，不断迭代

产品经理一定要有非常好的自我驱动能力，对产品之外的事情应该主动关注，不管是市场营销还是渠道管理，甚至也要关注财务、人力资源。如果你要想成为 CEO，那么这些都是要了解、要精通的。不管未来有没有其他更有本事的人加入管理团队，CEO 都需要对这些事情做一些决策。产品经理要主动提高自己的能力，拓宽自己的能力边界，除了埋头钻研自己的产品，也要思考如何为用户创造价值、为公司带来商业利益。如果一个产品经理不知道自己的产品如何才能在市场上卖得更好、如何做好品牌让更多的用户认识，那么这注定会是一个失败的产品。产品经理要不断迭代，不断突破自我，让自己真的可以站在 CEO 的位置去思考，也可以真的像一个 CEO 一样做决策，去工作。

当然，产品经理也不一定非要成为 CEO，那只是一个职位的名称。产品经理还可以走专家路线，不断积累经验，成为这个行业、这个领域的专家，真正地把产品当成自己的一部分，努力地做一个值得用户使用并推荐的产品。

问题13 产品经理需要一直在一个行业工作吗

小何最近工作不太顺利，这已经是他 3 年中换的第 4 个工作了。第一家公司是线下和线上相结合的音乐教育培训公司，因为公司经营不善，线下运营成本过高，所以公司倒闭了。第二家公司是一个新零售公司，主要销售办公室货架，也算线上和线下相结合，结果又因为经营不善，城市拓展得太快、太多，管理水平、供应链能力都跟不上，所以公司倒闭了。第三家公司是做互联网医疗的，希望帮助医院解决在线挂号、门诊预约等问题，公司老板说有很多医院资源，但是实际上在找医院合作时，发现有很多竞争对手的产品已经与医院合作了，小何做了半年，发现公司没有起色就离职了。第四家公司是做社区团购的，也是最近在风口上的项目，很多投资人都看好社区团购业务，小何果断地加入这家公司，然而刚过试用期，公司就通知他公司的资金链快断了，劝小何重新找工作。你觉得小何到底错在哪里？到底是公司的问题、行业的问题，还是小何的命运坎坷呢？

产品经理到底要不要扎根在一个行业呢？下面首先来看职位要求是怎么写的。大家熟知的互联网大公司，其实对行业的积累都有要求，如图 1-4～图 1-6 所示。

QQ产品经理 /（20 000～35 000元/月）

职位职责：

独立负责与QQ相关的社交项目的产品策划和策略制定，从策划产品概念、产品设计到推动实施；

负责制订具体的产品执行计划并保证其得到高效、高质量的执行；

在所负责的项目中作为关键角色，领导团队高效合作，并推动跨部门合作；

对所负责的运营模块进行日常维护及数据跟踪，定期分析运营效果，跟踪用户行为；

必要时作为团队负责人，全盘主导重点项目的产品策划、设计、测试、开发、运营等工作开展。

职位要求：

本科及以上学历；

3年以上成功的互联网或软件产品的产品策划经验（功能设计和可用性设计）；

组织过产品立项、设计、研发、推广应用及维护改进的整个过程；

良好的沟通能力和需求分析能力；

强烈的市场导向和创新意识；

强烈的进取心和产品主人翁意识。

图 1-4

商业策略产品经理-数据产品... /（20 000～40 000元/月） 直招中

职位描述：

职位职责：
（1）负责字节跳动商业数据中台产品设计，以实现数据驱动营销决策，助力企业营销增长为目标；
（2）负责行业客户的研究和需求挖掘，根据业务目标，进行数据产品的规划、设计和实施，通过业务数据分析、挖掘，为企业提供有价值的数据产品和解决方案；
（3）对业界的各类数据产品有充分了解，能结合字节跳动的流量特点，完善商业数据产品建设，持续挖掘数据价值。

职位要求：
（1）本科及以上学历，统计/数学/计算机及相关专业，3年以上DMP/CDP/BI等商业数据产品相关经验，有数字化营销理论基础，中台化数据产品、云计算、数据仓库、数据挖掘的产品或技术背景优先；
(2)能够独立完成高质量的企业级数据产品设计，能够从数据中还原业务场景，并发现新价值；
(3)具备较强的数据分析能力，拥有强烈的责任心和团队合作精神、出色的学习能力；
(4)具备强烈的好奇心和自我驱动力，对数据的价值挖掘有持续兴趣。

图 1-5

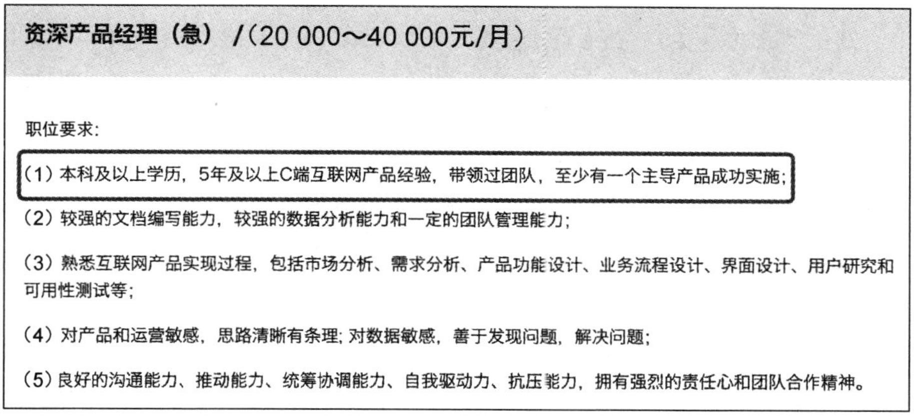

资深产品经理（急）/（20 000～40 000元/月）

职位要求：

（1）本科及以上学历，5年及以上C端互联网产品经验，带领过团队，至少有一个主导产品成功实施；

（2）较强的文档编写能力，较强的数据分析能力和一定的团队管理能力；

（3）熟悉互联网产品实现过程，包括市场分析、需求分析、产品功能设计、业务流程设计、界面设计、用户研究和可用性测试等；

（4）对产品和运营敏感，思路清晰有条理；对数据敏感，善于发现问题，解决问题；

（5）良好的沟通能力、推动能力、统筹协调能力、自我驱动力、抗压能力，拥有强烈的责任心和团队合作精神。

图 1-6

图 1-4 的方框位置很明显地标记了要有 3 年以上的互联网或者软件产品的策划经验。有人可能会说：“对啊！我有 3 年以上经验啊！我虽然换了几个公司工作，但是一直在做类似的事情啊！”其实不能这样简单地理解，画了 3 年交互设计图不等于在同一个行业积累经验，因为你所面对的用户可能一直在变化，也就是说你对于同一个领域的用户没有那么多的认知。

图 1-5 的职位要求也写得很清楚，要求 3 年以上商业数据产品相关经验，并且有很多行业内的专有名词，假设你没做过，可能连职位要求都看不懂。

图 1-6 的职位要求也写得很清楚，要求 5 年以上 C 端互联网产品经验，并且还要有带团队的经验。

所以，你回过头来看看你的简历，是在一个领域、一个行业深耕多年，还是觉得哪个行业有前途就去哪个行业工作、觉得哪个领域最近受到资本市场追捧就去哪个领域工作呢？很多人跳槽漫无目的，只要有一份工作就行，只要还是做产品经理就行，只要觉得这个公司做的事情相对靠谱，商业逻辑听上去比较合理、有趣就选择加入这个公司，完全没有认真地思考过自己在经验上的积累、在行业和领域上的沉淀，导致很多行业的工作都做过，每次都要重新调研用户需求，每次都至少要花 3 个月的时间才能够真正地感受到用户想要什么，这样做无疑是在浪费生命。

当然，如果你作为产品经理，非常有心计，每次都探索用户的本质需求，并且能够跨领域、跨行业地思考它们之间的共性，探索如何将在一个行业中所获得的能力迁移到另一个全新的领域，那么这也算一种成长。

扎根于一个行业对于产品经理来说是至关重要的，能够决定你所做的产品有没有深度，能不能形成核心竞争力。我们经常说要做一个百年老店，或者羡慕那些具有匠人精神的成功者，这些都体现了踏实地扎根于一个行业的重要性。但是，如果没有这种积累，也没有这种能力迁移，那么换工作很可能是一个短视的行为，并不是一个长期战略。

问题14 简历中有几段工作经历比较短，该怎么处理

小何让我帮忙看看他的简历，我第一眼就发现有两段工作经历非常短，都不到一年。一段工作经历是刚刚毕业后，在一个小的游戏公司工作了半年；另一段工作经历是最近这个工作，在一个物流公司工作不到半年。小何想问能不能删除这种工作时间比较短的工作经历，或者能不能合并到其他公司的工作经历中。如果删除或者合并了，那么在入职时会不会影响背景调查？如果你是小何，那么会怎么处理呢？

首先要遵守的大原则是诚信，因为一个人的诚信品格、正直的价值观要比能力更重要。即便这次找工作不成功也没有关系，但是如果通过背景调查或者在入职后被同事发现你的工作经历有问题，那么情况会很糟糕。同时，这些经历都已经成了历史，是不能够改变的，从社保缴纳记录、银行工资流水、个人完税证明等多个方面都可以佐证，这个时候撒谎就非常不可取了。为什么要删除呢？是因为你的能力一般，或者不好意思承认当时选择的错误，还是不知道如何给出一个合理的离职理由？这确实很尴尬，多少有点难办，因为就算你现在已经意识到了错误，获得改正的机会并不多，而且很多人还会以此判断你就是一个跳槽频繁的

人、你的决策能力有问题。

那么究竟应该怎么做呢？可以分为以下几种情况来看。

情况 1：工作 5 年以上，在工作早期有频繁跳槽的情况，最近工作比较稳定。

对于这种情况，我觉得没有必要做特殊处理，因为公司主要看你最近 2 到 3 年的工作是否稳定，是否积累了相关的行业经验和相关的工作技能。如果在收到简历后约你参加面试，那么说明公司还是想进一步考查你的能力的。

情况 2：工作 5 年以上，在最近 2 年频繁跳槽，并且不是由于公司经营不善等客观原因。

对于这种情况，我建议你准备三个东西：第一，要准备好比较合理的离职原因，能够说明你为什么频繁跳槽。第二，要准备行业分析。一个有 5 年以上工作经验的人，应该具备一定的行业分析能力，比如，对这个行业未来的发展趋势是如何判断的，怎么看待行业内的竞争对手，怎么分析这个行业的技术壁垒和商业模式壁垒，最好有一个像样的行业分析报告，这样能够体现出你的工作能力。你不能只说通过搜索引擎收集到的一些信息碎片，必须要体现出思考的深度才行。第三，要准备具体的产品分析，要能够展示出你的基础工作能力，能够给出很多产品设计、用户体验上的分析。这会让面试官觉得你既有宏观的行业分析能力，又有落地执行的产品规划能力。

情况 3：工作 3 年左右，有过频繁跳槽的情况，自己的能力一般，但是想进入大公司工作。

对于这种情况，我建议你分三步走。第一步是重新设定目标，看看当下有没有非常好的机会能进入大公司工作，如果没有特别好的机会，那么可以选择去其他公司继续磨炼自己，切记最好选择行业和经验都和大公司这个职位比较匹配的，这样能够获得比较好的延续性。第二步是对自己的能力进行复盘，看看过去这几年自己到底做了哪些事情，到底积累了什么样的能力，能不能用能力打动面试官。第三步是准备一些相关作品，要能够体现出优秀的学习能力和领悟能力，即便频繁跳槽，也要目标清晰。

情况 4：工作 2 年左右，有过频繁跳槽的情况，能力一般，希望找一个稳定的工作。

对于这种情况，你最好准备一下离职理由，要能够说得过去，自圆其说。相对来讲，工作年限过短，只要不是个人品行问题、诚信问题，辞职理由不是太过于个性化、太幼稚，理论上都能找到一份不错的工作。

情况 5：工作 1 年左右，之前在实习阶段有过一些短暂的工作经历。

对于这种情况，我建议你做适度包装，比如不太相关的实习经历可以不用写出来，因为你写出来也不一定会给自己加分，反而会引起面试官更多的猜疑，这就没有必要了。当然，你要能够在面试的过程中表现出有激情和对产品经理这个职业的热爱，最好可以提供一些交互设计的作品、商业分析的案例、对竞争对手分析的报告等，以便提高面试的成功率。

情况 6：应届毕业生，有很多实习经历，不同行业的都有，如果去掉一些，那么时间不连贯，并且在去掉一些后，简历的整体内容变少了，会不会显得没有竞争力？

对于这种情况，我建议做一些适度包装，最好能体现出你在不同的公司所做的事情基本类似，并且对你的能力积累有一致性。比如，做活动策划、活动运营、线下活动支持、线上活动支持、线上活动客服助手、活动奖品预算申请、奖品发放等。这些工作在未来的实际工作中，可能都是由一个职位所负责的。这会给你带来不同的体验，也积累了完整的工作能力。

还是要强调诚信，千万不要为了找工作而失去诚信，找工作讲究的是匹配，删掉或整合一些内容看上去可以让你的简历与目标职位更匹配，然而你撒了一次谎，未来可能需要撒 100 次谎才能够弥补。

问题15 要想做产品经理，大学的哪个专业更适合

小何在上大学时非常喜欢研究互联网产品，这和整个社会高速发展有关，现在的大学生几乎人手一部智能手机，有些条件好的人可能用的是最新款的。大学生对微信、支付宝、美团、饿了么、拼多多这些产品太熟悉了，甚至在高中时就用过。所以，有一些像小何这样的同学，他们对互联网非常热爱，一心想成为像张小龙那样的“神”一般的产品经理。他们能对现在的互联网产品提出很多使用建议，有些是可以落地改进的，有些代表了一部分用户的建议。然而，当决定成为一个互联网产品经理时，小何却不知道从何处入手，不知道应该怎样学习。在大学里没有互联网产品经理这个专业。当然，小何之前请教过学长，发现大多数产品经理都是计算机相关专业或者市场营销专业毕业的，难道真的除了这两个专业，其他专业都不适合吗？在这两个专业中哪一个更适合做产品经理呢？

要想回答这个问题，首先要知道产品经理都要做什么工作、做这些工作所需要的知识结构是怎么样的。

1. 产品经理错误的工作安排

9:30—9:40 规划一天的工作。到公司，先倒一杯水，然后开始规划一整天的工作。

9:40—10:00 产品组内晨会。如果遇到解决不了的问题，那么及时汇报。

10:00—10:30 项目组晨会。产品经理组织项目组成员开会，主要目的是同步项目进度，更新任务板。

10:30—12:30 开始一天的工作。写产品文档、画交互设计图，开评审会等。

12:30—14:00 午饭和午休时间。聊聊综艺节目、明星八卦、市面上的新产品，

打游戏，睡午觉。

14:00—18:30 继续一天的工作。写产品文档，画交互设计图，开评审会等。

18:30—21:00 加班。继续一天的工作。

2．产品经理错误的工作职责

（1）写产品文档。

（2）与开发人员、设计人员进行沟通。

（3）收集材料。

（4）观察和分析数据。

（5）做原型设计。

（6）反馈效果。

（7）培养产品感觉。

如果按这样的工作安排和这样的工作职责来定义产品经理，那么在大学里确实没有合适的专业能够教出合格的产品经理，并不是因为教材难开发、老师难聘请，而是因为这样定义产品经理就是错误的，它不能体现出产品经理的特征。然而，很多产品经理每天的工作安排就是这样的，难怪他们在工作 3 年后就会产生职业倦怠，在工作 5 年后就会遇到职业瓶颈。

3．合格的产品经理的工作职责

（1）能够定义符合用户需求的产品。

（2）能够定义符合市场需求的产品。

（3）规划产品并研发上线，推向市场。

（4）随时监控市场变化、用户需求变化，不断迭代产品。

（5）与市场营销、产品运营等各部门协作，让更多的人使用产品，获得更多反馈意见，不断迭代产品，以便适应更长期的发展。

（6）对市场有前瞻性，能够提前规划产品体系，做好产品布局。

4．合格的产品经理应该具备的能力

1）必须具备的能力

（1）对行业、商业有足够的洞察能力。

（2）对用户需求挖掘及对产品规划有非常丰富的经验。

（3）出色的沟通协调能力。

（4）卓越的领导力。

（5）理解公司文化，善于发挥影响力。

2）最好具备的能力

（1）了解行业的运作规律、发展趋势。

（2）知道用户和市场最需要什么。

（3）擅长分析数据并找到合适的策略。

（4）有技术背景，能够理解技术。

3）优先考虑的能力

（1）会编程。

（2）会独立完成美术设计。

5．产品经理应该做的事情

（1）做产品的战略和发展规划。

（2）定义和设计产品。

（3）调研和分析用户需求。

（4）进行项目管理。

（5）推动产品目标实现。

（6）宣传和介绍产品。

（7）进行产品生命周期管理。

根据上面对产品经理的能力和职责的描述，我觉得在大学里最适合做产品经理的专业是与商业相关的专业，比如市场营销、电子商务、物流管理、管理科学与工程、工商管理、公司管理等，当然金融相关专业、计算机相关专业也适合，这会让产品经理拥有更多的工程思维，也对做产品有一定帮助。

问题16 产品经理如何正确地评估自己

小何来找我，希望我能够帮助他做正确的评估，因为他又面试失败了。他感觉在几轮面试中聊得都比较满意，可是最终的面试结果却不如意，怎么也想不明白到底哪里有问题。所以，他请教我如何正确地评估自己。你会怎样评估自己呢？

从字面上来看，评估这件事情分成两个部分，第一个部分是评判的标准，或者说从哪些维度去评判一个人，第二个部分就是估算自己和这个标准的距离，是差很远，还是已经接近，甚至超过了这个标准。那么接下来谈谈如何正确地评估。

下面先来看一个产品经理应该具备的一些基本素质，见表 1-3。

表 1-3

评分维度	评分标准	得分
行业熟悉度	知道自己处于什么行业，知道这个行业的发展趋势、技术壁垒、竞争壁垒等	
商业敏感度	知道公司做的产品或服务是什么样的商业模式，有什么样的赢利模式等	
逻辑清晰	分析问题逻辑清晰且有深度，并且能够清楚地表达出来	
创新能力	追求卓越，不断突破当前格局，为创造极致而努力	
批判性思维	对于已经存在的、被假定的，或者一些墨守成规的事情，可以持续和细致地思考，可以分析出背后的理由和依据，敢于挑战，敢于批判	
同理心	“一秒变用户”，这是优秀产品经理要具备的基本能力，要具备非常好的同理心，能够深刻体会用户心理	
用户研究	能很好地理解不同阶段、不同背景的用户做出的决策，熟悉建立用户画像、用户模型的方法，了解大众心理相关知识	
产品模型	了解各类产品的模型，比如社交产品的基本形态、电商产品的基本形态等	
自我反省能力	能够不断反省自己，并复盘自己，总结自己的能力、见识，尤其能够锻炼分析能力	
学习能力	能够快速地了解和掌握相关的知识或者技能，并且能够将这些运用到实际工作中	
成就动机	评估自己做事情的初心，是为了完成一个项目、一个产品，还是要不断地打磨做出最优秀的产品	
人际能力	有良好的沟通协调能力，能够发挥自己的能力驱动合作伙伴共同完成目标	
决策能力	在面对问题时有自己的见解，并能够根据相应的评估原则对事情做出合理的选择	
领导力	能够带领团队成员，或者引领团队方向，并且具备一定的团队管理能力、团队组织建设能力，可以培养接班人并将方法论进行传承	
平均分		

在表 1-3 中，每一项的满分都是 100 分，100 分代表做得非常好，0 分代表完全不具备这个能力。当然，如果你认为在某项能力上已经超过了周围同龄同事的 20%，那么可以加上额外的 20 分。把所有分数相加后计算平均分，40～60 分为仍需努力，61～80 分为可以给自己更多挑战，让自己成长得更快，81～100 分为可以让自己在某一个领域成为行业顶尖的专家，并且能够突破自己，突破行业，完全可以独自撑起一大块业务。

虽然有了这个表格，但是我相信你在做自我评估的时候，可能还是觉得不知道怎么做，那么下面来说说评估的步骤。

1．认真阅读评估表格中的标准

表 1-3 中的评分标准是参考，你可以继续细化，提出更高的标准，只要在给自己打分时能够有明确的指导就可以。

2．进行自我评估的举证

谈到评估体系就一定要谈举证工作，你一定要拿出相应的证据证明你掌握了这个能力。这些证据可以是你的绩效、业务增长，也可以通过你负责的业务规模、团队规模来证明，同时还可以是你的相关领域的经验、专业工作的工龄、资深的履历背景等。这些都是在证明你的能力、你的核心竞争力、你的稀缺性。

3．找同事、好朋友评估

你可以找同事、好朋友帮忙评估，看看他们眼中的你处于一个什么样的水平。你也可以请上司在非工作情况下给出评价，抛开当下工作的考核指标、工作业绩客观地评估你的能力。

4．面试测试

如果有机会，那么你可以通过电话面试等方式让素不相识的面试官或人力资源经理给你做简单的评估，可以让他们评估一下你的洞察力、创新力、逻辑表达能力、产品技能熟悉度等。这样能更准确地认识到自己的水平。

当然，你也可以选择专业的职业测评公司或者机构进行专业的评测。职业测评工具一般包括霍兰德职业兴趣测试、职业价值观测试、能力管理测试、北森人才测试等。对于这些专业的测试，最好找专业人士解读，这样能够帮助你快速识别自己的优势和劣势，减少自我成长的盲区。

经过这样的自我评估，我相信你会比较准确地知道自己的能力如何，知道在同事眼中、在上司眼中、在外部同行眼中你究竟是一个什么样的人，知道目前处于上、中、下游哪个阶段。只有认真地做了自我评估，并且剔除一定的“水份”（因为过度自信给予了过高的评分），你才会知道是应该留在现在的公司学习锻炼，是有资格到市场上选择更好的平台大展拳脚，还是可以自己创业闯出一片天。

送给你一句出自《旧唐书·魏徵传》的话，“以铜为镜，可以正衣冠；以古为镜，可以知兴替；以人为镜，可以明得失。”希望你能够经常评估自己，反思自己。

问题17 为什么你就是合格的产品经理

小何是一个非常自信的人，相信自己就是一个合格的产品经理，但是面试了几次都铩羽而归，非常沮丧，不知道到底哪里出了问题，感觉自信心受到一次次打击，不知道自己现在还算不算一个合格的产品经理了。不知道你有没有类似的经历，你是怎么走出阴影的呢？

其实要回答这个问题，首先要弄清楚产品经理的概念和能力模型，然后才能判断你是能力不足、意识不足，是在面试时发挥得不好，还是在简历中没有写清楚自己的能力。这里并不是泛泛地谈产品经理的定义、产品经理的历史，而是要谈你怎样找到自己的不足，怎样找准未来成长的方向。

首先，产品经理是解决用户购买力的一个职业，但是很多人把这个职业做成了医生的模式，总关心用户有什么痛点，就好像我们去看病，医生总要问感觉哪里不舒服，再让我们抽血化验，然后诊断开药。产品经理如果也按照这样的逻辑工作，那么就要先知道“你有什么痛点”，做“数据分析”，然后诊断你确实有“痛点”，再研发一个产品解决你的这个问题。你认为这就是好的产品经理吗？这就是你做出来的好产品吗？

下面分享一个“卖钻讲孔”的故事，哈佛大学著名的市场营销学教授西奥多·莱维特曾告诫他的学生："客户不是想买一个 1 英寸的电钻，而是想要一个 1 英寸的钻孔！"这是一个经典的故事，故事是说有一个客户到五金工具店买一把电钻，销售人员就向他介绍产品，有中国产的、日本产的、德国产的、瑞士产的等，有各种型号的、各种性能的、各种价格的等。销售人员把和客户接触的宝贵时间当成产品宣讲会，只把重点放在产品特性上，大讲特讲产品的技术规格和其他属性，这样的产品和服务宣传只会让客户更加迷惑，实质就是没有从客户功能需求的角度考虑问题，其实要问的问题应该是客户买电钻要在砖墙上打孔，还是要在木板上打孔，是为了挂一台电视、一幅画打孔还是为了挂衣服打孔。正是这些用户需求才让客户有了购买电钻的需求。所以，这个经典的故事值得你好好体会！你可以回想一下在去一个公司面试时，是不是大谈特谈自己的特性，而没有分析对方公司需要你会什么，希望你加入后做什么。

作为合格的产品经理，你首先要有用户思维，要把面试官当成你的用户，要知道面试官认为什么样的人才是合格的产品经理，而不是自己认为自己是一个合格的产品经理。

那么面试官希望你有什么样的能力模型呢？面试官希望看到一个什么样的产品经理呢？我觉得可以从以下几个维度考虑。

1．对产品经理这份工作是否有足够的激情

不管你是刚刚毕业的大学生，还是已经做了 10 年以上的产品经理，其实都应该时刻对产品经理这份工作充满激情，即使不在面试的场合，只在平时生活中交流的场景，只要一提到产品设计和产品体验你也能两眼放光，滔滔不绝，那才说明你真的热爱这个职业。还有另外一个检验的方式，你看看你的朋友圈，是不是在大多数的时候你都在谈用户体验，都在谈如何通过产品的方式创造价值、改变用户等。对产品经理这个职业充满激情是面试成功的先决条件，因为这个职业并不是一个技能型的职业，这个职业对综合素质要求很高，并且需要长时间的积淀，如果你只是把它当成普通的赚钱职业，那么只能看到工作上的那点事情，你的格局自然就很小，这会限制你的发展。

2．具备基础的办公技能，并且能完成相应的工作

其实面试不是考试，面试更多的是看能力的匹配，同时也有时机和运气的成分。比如，现在腾讯要招聘一个做电商运营的人才，如果按照工作背景来决定录取，那么淘宝的运营人才大概率会获胜，因为整个互联网行业都认为淘宝的运营人才具备非常高的水平，但是淘宝的运营人才可能不会来这家公司面试，而你却是所有应聘者中基础能力最符合的、求职时机最匹配的，所以就可能被录用。合格的产品经理应该时刻等待机会到来，时刻打磨自己的能力。俗话说，机会总是留给有准备的人。

3．自我认知的提升

我遇到过一些人，他们对事情的理解可能和我不一样。这可能是因为中国的文化博大精深，很多事情界定得没有那么清晰。比如，上面提到的面试官希望你有“能力”，可能很多人就理解为要有优势；再比如，面试官希望你懂做直播，可能就被理解为做“网红”带货。同样，还有很多人认为对电商运营很懂，因为平时自己也帮朋友出主意，帮朋友做一些淘宝店铺的运营，但是真正的工作远比这些要复杂。除了我们能看到的表面上有操作性质的工作，可能还存在很多隐性工作，并且在工作中还需要面对很多困难，在竞争激烈的市场环境中要做决策，甚至有些决策会造成顾此失彼的效果。所以，有些人对工作如果不够深究，做得不细致，只是表面上觉得很合适，那么会过度地高估自己。

4．合格的产品经理还要能够沉得住气

合格的产品经理一定不能靠一刹那的创意，所以产品经理不管遇到什么样的用户需求，遇到什么样的研发能力，遇到什么样的竞争对手，其实都应该沉住气，既不要希望通过自己的一个创意就能改变公司、改变行业，也不要希望通过做一个超级完美的产品去获得所有的用户。真正的产品都是不断迭代的，随着用户的使用，合格的产品经理要发现更多的用户价值。比如，iPhone 手机在刚推出来的时候确实很让人震撼，但同时也有很多不足的地方，苹果公司的产品经理并没有

满足于给行业带来的变化，随着用户的使用不断地优化交互体验、界面设计、软件生态、硬件性能，这一切都进行得非常自然。我见过很多“空降兵”，他们到一个新的公司做产品总监，看不惯原来的产品，大刀阔斧地改革，往往消耗了很多研发资源，却收效甚微。

这也是在很多时候面试官最后会问的一个问题：“你对我们公司的产品有什么看法？”一个合格的产品经理会避其锋芒，委婉地表达对公司的敬意、对行业的熟悉、对竞品的研究，而不会感觉终于有了一个当面吐槽的机会，一股脑地说出很多意见或者建议，哪怕这些是正确的，也会让别人觉得不舒服。你在外界看到的信息，在公司内部的员工肯定已经看过了，并且研究过了，因为这是他们的工作，所以他们不太可能认可你的意见。因此，你千万要沉住气，要保持合理的谦虚。

其实是不是合格的产品经理，应该交给招聘市场去检测。你要看市场对你的估价，而不能自己觉得自己很棒，动辄就希望谈一个年薪百万元的合同。你要想清楚自己的能力，做好职业生涯规划，不能因为某一次的市场报价很高就觉得自己的能力非常强。

问题18　你是否了解产品经理的日常工作

小李今年上大学三年级，发誓要成为一名产品经理，并且一定要进入腾讯、阿里巴巴这样的一线互联网公司工作，然而现在并不了解产品经理的工作，不了解产品经理的能力模型，只是听学长们讲过一些互联网公司的趣闻，听他们分享过一些互联网公司产品经理的工作心得。他非常希望依靠以下几点获得一个互联网公司的工作机会，你会这样想吗？如果你是面试官，那么会雇用他吗？

大学生常见的求职心态如下。

（1）我特别肯学，特别能吃苦，只要给我一个工作机会，我就会非常努力。

（2）我的学习能力很强，只要给我机会，我马上就可以学会。

（3）我什么都愿意干，可以不要工资，只要能让我进公司工作就行。

（4）我可以去看书，可以报名参加一个培训班，马上就能学会。

现在的职场并不像几十年以前那样还存在单纯的师徒关系，徒弟可以什么都不会，师傅手把手慢慢教，甚至徒弟将来就接师傅的班。当今社会已经没有这样的事情了，至少在互联网行业这样的事情是不存在的。所以，摆出任何低姿态都是徒劳的，你只有拿出真本事，告诉面试官你可以做到，才能够获得工作的机会。

为什么有人会认为谦虚、诚恳的姿态可以获得工作机会呢？我觉得可能有个别人成功过，所以让一些能力不足、准备不足，又不太敢直面问题的人产生了误解。在我看来，这是一种外表包装得非常好的糖衣炮弹，让很多人都可以说服自己，麻醉自己说："我是大学生，能力不足是正常的，所以要放低姿态，恳求对方给我一个工作机会。"然而，他们应该面对的是需要积累什么样的能力，为什么没有更深入地了解、学习。

因此，下面介绍一下产品经理的日常工作，看看产品经理到底要做些什么，能力要求又是什么。

产品经理的日常工作应该分为 3 种：日常规划分析类工作、日常项目跟踪管理类工作、临时性紧急工作。介绍这几种类型的工作其实就是介绍怎么合理地安排工作计划，管理好时间，提升工作效率。下面仔细谈谈每个类型的工作。

1. 日常规划分析类工作

产品经理其实每天都要做一些积累（包括对行业的了解、对商业模式的理解），关注市场上的新公司，关注用户有什么新的需求、整个行业发展的趋势、新的技术，关注有没有创新的业务或产品出现，关注头部公司的产品布局、商业布局，看看自己公司的产品是否已经落后很多了。

这部分工作主要包括阅读行业新闻、行业分析报告，关注行业意见领袖的公众号等，每天至少需要30分钟，要保证质量。如果没有特别新鲜的东西，那么你可以思考一下能不能把现有的格局画出来，看看自己有没有宏观视角。

2．日常项目跟踪管理类工作

产品经理有85%的精力要花费在这些工作上，而在这些工作中又有85%的时间花费在沟通协调、确认进度和产品研发质量上，所以在很多时候产品经理都在开会，都在沟通，都在“贩卖”自己的产品理念，都在说服其他人接受自己的产品设计，所以很多想转行的人会误以为产品经理的工作就是与人打交道、沟通协调，在有拿不定主意的时候，给出几个创意或者说一说自己作为用户的感受，这明显误解了产品经理的工作职责。

3．临时性紧急工作

临时性的工作有可能是公司领导突然叫你去办公室布置一个工作，或者告诉你竞争对手做了一个新功能，你们也要跟进，或者某个业务的核心指标出现断崖式下跌，要你查明原因等。这些临时性的需求可能都会打乱你的工作节奏。

不管日常工作多么繁杂，多么无序，如果你要想成为一个合格的产品经理，那么都需要对自己有要求。你要学会把这些工作分类，要能够更合理地安排工作。如果你不会安排工作，那么很多项目规划、项目报告可能都要拖到最后时刻才交上去，如果你不会做高效的时间管理，那么很可能要开完一整天的会议，才有时间静静地写产品文档，画交互设计图，思考产品的流程，看看行业在发生什么变化。

日常工作一定是琐碎的，哪怕是公司的总裁。正是因为工作琐碎，你才更要学习如何利用好碎片化的时间、如何把自己的项目做好分解，要能够适应这种碎片化的时代。我推荐你使用番茄时间管理方法，它可以让你更专注、更高效。我也推荐你使用在线的项目管理、团队协作软件，它们可以让你们的配合更高效。

还有很多时间管理工具，你可以多尝试，找到一个最适合自己的工具，让事情恢复正常。

问题19 在小公司没有人能够教你，也没有完善的培训体系，你该不该离职

小王在小公司工作，但是一直想进入大公司工作，对大公司有一种莫名的向往，加上现实的差距，更觉得只有大公司才是最好的，觉得小公司到处都有问题，一旦遇到困难就会抱怨小公司不够正规，一旦听说大公司的年终奖高、福利待遇好，就很自然地觉得大公司的所有制度都是优越的。小王经常会感到自卑，这可能是心理上的不自信，所以他特别渴望能有人带自己，给自己指点迷津，希望公司有良好的培训体系，让每个人都能够学习、成长。

难道小公司就真的一无是处？大公司就什么都好吗？为什么你的成长要让别人负责呢？下面就对这几个问题讨论一下，看看你到底该不该离职，或者说谁该为你的成长负责。

1. 为什么会进入小公司工作

你在大学毕业的时候为什么会进入一个小公司工作呢？我来猜一下，可能是因为你没有得到大公司的面试机会，可能是因为你想留在大城市生活，先找一个工作再说，也可能是因为你找了很久的工作，没有工作经验和实习经验，所以只能进入小公司工作。

那么这个小公司是什么行业的，你想过吗？这个小公司是做什么业务的，是怎么赚钱的？这个小公司在行业内处于什么位置，你想过吗？

这个小公司有多少人，是家族公司，还是完全靠老板一个人的社会资源、人脉关系经营？这个小公司真正的业务是什么？产品的核心竞争力是什么？大公司

有没有做同样的事情？

对于这一系列问题，不知道你有没有思考过，有没有问过自己。当代社会不仅仅是“男怕入错行”，女性工作者一样面临这样的问题。假如你在一线大城市的职场打拼，就要有这样的意识。职业生涯规划从迈出的第一步开始就非常重要。

2. 进入小公司工作你到底得到了什么

如果在刚进入小公司工作的时候你还懵懵懂懂，那么已经工作了半年，总该想想要什么吧。高工资我估计不太可能得到，剩下的就要你自己寻找了。你是想积累进入一个行业的经验，接触这个行业的资源和人脉，知道这个行业的内在运行规律，还是想学到这个行业的核心技术？你是否想过大公司的面试官希望你在小公司学到什么，哪怕只是学到沟通能力，哪怕只是学会如何做一个靠谱的人、如何去学习、在面对困难时如何找到解决方案呢。

3. 小公司给你的机会是什么

其实小公司给你的机会非常多，因为没有那么多人，所以项目就没有特别细分，你可以承担很多工作，这对个人的锻炼是最好的机会。为了能抓住这样的机会，其实你可以考虑以下3个方面的成长。

1）知识面的拓宽

你要负责产品、市场、运营等多个方面的工作，自然就要积累很多专业知识。我不赞成你把这些事情看成负担，因为这样你就会丧失分辨能力，只会觉得市场工作就是找渠道，运营工作就是多做几场活动、多利用优惠券做一些促销活动。这会导致简单的重复，没有深度，学不到东西，看上去什么都会一点，实际上什么都不会。

2）综合业务能力成长

干的活越多，成长得越快。你不要只关注给你分配的这些工作，而要关注上下游该如何合作、你的工作输出和输入是什么、如何才能让整个业务运转得更顺畅。这样，你的综合业务能力提升就很快，对整个行业的认知也会提升到一个新的层次。

3）沟通协调驱动能力锻炼

小公司没有严格的等级制度，也不会通过邮件汇报等方式进行沟通，然而这才是对人最大的锻炼机会，你要知道如何处理好同事之间的关系，如何驱动几乎天天见面的同事工作，这都需要很好的沟通协调能力。

4. 谁该为你的学习负责，而你该学习什么内容

学习永远都要由自己负责，在职场的打拼是在出售价值，因为你创造了价值公司才会给你相应的回报。我们在上学的时候有班主任老师负责我们的学习，但是现在工作了，所有的学习都应该由自己负责，该学习什么内容取决于我们想朝着什么方向发展，希望达到什么样的职位。我们是因为有能力创造价值，才配得上那些让人羡慕的职位。

5. 为什么离职，真正需要得到的是什么，到哪里可以实现梦想

如果你真的觉得小公司不好，那么你想去哪里？你能去哪里？你去了会得到什么？这又是一连串的问题。如果你认为已经学到了真本领，需要一个更大的舞台，那么没问题，你可以果断地去市场上试试看，让市场来评估你。如果你觉得在这里学不到知识，那么应该仔细地思考一下需要学习哪些知识。如果你只是抱怨一下，觉得自己累了，那么我建议你休息几天，而不是负气地辞职，因为那只是逃避问题的方式，你并没有想清楚问题，更没有解决问题。

问题20 传统行业的公司里唯一的产品经理，该不该离职

小赵是一家地产公司下属的互联网公司里的产品经理，也是唯一的产品经理。

这家子公司希望能够做一些互联网转型的尝试，公司的其他同事大部分都是从地产公司调过来的，对互联网不懂。年轻点的同事还用过一些互联网产品，而年长的同事基本上只是觉得现在互联网发展很快，他们跟不上时代了，希望年轻人好好努力。集团公司的领导给了非常大的肯定，认为未来就在互联网行业，一定要转型成功。如果你在这样的公司，那么会怎么办呢？

你可能设计了一系列的产品，想推动整个公司朝互联网转型，研发一些线上交易的产品，但是同事们觉得你们的行业比较传统，不合适。

你可能想让产品增加一些增强现实（AR）的看房体验，但是公司没有技术积累，实现不了。

你终于想到可以开发一些物业管理的 App，也看到了行业内有成功案例，甚至花样集团、卓越集团的物业管理公司都已经是上市公司了，但是你发现自己的能力不够，想打通整个链条开发一个庞大的产品是非常困难的，你会选择离职吗？

这也许是产品经理遇到的尴尬局面，其实很多人有热情、有想法，想做点事情，但是会遇到各种困难，如果辞职，那么心有不甘，总觉得这种“互联网+”的模式是可行的，一定可以做出好产品，可是并不是每个传统公司都能坚定地转型，有很多团队最后合并了，解散了。在面对这种情况时，我有以下两个建议。

1. 定期把做过的事情向上抽象一层

合格的产品经理一定要定期复盘，复盘的一个很重要的事情就是把自己做的事情、做的业务向上抽象一个层次。你要看一看能否总结出某种规律、能否看清楚自己到底在干一件什么事、到底满足的是人类的哪一个非常基本的需求、现在提供的方案是不是最好的、要想满足这个需求还能找到哪些方案、是不是该对曾经的好方案进行迭代。举个例子，滴滴打车就是在这种抽象的复盘中改名叫滴滴出行的，因为滴滴不仅仅提供一个呼叫出租车的功能，这样的功能在 20 年前就存在了。滴滴要解决的是用户出行的问题，所以才会有不同层次的解决方案，有顺风车、专车、出租车。对于出差或旅游的人来说，“住酒店”并不是一个本质的需求，而“在外面的时候有地方住”才是。所以，爱彼迎（Airbnb）就去做了共享房间的生意，更好地解决了外出人的“住”的痛点，所以成功了。

再举个例子，美国网飞公司（Netflix）的创始人哈斯廷斯的思路非常清楚，在原来出租录像带的时候他就知道用户的需求不是要租录像带，真正的需求是看电影，其实不在意是出租录像带、DVD，还是使用在线视频的模式，所以网飞公司马上就转型做了视频内容点播业务。

你不仅要看到困难，还要能够看到更底层的需求，看到领导们是怎么想的，看到同行们是怎么想的。因为你在这里遇到的是这样的困难，选择离职，可就算进入腾讯工作，仍然会遇到研发资源不足、市场竞争激烈、要快速上线迭代产品等很多困难。难道工作不如意，事情没有按照你的想法做，你就选择离职吗？

2. 你尽快离职，但是我建议你选择类似的行业或商业模式工作

为什么又建议你离职了呢？是因为如果你不能摆正心态，总觉得公司有问题，对你有亏欠，或者没有给你提供更好的舞台，那么你可能会把更多的时间浪费在思考这类问题上，已经忘记了要解决的并不是公司经营战略问题、公司管理问题，而是作为一个产品经理到底要创造一个什么样的产品。假如你已经忘记了这个初心，那还不如离职呢。离职可以避免每天都不高兴，避免浪费过多的管理成本。

同时，我建议你选择类似的行业或者商业模式工作，目的是希望你在新的舞台上能够实现你的理想。就算真的换了一个行业工作，我也建议你找一个商业模式类似的公司，因为这对你的职业生涯规划是加分的，可以保证你的职业经历是连续的，逻辑上是有递进关系的。就怕你一年换一个行业工作，今年在传统行业工作，明年在互联网行业工作，后年又在教育、医疗行业工作等。看上去你在很多有前途的行业都工作过，但是并没有扎根到任何一个行业，没有积累和沉淀。

离职不是重点，也不是解决问题的办法。对于有些难题来说，你可以把它们先搁置起来，等经验丰富后再解决，但是有些问题并不是没有解决方案，而是你的能力还不够，你又选择了逃避，选择了放弃，所以最终并没有得到该有的回报。

问题21 产品经理如何从日常工作和生活中锻炼产品规划能力

小曹在北京的互联网中心上班，每到下班的时候，就会有大量的人从各个写字楼里“喷涌而出”，场面非常壮观。这些人有两个比较大的流量集散点，一个是公交站，另一个是地铁站，小曹就是在公交站等车群众中的一员。小曹边等车边思考，如何能够做一个产品来解决这个片区的人流拥堵问题呢。小曹想过公交信息查询产品，想过共享巴士产品，想过商圈引流产品，这些产品要么属于伪需求产品，要么产品路径冗长，要么没有清晰的商业模式。虽然小曹最终没有找到创业机会，但是给所有产品经理上了一课，那就是产品经理在日常生活中也可以锻炼产品规划能力。

产品经理在生活中能不能锻炼思维能力呢？答案是肯定的，产品经理要不断思考，建立自己的思维模型。虽然产品经理不用对生活中的产品认真地写产品文档，画产品交互设计图，但是对整个产品的设计流程、用户体验还是一点都不能马虎的。

为什么要在生活中锻炼产品规划能力呢？

首先，在生活中你可以接触非常多的行业，可是在工作中就相对固定。生活中的这么多行业，其实会帮助你建立“场景思维”。你可以通过不同场景的串联、不同行业的特点，看到用户的很多需求是如何被满足的。你也可以思考这么多用户需求有没有共同点。

其次，在生活中你可以观察到很多类型的用户，这是最真实的反馈。大多数产品经理都是在办公室里做产品规划的，或者做一些竞品的功能截图。这都不如来到用户身边感受得更深刻。比如，你准备做一个金融理财产品，可以借着去银行办业务的机会观察一下银行是怎么销售理财产品的、用户是如何选择的、用户的决策理由是什么等。在工作中并不是每家公司都会让你去做完整的用户调研工作，所以有很多产品其实并不符合用户的需求。

再次，在生活中你也可以体会到不同流程带来的用户体验。比如，你可以体会到用户在银行、医院排队的焦虑，可以体会到很多线下场景的烦琐流程，可以体会到很多设备的交互体验做得不够完美，可以体会到很多客服对待用户不友好等。这些都会锻炼你的同理心。

那么产品经理都有哪些能力可以从生活中锻炼呢？下面用案例来说明。

1. 用户需求理解与挖掘的能力

案例：在去自动取款机排队取款时，你可以思考一下在这个场景中用户的需求是什么。

（1）用户的安全需求，要保证在取款时的人身安全，尤其在夜晚。

解决方案可能是银行要选择更安全一些的自动取款机安放地点，选择经常有警察巡逻的地方或者商场内部，或者加盖一个需要刷卡进入的安全小屋，如图 1-7 所示。

图 1-7

（2）用户的密码安全需求，以免后面排队的人偷窥。

对于普通的自动取款机来说，你可以考虑在屏幕上添加一层防偷窥保护膜，现在很多电脑、手机都这样做了。

（3）用户的快速取款需求。

这是用户非常核心的诉求，你千万不要在核心流程上打断用户，比如在用户插入卡片读卡时播放广告，但是可以在取款时播放机器点钞的声音，为用户提供安全感。

（4）用户需要专属客服的需求。

一旦用户在取款过程中出现任何异常，你可以考虑让专属客服直接通过机器与用户进行视频沟通，并且专属客服能够知道用户卡号，可以核实相关的问题，或者明确告知用户吞卡后该如何处理、取到假币后该如何处理等。

当然，还有很多需要挖掘和验证的需求，比如这个取款机没有钱了，有没有附近其他取款机的推荐、以什么方式推荐、能否用手机扫码获得路线图等。

2. 商业模式思考

案例：健身中心的会员卡模式有什么值得借鉴的地方？

会员卡模式是很多公司都会采用的营销方式。有些人对线下健身中心的会员卡的印象非常不好，因为有个别健身中心在人们办卡后就关闭了，给很多用户造成了损失。所以，你作为产品经理可以思考一下如何改进。

方案 1：借鉴互联网裂变新玩法。

比如，你可以只卖月卡，一方面告诉用户健身中心不会关闭，另一方面可以过滤一些不能坚持健身的用户。当你明确和用户说不给不能坚持健身的用户办会员卡是一个门槛时，反而会刺激用户的自尊心，用户就会坚持健身。然后，你可以让老用户介绍新用户来办卡，让老用户获得会员延期。再比如，你可以通过拼团、组队砍价等形式拉新用户。

方案 2：借鉴互联网打卡玩法。

你可以给年卡会员设计一个全年打卡 300 次的全返奖励机制，用户只要一年内来过 300 天，健身中心就可以给他们全额退还年费，在一般情况下只有 10%的用户才会坚持下来。

关于这些商业模式，你都可以去找人讨论，听听别人的建议，听听健身用户的意见。这有助于锻炼你的商业洞察力。

现在你应该知道在生活中也存在很多机会让你思考，让你按照产品经理的思维看待人和事。如果在将来面试的时候你被问到一个生活场景类的问题，我想你应该知道怎么回答了。

问题22 感觉在小公司当产品总监没有上升空间了，怎么办

小方在小公司工作了 5 年，经历过创业公司从 0 到 1，也做了很多成功的项目，为公司的赢利做出了贡献。最近公司的经营状况不太好，小方觉得自己到了一定年龄，很想到大平台发展，希望能够展示并且检验自己的能力，于是就搜索了几个一线互联网“大厂”的招聘要求，发现可以满足招聘要求，然而面试结果不太理想，第一轮就被淘汰了，他不知道问题出在哪里。我后来和小方交流了几次，终于发现了问题。

小方想离职的原因是感觉在小公司没有上升空间了，但是他没想到的是大公司的要求是很高的。小方原来只认为招聘要求中写的这些事情他都做过，有业务能力，有行业经验，有管理能力，可是忽略了公司规模的区别，忽视了做事情的深度和细致的程度。虽然事情是一样的，但是小公司和大公司的标准不一样，目标不一样，所以积累的能力就不一样。

你如果遇到小方这样的情况该怎么办呢？你可以提升以下四个方面的能力。

1．做事情的广度

其实小公司创造了非常好的机遇，因为公司的规模小、人员少，所以分工没有那么细，你会有非常多的机会与其他人交流，与其他人更好地合作。如果在面试的时候你不能说出其他同事在做什么、其他同事对整个公司业务的贡献，以及他们如何与你的工作联动，那么只能说明你做事情的广度不够。在面试的时候最忌讳说："对不起，这件事情是另一个组负责的，不归我管。"这样的回答是非常不专业的，会给面试官留下非常不好的印象。

作为一个领导者，你一定要能够看清楚工作链条的上下游，一定要有非常好的全局视野。在小公司工作，你的感觉也许是工作内容非常繁杂，什么都要管，可这恰恰是一个非常好的锻炼机会。如果你把这些事情都简单地理解为一个"活"，那么就会陷入烦恼之中，你会觉得这些事情不该由你做，觉得这些事情不是产品经理的本职工作，觉得公司的管理混乱、分工不明确等。假设你把这些事情都看成为了完成共同目标要做的模块，能够总结出每个模块的重点工作，那么看到的就是全局视图，就好像搭一个积木房子一样，你会明白每个模块的重要性，知道需要多少个模块，这个时候做事情的广度就培养起来了。

2．做事情的深度

小公司和大公司的区别体现在规模上，体现在业务体量上。有的小公司在特定的规模上是可以提供完整服务的，或者说有些问题不会爆发，可是如果换成大公司就不行了。所以，有些小公司的人给人的感觉是不求甚解，在深挖某些问题的时候回答得不够全面。

举个例子，小谢的公司原来也做电商网站，商品列表每次可以展示 100 件商品，用户在浏览的时候不会卡顿。在小谢去大公司面试的时候，面试官问："为什么商品列表要展示 100 件商品？为什么不展示 30 件商品？每次从数据后台服务器中拉取数据是一次性拉取，还是异步拉取？如果做分页功能那么最好拉取几页？在拉取商品图片的时候拉取什么品质的图片？整个页面可以同时支撑多少人并发访问？"

面试官还可以问出很多问题，这些问题在小公司可能都没有遇到过。对于想去大公司工作的产品经理来说，你在现在的工作中就要思考大公司的产品经理该怎么做，可能这些思考并不会做成产品功能，但是如果你没思考过，在面试的时候临场发挥，那么你觉得回答正确的概率有多大呢？如果你思考过，就算数据上还有不足，可是最起码你的思考是有深度的，你会考虑到更底层的产品逻辑。

3．做事情的高度

在小公司工作时，你还需要磨炼思考问题的高度。很多人只能看到项目的本身，看到一件事情的切片状态。就好比你现在站在马路中央，看到了汽车川流不息。如果你站在 50 层高楼再来看这个路口的交通状况，那么可能马上就会发现为什么拥堵、外沿的路况如何、整个片区的交通规划应该怎么调整，这就是高度。

你到大公司面试，尤其想直接成为大公司的组长或者产品总监，那么做事情一定要有高度，而不能只展示出可以胜任基础工作的骨干素质。你要能够站在更高的角度看待业务，思考问题，能够对整个团队做更明确的分工和合作的规划。你要理解这个模块会为整个公司的业务带来什么价值。

4．做事情的速度

在大公司工作的业务压力是非常大的，竞争也非常激烈，所以做事情是必须要有速度的，市场不会给你慢慢思考的时间。你面临的就是有难度的问题、迅速放大规模的问题，你必须学会快速弄清楚一个行业，快速试错，快速做出一个最小可行性产品（MVP）产品，快速调整产品规划，快速抢占市场等。

一切都需要快速地完成，而快速完成的基础就是你对行业的深度理解和工作能力的积累。所以，从小公司离职不是重点，离开你觉得不能提升能力的地方也没有错，但是你必须要思考的问题是你究竟需要提升什么能力，去哪里才能找到这个答案。

问题23 产品经理要懂技术，要成为全栈产品经理吗

产品经理该不该懂技术？到底要懂到什么程度？这是最常见的问题之一。这个问题还可以扩展一下，产品经理要懂策略、懂增长、懂市场投放、懂营销吗？难道全栈产品经理才是未来的不二选择吗？

小何在上大学时学习的是计算机专业，在毕业后的前两年做技术工程师，后来转型做了三年的产品经理，现在开始做用户增长方面的运营工作，开始带团队，培养自己的领导力，锻炼自己的战略规划能力、总结复盘能力、汇报能力等。小何渐渐地发现自己不再是一个纯粹的产品经理，而是为整个商业目标负责的角色。在招聘市场上，这样的人被称为“商业产品经理”。

为什么产品经理要懂这么多呢？产品经理应该把产品功能和用户体验做好，怎么做活动运营、怎么给产品定价、怎么向用户推销都是由其他部门的同事负责的。你是这样认为的吗？还是你觉得自己想了解更多，学习更多，但是每天的工作太忙或者公司的分工太细，你没有机会接触这些？谁都想变成一个全栈产品经理，都想成为一个合格的商业产品经理，成为下一个成功的 CEO。

产品经理的能力规划应该怎样做呢？下面给出 3 个成长路径。

1．理解其他人说的话

回到开始的问题，产品经理要不要懂技术，到底需要懂到什么程度。其实在我看来，产品经理要懂到能理解技术同事说的话、想的事情，甚至能理解他们的思考方式。

产品经理要懂技术绝对不是要帮技术同事干活，而是能有技术思维，在做产品设计的时候，可以从技术实现的角度思考，可以想到会有什么技术难点、对性能有什么要求，也可以做一些基础的竞争对手分析，给出一些竞争对手的技术特

征报告，这样才能算合格的产品经理。

同样，产品经理要理解运营同事说的话，不是要去做运营，而是要明白未来运营推广要怎么做、在哪里做数据埋点更能够帮助运营同事做好数据分析、做什么样的产品功能能够帮助运营同事做好推广的体验等。

只有懂财务、市场、营销、法务、风控等同事的工作，才能理解他们提出来的问题，才能知道不同职位的关注重点不一样，才能知道如何与他们配合让产品设计更高效。

2．满足其他公司的要求

有些人学英语就是每天背单词、学语法等，结果往往不太理想，要么学的是“哑巴英语”，要么坚持不下去。为什么会这样呢？是因为没有毅力吗？是学习方法错误吗？原因在于没有考虑到未来的应用，没有一个清晰的目标。做产品经理也一样，你必须要面向未来的职位思考今天需要积累什么能力。这些能力都写在了公司的招聘要求中。

假设你希望未来3年后跳槽到某公司做总经理，那么你现在就要观察一下你们公司的总经理平时都做什么、其他公司要求总经理做什么、你当下正在做什么。只有这样，你才能够知道自己究竟要积累什么经验、学会什么能力。

全栈产品经理只是一个趋势，懂技术、懂市场、懂财务也都是加分项，公司要求你会什么，你为了把工作做好应该会什么，这些才是真的要求。你要为自己的现在和未来负责。

3．学会做上级的工作

很多产品经理都不知道自己要做什么，也不理解为什么这么做，不知道上级领导希望做成什么样。这其实是个危险的信号，产品经理不能只盯着产品功能思考问题，不能一直按照自己的产品情怀去工作，要能够理解公司的战略，要能够站在上级领导的角度思考问题，这样才能够知道到底哪个环节有问题，才知道如何提升对应的能力。比如，现在新用户的注册转化率比较低，你不能单纯地认为这是市场推广做得不够、流量下降导致的结果。你作为产品经理要能够知道当前的数据，理解市场推广的渠道效率、匹配度，然后再回到产品流程中找原因，想办法优化调整，千万不要觉得自己做的产品功能非常好、用户的交互体验非常顺畅等，一定要站在上级的角度看是否已经达到了公司的商业目标。这才是为什么产品经理要成为全栈产品经理的原因。

全栈更多的是强调思维全栈、意识全栈。当然，你要能做到能力全栈就更完美了。

问题24 产品经理最重要的能力就是沟通吗

小岳是一个非常外向、开朗的人，平时为人处世、待人接物做得非常不错。作为公司的销售冠军，他头脑灵活，最擅长与人打交道，一直渴望能进入互联网公司工作。他问过几个大学同学的意见，得到了肯定和支持，他们都觉得他能转型做产品经理，所以他就去报名参加产品经理培训班，学习产品经理的基础工作技能。可是投出去的简历却始终没有得到回应，他感觉非常沮丧，不知道问题出在哪里，你觉得问题出在哪里呢？

你可能认为问题在于小岳没有实际的工作经验，并不完全是，他在上产品经理培训班的时候做过实习工作，甚至产品经理培训班还帮助他包装了简历。我认为小岳面临的转型问题是一个常见的通用问题，很多人都有这种想法。他们认为自己的工作与产品经理很像，每天都在想“用户是谁，用户有什么痛点，用户有什么需求”，每天都在做与用户沟通、与其他部门同事沟通协调的工作，所以完全有能力做好产品经理的工作，至少想转型为产品经理试一下。

职业没有贵贱之分，很多人都会换工作，换工作的心情可以理解，想突破自己，尝试更多的可能性也是没有问题的。真正的问题是把自己的工作能力当成了别人工作的全部，或者认为再补充一些基本功就可以胜任新职位的工作，这才是大问题。俗话说："别拿你的业余去挑战别人的专业"。现在有很多人看见"网红"带货特别好，就学着别人开直播；看见别人搞副业做微商赚钱，就自己开店进货；看见别人写公众号文章做知识公知既赚钱又得到社会认同，也马上看书搞创作。其实道理都是一样的，你只看到了别人成功的一面，却没有看到别人背后的努力付出和专业的积累。

产品经理是一个对综合能力要求非常高的职业，并不是只有沟通能力这一个技能。下面举两个案例来说明一下产品经理的工作和其他工作的区别。

案例一：销售经理对用户需求的分析和判断

你可能觉得你作为销售经理，每天也接触很多用户，对他们的穿着打扮、言谈举止非常敏感，一般进来一个用户，你打眼一看就能知道他是不是真的来买东西的，能够接受的价格范围是多少。在他看商品的过程中，你也能判断出他是价格敏感型的，还是追求质量型的，你会准备不同的销售策略。

互联网产品不完全是这样的，互联网产品面对的用户在数量级上就要高出很多，并且在用户购买决策上更难把握。产品经理在一般情况下会通过专业的工具和方法进行用户研究。

常见的用户研究形式有问卷调研、用户访谈、焦点小组等。问卷调研相对来说是定量研究。用户访谈主要是定性研究，是围绕一个特定的目的，通过不同的形式了解用户，从而获取受访用户对产品或者服务的感受、意见、建议，以及期望的过程。焦点小组通常需要第三方专业公司提供服务，这种方式是一个主持人面对一组用户，按照访谈提纲进行半结构式的交谈，每次可访谈 6～12 个用户，是效率非常高的研究方法，但也是对主持人控场能力要求非常高的方法。

产品经理不可以凭感觉猜想用户的特征，也不可以自己代表用户，而要根据专业的分析总结把结论应用到产品设计上，这是一个严谨的过程。并不是和用户沟通得多，利用沟通话术成功进行销售就算对用户了解了。

案例二：原来在公司做过很多大型活动的统筹，全靠沟通协作才能完成

产品经理的确有很多时候需要驱动设计、研发、测试、市场、营销等同事才能够完成整个产品的上线运营，但这应该占产品经理的 40%精力。产品经理还需要研究行业的变化，了解商业模式的变化，通过数据去看公司产品的赢利情况，找到可以改进的点。产品经理不仅是项目经理的角色，还是整个项目的主人。产品经理要与大家沟通达成共同的理念、共同的目标，推动整个项目正常运转的目的是早一点为公司创造商业价值。普通的项目经理沟通的目的是保证项目本身不拖延，按质量交付，而对于哪些产品功能需要改进、产品上线后怎样销售等都不太关注。

所以，项目经理和产品经理看上去都与各个环节的同事沟通协作，实际上出发点不同，要达到的目标也不同。

问题25 产品经理的工作就是找到用户痛点，然后编写产品文档，开发产品吗

小王已经工作了 5 年，并且已经成了小公司的产品组组长。在每次开周会时，她还是主要讲产品最近的研发进度，热衷于讨论产品的功能优化。她可能并没有意识到产品经理到底要做些什么，感觉每天的工作就是看看竞争对手的产品、体验一下产品，缺少对用户的研究、对产品文案的研究。她算是典型的野路子产品经理，并没有接受过正规的产品训练，虽然知道整个产品研发流程，但是不能深耕细作。这类产品经理并不占少数，所以也让很多人误以为产品经理就是这样工作的。

下面通过两个案例来讲讲产品经理的工作范围。

案例一：产品经理要懂得用户痛点

这看上去好像没有错误，经常有产品经理把痛点挂在嘴边。这已经算是不错的了，还有个别产品经理把产品带来的产出排在第一位，比如做这个产品功能能带来多少新用户，做那个产品功能能带来多少消费用户的转化等。这就简直错得离谱了。因为我们做产品的目的是为用户提供价值，而不是为了完成这些业绩指标。当你的产品做得有价值时，这些指标是自然而然地完成的。

如果一个产品经理只是在工作的时候讨论需求，在回到家后只是在产品有故障时才关注一下，那么肯定没有大的发展，即便已经做了组长。因为他缺少对用户的感知，缺少对产品做到极致的追求，缺少发现产品亮点的眼睛，把太多时间放到了生活、娱乐，但是又没有从中锻炼出用户同理心、对用户需求的敏感度，只能谈一些似是而非的产品理念，不能够深究。

案例二：产品团队的文化简单

如果一个产品组是用表格写产品需求的，那么说明这个产品组的层次非常低，这并不是文档格式的问题，而是一个团队的产品文化有问题。产品经理的工作绝对不只是把粗糙的交互设计图放在表格的左边，随便写几个产品流程的判断条件就可以交给开发同事了，图 1-8 和图 1-9 所示是非常低的水平，很多语句读起来不通顺，只有在产品需求评审会上逐一讲解，其他人才能理解，大大增加了沟通成本。产品经理要能够讲清楚技术方面的前置条件和后置条件，还要能够讲清楚这个页面的主要功能诉求、最希望用户怎么操作、是怎样通过交互设计和文案设计引导用户的（包括如何引导用户的下一步动作，比如图 1-9 显示在用户获得奖品后，只有一个“确认”按钮，并且让用户去分享）。在产品文档中还需要加入更多的异常流设计。

新增	详细	文案	
3	修改分享路径，在之前的版本中用户对于直接拉起朋友圈会产生困惑，会点击返回，从而造成不必要的分享流失。现修改为点击之后蒙层展示海报，下方icon分享到朋友圈及好友。如图所示		

图 1-8

迭代要点	修改&交互	页面	描述
2	不同状态的老用户（发起者，被分享者）的展示样式区别	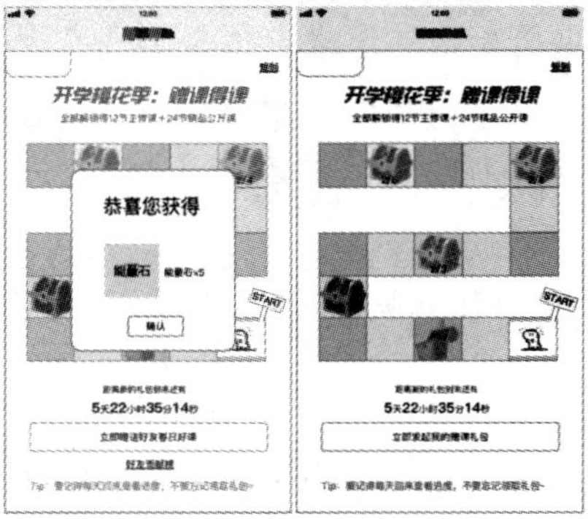	发起者正常展示页面，包涵解锁状态记录，后去进入页面，展示最新状态。 被分享的老用户，登录后进入页面，能量石获取弹窗，点击确认关闭后展示活动页。 区别于发起者：只隐藏好友贡献榜，底部分享按钮，文案变更。其余内容不变，点击按钮，刷新页面，展示自己的赠课活动

图 1-9

这种产品需求的表达形式，不仅代表了产品经理的个人能力，还体现了整个团队的产品文化。这个团队对产品规划的重视程度很低，对产品设计的理解非常粗浅。

不论在什么时候，你都不应该把过程当成目标。很明显，写产品文档、画产品交互设计图就是输出有价值的产品文档的一个过程。产品经理的工作目标是帮助用户创造价值，帮助公司创造商业价值，而不是把工作定位成编写产品文档，画产品交互设计图。产品经理要对自身的能力成长有追求，就算没有在大公司工作，也可以用大公司的要求对待自己，让自己成长得更快一些。

问题26 很多公司都要求有3年或5年相关行业的工作经验，怎么办

小陈是普通大学的本科毕业生，学的是计算机专业，已经在某个短视频头部公司工作了一年半，最近部门调整优化，小陈被裁员了。小陈在招聘网站搜索，好一点的产品经理职位都要求有 3 年或 5 年相关行业的工作经验，这可把小陈难倒了。第一，工作时间不够，只有一年半；第二，短视频产品经理算是一个新兴的职位，行业经验和谁都不匹配。

这个问题说明小陈对行业的思考、对职位定位、对工作经验的总结都没能上升到一定的高度，导致他觉得自己不够优秀，不够自信。有些优秀的毕业生真的可以在一年半的时间里学到非常多的东西，甚至比工作 3 年或 5 年的更有能力。下面来拆解一下，到底应该如何重新审视自己，如何做到能力提升。

1. 在工作能力上是否与目标职位匹配

你首先要知道需要具备哪些能力，比如用户研究能力、产品分析能力、需求管理能力、用户体验能力、数据分析能力、技术理解能力、项目管理能力、行业和商业分析能力等。你可能会觉得陌生，这些能力到底是什么，在平时工作时好像并没有用到。这些能力不是为了总结而提出来的一些概念，你可以通过这些概念把工作梳理、总结一下。举个例子，你原来在做产品的时候，可能考虑了“用户的痛点是什么”，考虑了“目标用户群有什么特征”，但是怎么回答这些问题呢？是靠自己的经验、自己的推测，还是有熟练的用户研究方法，做过很多定性和定量调研呢？所以，就像我们在初中学习数学一样，只把题目做对了不行，还要明确知道运用了哪些知识点。

在招聘的时候，面试官会问很多工作经历的细节信息，其实就是要听到你是

怎么工作的，运用了什么方法，得到了什么结论，做出了什么决策。你千万不要以为面试官只是对你过去的公司感兴趣，对你取得的优秀业绩感兴趣，那些项目和取得的业绩数字都是历史结果，都已经不可能改变，也不可能在新公司完全复制。面试官更关心的是你的能力是否与目标职位匹配。能力匹配不一定要经过很长时间，只要你的工作方法对、能力强，就可以在短时间内达到别人3年或5年的积累。

2．在行业经验上是否与目标职位匹配

很多人觉得产品经理的能力可以通过努力学习快速获得，可以用作品说话，但是行业经验似乎就是时间的积累，做过5年就是5年，做过1年就是1年，没有办法欺骗别人。真的是这样吗？可能你又误解了面试官招聘的意图。面试官希望你在行业经验上有3年的积累，首先是希望你对这个行业很了解、很熟悉，对该行业的产品比较熟悉，知道该行业的商业模式、产品生态等宏观层面的分析结论，并且对该行业产品的全流程工作有深刻的理解，有完整的业务产品包装能力，对产品的各个环节的设计思路清晰，对数据敏感，并熟知行业内各家玩法及相关数据。

看上去是不是觉得很难？其实还是有办法快速突破的。首先，行业积累确实需要时间，你可以在平时对行业新闻、评论、研究报告等信息进行收集，分类整理。分类非常重要。你在分类的过程中可以学到很多有用的知识，并且总结提炼的能力也会加强。其次，你要锻炼快速研究一个行业的能力，多锻炼信息检索的能力，多锻炼关联信息的分析能力等。最后，你需要对行业信息进行输出，千万不要认为自己的经验不足就不敢输出结论，只有在一些公众平台上输出结论，才能获得更多的评价和反馈，才能知道自己需要完善哪些地方。

行业经验可以慢慢积累，但是积累哪些内容，用什么方法积累，如何展示更强的学习能力，如何告诉面试官你可以快速达到平均水平，甚至超过平均水平，这些才是你的核心竞争力，你千万不要被表面的要求吓倒。

3．在思考与表达上是否与目标职位匹配

因为你的工作年限短，所以你需要说服面试官相信你有能力胜任这个工作，因此你的思考与表达能力尤为重要。因为有了这些能力的总结，你对事情的描述才会有逻辑，对自己的工作梳理才会有框架性。

在面试的过程中，你不要特别在意 1 年的工作经验，要在意的是如何表达出 3 年工作经验所具备的工作能力、如何把以往的工作经验与目标职位的要求进行对位的复盘总结、如何在表达时讲出恰好面试官想听到的能力。在面试的时候，你要尽量表达对全流程的熟悉，能够展现出对行业的洞察力，这才能够体现出你有一定的行业积累。

所以，工作年限短不是问题，问题是你要知道工作年限长的价值体现在哪里、能力体现在哪里。只有平时多观察、多总结，才能把自己打造成一个合格的人才。

问题27 找不到适合自己职业生涯规划的工作，随便找一个工作先做着，对吗

为什么会随便找一个工作先做着呢？其实生活压力是巨大的，尤其在北京、上海这样的一线城市，大多数人都不敢轻易说只为理想工作。当然，有些人不是没有职业生涯规划的，找工作是经过思考的，在下次找工作时还会选择在这个行业工作，还会选择这个职业；有些人真的没有职业生涯规划，只在离职后才开始修改简历，才开始看外面的招聘市场有哪些机会，结果可能好几个月都找不到工作，所以只能随便找一个工作。

什么是职业生涯规划？职业生涯规划就是找到一个自己喜欢的，能够赚钱的，又不太忙的工作，还可以有时间看看书，看看电影，照顾一下家庭吗？我觉得这不叫职业生涯规划。职业生涯规划是指人和工作两个部分的结合，首先要对这个

人和这个公司进行主观、客观条件的评估分析，然后再根据这个人的兴趣爱好、能力特点进行利弊分析，结合当前社会发展，以及未来几年的趋势，确定一个最佳的职业奋斗目标，并为实现这个目标做出行之有效的安排。职业生涯规划最终应该落地到目标和行之有效的安排。

因此你现在要思考的是有没有找到职业奋斗目标。是当一个总经理，还是当一个技术专家？为了实现这个目标，你需要做哪些事情？你对自己有没有很清楚的定位和分析？你觉得你和总经理的能力还差哪些？举个例子，如图1-10所示，从第一条职位描述中就可以拆解出以下问题：

产品VP /（10万～20万元/月）

职位描述：

（1）全面负责公司的产品线规划及设计，结合公司的发展战略，全面策划及统筹产品及技术的发展规划，明确定位、目标、策划，并落实、实施；

（2）协助规划公司的发展路线，组织制定、实施重大决策和方案，实现公司产品的创新目标，并及时了解和监督部门战略规划的执行情况；

（3）参与公司产品的设计与实现，从技术角度提升公司产品及解决方案的竞争力；

（4）负责产品部预算费用使用管理，包括年度和季度费用使用分析、问题及原因分析、应对建议等。

任职资格：

（1）具有10年以上知名互联网企业的从业经验，直接领导过30人以上的产品研发团队；

（2）3年以上的产品总监职位，有BAT背景优先；

（3）具有较强的领导能力、敏锐的公司产品相关行业发展趋势把握能力和宏观分析判断能力；

（4）具有优秀的交互设计能力，对产品设计有较高的要求，追求**的用户体验，有互联网招聘App产品经验优先。

图1-10

（1）你是否负责过公司级的产品？你是否知道公司级的产品是什么、商业模式是什么、一级数据指标是什么？

（2）你是否有过产品线的规划经历？你认为该如何规划产品线？如果按照点线面的理论理解，你认为你现在做的是一个产品的点、一条产品线，还是一个面？未来能不能做成一个生态系统？

（3）你是否知道公司的发展战略？你是怎样理解公司的战略的？你是否可以正确地拆解公司战略，并在你的团队进行战略落地？

（4）你是否有产品及技术团队的管理经验、分工协调经验？你是否知道如何做人力资源规划、人才盘点等？

对于上面这些工作，你不一定非要做到高级职位才做，可以先看别人怎么做，慢慢学习自己做，最后指挥别人做。所以，任何一个工作都有机会锻炼能力，你一定要清楚地知道要锻炼什么能力。

不是每个人都可以成为“股神”巴菲特、华为的任正非，但是每个人都可以有自己清晰的目标，知道自己该做什么，哪怕现在在一个小公司工作也不用怕，要知道学习哪些内容，积累哪些能力。这样才不会变成一个“随便”的人。

问题28 我虽然没有经验，但是学习能力强，能不能面试成功

小王刚刚大学毕业，特别想进入像腾讯这样的公司工作，他非常清楚自己没有工作经验、社会经验，但他相信自己有决心，有信心，有很好的学习能力，愿意吃苦，愿意加班，愿意比别人付出更多的努力，甚至可以不考虑工资，不考虑职位，只要能进入大公司工作就行，摆出了一个非常低的姿态，目的就是希望面试能够成功。你认为可以吗？你有过类似的想法吗？

我觉得这种低姿态不能够换来成功，有以下 3 个理由。

1. 在商业公司中很少有学徒制

其实能够看得出来，不管你摆出什么样的低姿态，你的潜台词就是“请相信我一次吧，我愿意学，请给我一次机会吧”“我可以不要工资，等我学会了你再给我工资”。这表示你不够成熟，并没有感受到商业社会的激烈竞争。在古代，你可以上山学艺或者跪拜求师，但是现在社会发展这么快，每家公司都要努力赢利才能生存下去，单凭你摆出一个低姿态就决定录用你是不可能的。

没有经验不要紧，不一定要用低姿态去乞求别人，你可以展示出你的潜力、你的创造力、你的创新力，哪怕只展示出比别人勤奋也可以。比如，你喜欢某个公司的职位，而其他人可能只大概了解这个公司是做什么的、是什么行业的。你可以收集相关的报道、社交媒体上的客户投诉和反馈信息，可以整理同行的信息，可以体验竞争对手的产品，可以写出自己的产品体验报告等，这些都可以体现出你有没有努力，有多么渴望得到这份工作，愿意付出多少。这都是用行动证明你的价值，而不是通过低姿态，通过表决心的方式来获取别人的认同。

2．你喜欢的并不一定就是你的，你需要让自己配得上

查理·芒格曾经说过这样一个道理："要得到你想要的某样东西，最可靠的办法是让你自己配得上它。"你如果想进入大公司工作，那么千万不要只是停留在想的阶段，也不要停留在羡慕的阶段，而要真正行动起来。既然你设定了目标，就应该想办法达到目标。你喜欢大公司，但是也要明白大公司是否喜欢你，凭什么喜欢你。所以，你必须要对自己做比较客观的定位分析和能力分析。你喜欢大公司不代表你就能去大公司工作，你要达到大公司的要求才能够去大公司工作。

3．公司招聘你是为了让你完成工作，创造价值

公司招聘你加入公司，就是想让你完成工作，创造价值。在你不能创造价值时，公司不会给你发几个月工资培养你的工作能力。所以，你必须要先满足公司的最低要求。你在进入公司后接受培训是为了更高效的工作，并且能胜任更多的工作。所以，你千万不要想着以低姿态求职成功，即便成功了，可能也是运气好。

第2章

公司在招聘时是怎样思考的

问题29 公司在什么时候会招聘产品经理

如果你想求职，就要知道公司在什么时候招聘、为什么招聘。下面列举几种公司招聘的常见情况。你了解了公司招聘的大概情况，就可以调整面试策略了。

1．公司发展得特别好，不断扩大领域

有些公司可能刚来到一座城市，前期需要储备人才，新设立很多职位，所以需要大量招人。比如，字节跳动把游戏事业群设立到深圳，就需要在深圳招聘游戏行业的相关人才；再比如，腾讯把媒体相关部门设立到北京，就需要在北京招聘很多新闻行业的人才、影视行业的人才、视频运营人才等。

在这种情况下，一般都会出现新项目、新职位、新团队。面对这样的职位，你的面试策略就是要充分展示出你的行业经验，展示出可以独立负责整条业务线的能力，这才是公司在这个阶段最需要的人才。如果这时你放低姿态说愿意努力，愿意学习，那么多半都只能获得一句“谢谢关注”的答复。

2．公司发展得特别好，需要更多的人做精细化运营

公司不可能在短时间内为所有职位都招聘到最合适的员工，所以只能陆续招聘，这时公司更看重的应该是团队的梯队建设、不同能力的人才搭配、不同发展潜力的人员配备。

面对这样的职位，你的面试策略就是要展示出你对业务的熟悉、对未来的中长期规划，要表现出你有思考能力，善于思考，善于做很多框架的分析和规划。

3．公司发展顺利，需要人才更迭，储备人才

公司在经营过程中难免有离职的员工，那么只能继续招聘，所以你会看到有

些公司、有些职位一直在招聘。

公司的正常招聘、正常的人才更迭的招聘要求其实是最高的。因为公司并不着急招人，有时间、有耐心慢慢评估和筛选每个应聘者，所以你的面试策略应该是展示出核心能力，展示出超越同行的能力。你不但要战胜其他应聘者，还要战胜那些已经在公司内部工作的人，需要证明比他们更懂业务，比他们更知道该如何把工作做好。

4．团队中出现升迁、转岗、轮岗、跳槽、离职等状况

团队中原来的骨干或者组长获得了升迁。在一般情况下，公司会首先考虑在内部挖掘有潜力的人才，看看有没有可以直接提拔任命的人，这样在招聘成本和人力成本上都是比较划算的。只有在内部没有找到合适的人去填补这个空位时，公司才会面向社会公开招聘，这就是我们熟悉的社会招聘，往往当我们从公开渠道看到这些招聘消息时，说明这个空位已经出现很久了。此时这个职位的工作很可能被团队内部已有的同事通过兼任的方式慢慢“消化”了，这个职位的招聘工作也就变得没有那么着急了。当然，在实际招聘中，人力资源经理还是非常希望能够招聘到一个合格的人，让这个人马上加入团队，在能力上可以完全补充原来的空缺，至少不能比原来的人员差。

在面对这样的职位时，你要证明自己的能力，证明对很多事情都比较有经验，有总结，有一定的工作方法和套路，是“招之即来，来之能战，战之能胜”的勇士。

所以，常年招聘的公司不一定是不好的公司，相反，可能是发展得特别好的公司。但是不管在什么情况下招人，公司在面向社会招聘的时候，还是更看重你的能力，看重你的行业积累。

问题30 一个公司招聘产品经理，你提前了解过他们的产品吗

如果你是一个应聘者，那么在面试之前要做哪些准备？是听猎头大概介绍一下目标职位，是更关心工资待遇，还是会准备一下简历，准备一下面试策略呢？

古语有云："知己知彼，百战不殆"。面试也一样，你最好提前做准备，既表现出对这个机会的重视，又表现出对对方的尊重。当然，你感兴趣就意味着你想要抓住这个机会，千万不要两手空空、头脑一片空白地参加任何一场面试，没有人能够保证每次临场发挥都非常出色。

在面试的时候，问面试官当前公司发展得怎么样、业绩如何是非常尴尬的，这些都应该提前了解清楚。你最好准备一个清单，在一般情况下，我会把提前准备的清单分为行业信息篇、产品价值篇、用户体验篇、产品架构篇、自我评估篇。

1．行业信息篇

（1）该公司处于什么行业，在产业上下游处于什么位置。你可以去艾瑞网、易观等网站搜索。

（2）该公司的产品怎么样，竞争对手的产品怎么样。

（3）该公司的产品价格如何，去年的销售情况如何，最近的客户投诉情况如何。

（4）该公司未来的发展方向如何，创始人有没有公开演讲。

2．产品价值篇

产品价值主要是指该公司提供的产品究竟具备什么核心竞争力、为用户解决

了什么痛点、能够给用户带来什么价值、用户的消费场景是什么、商业模式是什么，类似的内容在行业报告中也有。

3. 用户体验篇

在一般情况下，只有自己使用才会有比较好的用户体验，并且要截图，要对比竞争对手的产品的用户体验，最终形成体验报告。体验报告可以写得简单，也可以写得完整。

4. 产品架构篇

在产品架构方面，你要收集尽可能全面的信息，把该公司的产品体系弄清楚，要知道中、高、低端产品分别有什么或者面向不同用户群体的产品有什么，最好多了解一些单一产品的信息架构、功能架构等。

5. 自我评估篇

自我评估是指如果让你来做这个产品你会做哪些补充、优化。请千万记住，你不要提批评的建议，要以询问的口气去问，问问是不是还有哪些信息你没了解清楚。

在面试前，你要做全面、充分的准备。如果你了解该公司的产品到底是一个平台、一个生态网络、一个标类产品，还是一个运营态产品，那么在面试时对应该展示哪些能力有很大帮助。

问题31 产品经理面试成功的核心因素是什么

很多人在面试前都没有信心，不知道公司会从哪些方面考查自己，在面试结束后也不知道自己是成功了还是失败了，稀里糊涂的。有时候自我感觉良好，但是公司没有反馈，有时候面试官追问了很多细节，自己发挥得一般，偏偏又接到了下一轮面试通知。不知道你有没有这种感觉，你认为产品经理面试成功的核心因素是什么？其实面试对所有人都是公平的，面试成功不是因为你过往的经历最好，而是因为你的能力恰好符合这个职位。

公司在招聘的时候是基于能力、行业和综合素质考查的，并且一般都会写面试意见反馈，作为人才信息的一部分进行存档。那么你就可以从面试意见反馈中来看看面试成功的核心因素有哪些，这里主要指面向社会招聘的情况。

面试意见反馈主要分为四个部分：专业能力、行业积累、职位匹配、综合素质。下面逐一说明面试成功的核心因素是什么。

1. 专业能力

对专业能力主要考查两个方面，第一个方面是看简历上写出来的能力是否真实，第二个方面是看公司要求会的技能是否具备。因为每个公司的产品都不一样，工作职责也不一样，所以在面试的时候面试官会通过很多细节挖掘应聘者的亮点。如果应聘者没有表达出应该有的能力，或者对能力的描述含糊不清，或者表述啰唆，那么都会影响面试官的判断。建议你一定要有清晰的框架，能够点明自己具备什么能力，比如具备用户调研的能力，不能说“我做过很多用户问卷，还设计过问卷的题目，然后回收了 170 多份问卷，用 Excel 整理数据，最后发现用户的一些想法和我们原来的判断差不多……”这就是典型的错误，只在描述细节，描述过去的经历，而忽视了能力的定义。

另外，面试官也会重点考查你没写在简历上的能力，这就要求你对产品经理应该具备哪些能力了如指掌，对未来公司需要你具备的能力、在招聘要求上看到的细节有非常好的理解。千万不要在面试官问到一些细节时，你却只能回答说：“对不起，这不是我负责的……”

2. 行业积累

一个应聘者在行业积累方面的广度和厚度是非常很重要的，不单单体现在了解行业运作规律，能够听懂行业术语，尤其是一些英文单词的缩写，还要体现在对这个行业有激情，对这个行业有梦想，希望通过努力突破行业的某些壁垒。

在行业积累方面，公司主要考查应聘者是否有全局视野、能否清楚地描述全链条。同时，公司也要考查应聘者对竞争对手的关注度，看看应聘者是不是只专注做自己的产品，而不会抬头看行业内的变化，不关注行业的技术发展、竞品有什么新的进展。应聘者如果能够对行业发展趋势有一些独到见解，能够跳出当前职位去看整个行业的发展就更好了。

3．职位匹配

对专业能力和行业积累两个方面的考查是看过往的积累，看历史结果。那么对职位匹配的考查就是看未来了，面试官会用一些假设的题目来考查应聘者能否胜任未来的工作，尤其要看应聘者在遇到一些棘手的问题时会有什么反应，在面对困难的时候会采取什么方法应对，在面对业绩压力时能够从哪些细节中找到办法，找到突破口。面试官会使用压力测试的手段来测试应聘者对一些极端情况的反应，观察应聘者能否冷静地找到问题的本质、能否从原点出发解决问题。

4．综合素质

对综合素质的考查主要体现在口头表达能力、沟通技巧、思维逻辑性、谈判技巧、职业素养、职业稳定度、职业生涯规划等多个方面。

面试官通过这些综合素质的评估，结合原有团队的架构，综合原有团队人员的素质、性格等多方面考查应聘者未来能否快速融入团队，能否在团队中发挥应有的价值等。

一个应聘者能否面试成功首先要看专业能力是否达标，其次要看态度是否积极、是否渴望得到这个职位、面试前的准备工作是否充分、是否对目标职位有非常深刻的理解，还取决于在面试过程中的逻辑表达是否清楚、临场状态好不好等。

问题32 人力资源经理在公司中的作用是什么

人力资源对于公司来说有 6 大模块的工作，可以分为人力资源规划、人员招聘与配置、人员培训开发与实施、绩效考核与实施、工资福利、员工关系管理。很多大公司都把传统的 6 大模块改为 3 大支柱，人力资源工作也从原来老板布置工作，变成了主动工作。人力资源经理的工作职责是让人力资源管理工作在实际业务环境中落地，平衡人力资源和业务之间的冲突，不断迭代从实践中积累的方法和流程，确保公司业务指标能顺利完成。所以，你要相信一线互联网公司的优秀人力资源经理非常懂业务，一点都不逊色于你。

普通人力资源经理按照老板的吩咐，登录各大招聘网站发布招聘信息，组织面试，做相关背景调查，然后再做素质面试，最后做入职指引等工作。这种工作模式显然不能适应公司的快速发展，不能适应业务部门对人才的需求。

高级人力资源经理的工作是辅助业务团队，确保整个团队的战斗力最强，所以高级人力资源经理要更懂业务，要能够和业务部门一起制定战略、执行战略，根据部门的业务特点做人力资源的规划和发展。

如果你认为人力资源经理的工作就是负责招聘，负责薪酬福利谈判，负责工作背景调查，那么你就大错特错了。人力资源经理不再像以前一样被动地支持业务，而是更主动地变成业务合作伙伴，帮助业务解决人力资源问题，提升团队效率。

一个公司在招聘的时候，业务部门领导可能想的是缺什么人、人才梯队应该怎样建设、这个人在加入团队后能否完成相关工作。而人力资源经理要从全局考虑整个部门有多少人、整个部门的组织架构是什么样的、目前人才分布情况是什么样的、如何给新招聘的这个人进行职业定级、新招聘的人的工资处于什么水平、部门整体的工资如何等。

传统的人力资源经理要想懂业务，最好的办法就是深入业务实际工作，或者直接参与业务讨论。毕竟砍一百棵树才会知道磨刀是多么重要的事，只有参加了基层的会议才知道当前团队的人员结构、每个人的业务能力。当人力资源经理知道了业务部门在什么工作场景中承受着什么样的压力完成工作时，他才会明白业务部门需要什么样的人。人力资源经理要把业务部门的目标当成自己的目标，设身处地地深入业务工作，切实地解决业务部门在实现业务目标的过程中遇到的问题，不管是业务问题，还是人力资源问题。只有这样，人力资源经理才能和业务部门同事有更多的共同语言，建立彼此的信任。业务部门同事才会真正地把人力资源经理视为自己可以共同进退的伙伴。

人力资源经理在招聘的时候，从组织架构角度要考虑以下 3 个方面：

（1）要考虑应聘者的能力水平、综合素质、稳定性、与公司的匹配度、与团队的匹配度等。

（2）要考虑面试官的面试能力、识别人才能力、对技能评估的方式和方法、有没有面试技巧、是否会运用相关的面试工具。也要考虑面试官对公司的产品、公司文化等信息能否有效地描述，是否有很好的面试礼仪等。这些都可能成为面试官将来职级晋升的评估材料。

（3）要考虑团队领导是否有人才规划能力、是否有团队搭建能力、能否识别人才并给人才一个更匹配的职位、对人才有没有清晰的职业等级判断、对人才的发展有没有清晰的规划等。

问题33 在公司招聘时业务部门领导主要想什么

小何在 3 月这样一个招聘的黄金时期海投了很多简历，得到了一些公司的反馈，有通过电话简单沟通的，也有约时间现场面试的，有几次面试进入了第二轮，但是最终都是过了 1 个月左右就没有消息了。小何特别诧异，不知道问题到底出在哪里？

在公司招聘时业务部门领导是怎么考虑的呢？像小何这样的情况，问题到底出在哪个环节？有很多人在海投简历之后杳无音信又是为什么呢？下面从这几个维度说一下。

1．公司招聘可能为了人才储备，甚至为了人才垄断。

有时候公司发展得相对稳定，在团队管理方面就应该考虑梯队建设，招聘更优秀的人才来提升整个团队的战斗力。当然，公司也要未雨绸缪，提前为一些关键职位做人才储备，以免优秀人才突然提出离职导致整个团队架构不稳定，影响业务的发展。公司会在人才市场上慢慢地寻找能力强的或者有潜力的应聘者，有时需要三个月或半年的时间才招聘到一个能力出众、薪酬待遇又符合要求的应聘者，并且可能需要在原有团队中淘汰一个员工，才有名额让新人入职。

这是人才储备的一种方式。如果把人才储备做到极致，就是人才垄断，比如在某一个技术迅速发展时，就会出现抢夺核心技术人才的情况，把某一个领域里的“牛人”都招聘到公司，自然就形成了垄断，造成其他公司想发展却因为没有合适的优秀人才而不能发展。

2．公司在招聘面试后，需要进行所有应聘者的对比。

公司如果真的需要招聘，那么一定会给出职位要求，告诉人力资源经理具体的招聘数量、希望招聘具备什么经验和能力的人才、最好曾经在哪些公司工作过、擅长的领域是什么等招聘条件。但是在人才市场上很难有 100%匹配的，总会出现有满意的人但是某些标准达不到，所以在进行初次面试后，就存在横向对比所有应聘者的情况，而且公司对每个应聘者的面试都安排在了一定周期内，所以一定要等所有人的面试都结束后做综合评估，最终给出这一轮的面试意见。

有的公司按照相邻两个对比取优秀的留下，例如 a 比 b 好，那么 a 待定，再把 a 和下一次面试的 c 比较，如果 a 仍然好就继续让 a 待定，直到最终结束面试，找到最合适的人为止。这种方式比较适合快速补充某个职位的人才需求，不需要对所有人进行比较。所以，如果 a 持续战胜其他应聘者，就意味着 a 很可能等待通知的时间最长。但是在一般情况下第一轮面试后如果一个月没有消息，那么很可能失败了。

3．公司在招聘面试后，需要和组织内部员工对比。

公司在储备人才的过程中，愿意和公司内部的员工做比较，看看按照简单的能力排序，应聘者到底能够排在什么位置。公司可能还会结合原有员工的绩效考核成绩，看看组织内部的梯队建设或者人才更迭计划，综合来看应聘者可能替换谁、在加入公司后可能做什么事情等。

如果遇到特别优秀的应聘者，团队的管理者也可能会向公司争取更多的招聘名额，甚至采取与其他团队调换名额等方式争取留住人才。

4．公司在招聘面试后，淘汰了你却没通知你。

这是一个常见的情况。应聘者经常能听到的答复是“我们回去综合评估一下，如果有进一步的面试，那么会让同事联系您，感谢您抽时间来面试。”

然而在很多情况下，应聘者等来的是“杳无音讯”，可能是因为面试工作是集中式的，对于业务部门来说是“临时”的一个任务，因此最后可能就没有通知应聘者是否可以进入下一轮面试。当然，应聘者经过很多次面试，都习惯了这种静默的通知方式。

当你准备面试的时候，海投可能在碰运气，建议你想清楚要从事什么行业的工作、希望去哪些公司工作、要重点准备哪几家公司的面试。你要把简历做到定制化，要更有针对性，更能突出自己的综合能力，从而减少公司对你的评估时间，提高面试效率。

问题34 大公司的面试一般要经过几轮

一个应聘者去大公司面试，一般要经过 3～7 步。除了基础的面试环节，大公司可能需要对应聘者进行交叉面试，职业通道委员会可能需要对应聘者进行定级面试，总裁可能需要对应聘者进行最终面试，每个人和每个职位的情况都不太一样。

目前，像腾讯和阿里巴巴这样的大公司，基本上由人力资源经理先帮忙筛选一轮简历，再由业务负责人进行业务能力面试，接下来逐级进行面试，然后由人力资源经理做综合素质面试，最后才可能进行录用、背景调查等工作，所以应聘者需要等待的时间偏长。

那么在每一轮面试中主要关注哪些方面呢？下面给出一个初步的建议。

1. 人力资源经理首次甄选人才

人力资源经理在发布某个职位的招聘信息后，会收到很多简历。有些人可能同时投递了一个公司的多个职位，还有一些人的学历不符合需求、工作经验不足、职位技能不匹配等，甚至有些人的简历使用了压缩包，不方便在手机上打开，或者使用了特殊的简历模板造成阅读时版面混乱等。这些可能都是被淘汰的理由。

所以，建议所有应聘者使用 Word 进行排版，并且最好把简历转换成 PDF 格式的文件，这样能够保证有良好的阅读体验。

2. 业务负责人初次面试

业务负责人可能是团队的组长或者团队的业务骨干，初次面试主要从业务角度考查应聘者，包括应聘者的工作经验、工作能力、工作方法，同时考查应聘者是否真的了解行业、了解现在的工作，是否能够有逻辑地讲清楚工作。

比较忌讳的是应聘者反复强调业绩，讲得非常细致、琐碎，面试官听后会觉得没有逻辑框架，信息量很大却没有重点。初次面试主要想确认的是该应聘者能否完成目标职位的工作、是否有其他潜力、是否具备领导力等。

3．业务领导第二次面试、第三次面试

如果你顺利通过初次面试，那么说明你的工作能力基本没有问题，需要更高一级的领导进行面试，可能由业务部门的总监面试。总监面试其实不仅要考查应聘者的工作能力，可能还会追问很多细节问题，有可能是总监感兴趣的、熟悉的问题，或者是应聘者原来公司的一些情况，目的是考查应聘者的逻辑表达能力、职业操守等。总监面试同时也是考查前面的面试官的识人能力，总监会给出更宏观的判断，并且还可能回去再和前面的面试官汇总意见，综合考虑。

4．高端人才面试

在一般情况下，如果在总监面试之后，还通知你有后续面试，那么说明你一定是一个高端人才。后续可能会由其他部门的同事做交叉面试，也可能由职业通道委员会面试，或者由总经理，甚至总裁面试。这一轮面试主要考查应聘者的能力、个性、品质，以及在遇到极端问题时的表现，同时考查应聘者对行业的热爱程度、对工作的激情等。

5．人力资源经理综合素质面试

如果进入人力资源经理面试这一轮，说明你的面试基本完成了，就差最后这一关了。这一关主要进行一些简单的背景调查，包括但不限于职业生涯规划、跳槽理由、工作稳定性、原来的职业等级、工资福利预期等问题，这些问题都会反映出应聘者的综合素质，以及从人力资源的角度看是否符合人力资源规划、能力模型是否和团队现状匹配、人才梯队是否可以补充或替换等。

问题35 好职位为什么都比较少

小赵在网上看到腾讯正在招聘某产品组长，兴冲冲地找我咨询。小赵觉得自己从工作能力到工作经验等方面与该职位都是非常匹配的，并且现在在同行业的小公司做了 3 年的总监，直接向总经理汇报，很多事情都是由他主导完成的，他觉得去腾讯应聘一个组长应该非常容易。然而我觉得直接投简历的机会不大，如果有猎头推荐可能成功的概率会提升到 50%。

为什么成功的概率会这么低呢？难道大公司的要求真的非常高吗？其实问题出在小赵没有理解一个好职位在公司里的招聘顺序。

腾讯正在招聘的某产品组长职位，应该是个好职位了，从工资福利到行业影响力等方面都很不错。所以，当这样的一个职位出现在网站上，出现在公开渠道的时候，你就应该深入地思考一下为什么。

大公司对这种职位的招聘顺序一般如图 2-1 所示。

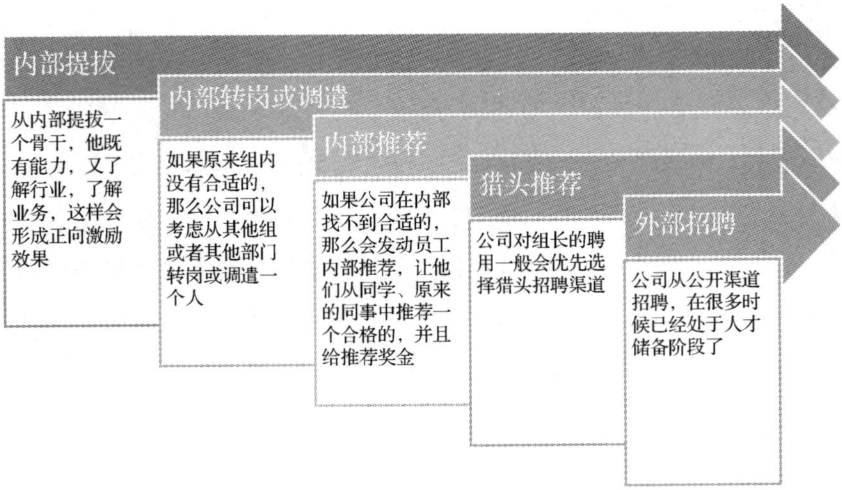

图 2-1

公司会利用内部提拔、内部转岗或调遣、内部推荐、猎头推荐、外部招聘等方式进行持续的人才招募，直到招聘到合适的人。所以，你觉得你与目标职位很匹配，但是没有猎头推荐你，那么很可能你与目标职位还不够匹配，在行业内没有影响力，或者你并没有接触到一些高端猎头。

公司在招聘的时候首先认为组长能够在完成业绩的同时，还能领导组内其他同事共同发展，共同进步，当职位出现空缺的时候，直接从外部招聘一个新组长，可能给开展工作带来困难，因为这个新组长既没有证明他的业务能力，也没办法在短时间内证明他的领导才能，而且还可能影响组内同事的情绪，甚至有些元老或者骨干员工可能还会因为此事离职，所以这样的方式是不值得推荐的。

因为公司在招聘的时候，基本上是按照上面的顺序的，既要保证原来团队的稳定，给内部员工足够的晋升空间，给其他部门优秀人才转岗机会，也要考虑新组长如何更快速地融入团队。

当小赵在公开渠道看到这样的招聘信息时，可想而知这个职位应该空出来有一段时间了，并且通过前面几种招聘方式的努力都没有得到很好的结果。公司一定面试了很多人，这时对小赵的面试要求自然会变得很高，小赵至少要比前面的应聘者都好才能被录用。而且公司这么久没有招聘到这个组长，不代表业务就会停摆，公司可能让总监兼职带这个团队，或者鼓励某个骨干员工先暂时代理相关的工作，时间越久就越会发现骨干员工的能力很强，能够支撑业务运转，这时公司会考虑给这个骨干员工进行管理培训、领导力培训等，期待他能够被尽快提拔起来。这就对小赵更加不利了。小赵至少在能力上要超越骨干员工很多，不然在加入团队后是很难服众的。

所以前面才说，直接投简历的成功概率不大，如果有猎头推荐那么成功的概率是50%。虽然小赵在小公司已经有3年的领导经验，但是对于这种情况来说招聘的要求会很高，而且大公司的业务体量、用户规模、收入规模等都是小公司没办法比的。大公司对平台或生态战略的思考，肯定要比小公司更有深度。即便从招聘要求上看很多工作职责小赵可能都负责过，但不确定的是小赵对这些工作的理解有多深，是否能够达到大公司的要求。

不过不管怎么说，我都鼓励小赵投简历试一下，感受一下大公司的招聘氛围，去面试一次不管成功与否，都是没有损失的。

问题36 在面试后发现职位不匹配，怎么办

小王非常想做产品经理，被某公司邀请去面试，聊得非常好，但是最终得到的录用通知书写的是产品运营经理的职位，更偏运营的工作。小王非常犹豫到底要不要去。这和原来说的职位不匹配，小王是应该争取再面试一次，还是直接放弃这次机会呢？如果你是小王，那么该怎么做呢？

出现职位不匹配的原因可能是你对自己的定位不太清晰，或者在面试的时候没有表达清楚，导致面试官觉得你更适合其他职位，这并不一定是坏事。这个问题也可以从个人成长的角度考虑。

我身边就有一个案例：小黄毕业于某重点大学新闻系，毕业后在一家全球 500 强的 IT 公司从事文职工作。公司的福利待遇很好，虽然她有时会觉得工作内容太枯燥，没有挑战性，但是她会自我安慰，觉得单位工作时间的性价比高，甚至偶尔还会把全球 500 强的光环当成自己的，走起路来趾高气扬，而且一干就是 5 年。2019 年，经济大环境不好，她想跳槽换一家公司工作，可是打开招聘网站一看，傻眼了。她发现自己以前的工作很基础，基本没有能力的积累，也说不清楚自己到底是行政助理、文职秘书，还是业务策划，相同职位的工资都非常低，还与她工作五年的经验非常不匹配。

其实有很多产品经理也有类似的情况，看上去工作了两三年，但是实际上可能并没有太多经验，或者基本没有接触过行业洞察、商业模式分析、用户研究等，

只是对交互设计软件比较熟悉，写产品文档比较规范，偶尔通过碎片化的时间关注了互联网行业的投融资新闻，关注了行业发展趋势。如果交谈起来，那么基本上他们只会说“社交电商有发展，持续看好在线教育和医疗行业”等，没有思考上的深度。

如果你发现职位匹配错误了，就要好好反省一下未来的路该怎么走，未来你的个人价值是什么。每个人其实都会有几个阶段是要吃点苦的。在 18 岁左右不吃苦学习，你可能在考大学时就吃亏；在 21 岁左右不吃苦学专业课，你可能在找工作时费劲；在 25 岁时不吃苦工作，你在 30 岁时跳槽就费点劲；在 35 岁时不吃苦积累能力，你到 40 岁时就非常容易感到中年危机。所以，在年轻时吃苦的成本低，年纪大了吃苦的成本高。

一个好的平台比一个好的职位重要，因为你在进入公司后还有可能转换职位。你在一个好的平台获得的认知不一样，形成的思维方式也不一样，眼界更不一样，结交的人脉也不一样。当然，不管你在哪里工作，自己的主观学习态度很重要。在大公司，你虽然干的是螺丝钉的工作，但是要学会主动思考，要思考这个流程为什么要这样设计、优劣势是什么、这个产品为什么这样设计、为什么这样做灰度发布、为什么是这样对用户分层设计的、每一个用户接触点的产品设计如何等。这些东西除了自己领悟，没有人会主动教你。

思考习惯和思维模型才是属于你的财富。你不仅要知其然，还要知其所以然。你到任何一家公司工作，都可以把经验活学活用，都可以把能力进行迁移，这样你的优势就体现出来了，做出来的效果就完全不一样了。

问题37 最可能被问的问题：“你为什么从上一家公司离职”

如果有 100 次面试，那么应聘者可能会有 100 次被问到“你为什么从上一家公司离职”。当然，有的人的离职理由可以洒脱地说出来，而有的人离职有着曲折离奇的故事，所以要想很好地回答这个问题，还是要提前准备一下的，毕竟一个结构化的答案更有说服力。

1. 你要确定你当时离职是主动离职，还是被动离职

主动离职是指自己的原因导致的离职，可以是各种不满意的理由。

被动离职是指公司裁员、被末位淘汰、公司倒闭、公司资金链断裂等导致的离职。

其实不用担心，人力资源经理都明白，你说谎话反倒让他觉得你不够诚实和踏实。你只要做到以下两点，主动和被动原因就都可以说。

（1）避免抱怨、推卸责任、说别人坏话。

千万不要把你离职的原因说成是其他因素造成的，尤其是公司制度或者其他同事及领导的原因。人力资源经理会认为你的负面情绪很严重，容易把负能量传递给团队，并且你今天可以说前同事、前公司的坏话，那么以后跳槽后也会贬损他们公司，影响他们公司的口碑。

（2）保持诚信和真诚，不要试图敷衍对方。

很多互联网上的面试经验是教你编一个看似合理的理由，比如，“公司离家太远了”“家里有事情”“老人生病了”等，其实这些理由人力资源经理已经听到耳朵都起茧了，他只会认为你不够真诚。举个例子，你的离职理由是在之前的公司加班太多、身体已经开始出现小毛病、不能回家陪孩子等，这就是追求工作与生活的平衡。你可能担心这样说别人就不录用你了。你仔细想想面试是双向选择的事情，就算在面试的时候违心地说了爱加班，结果在实际工作中天天加班，你可能就不开心，闹情绪，甚至还想跳槽换一家公司工作，这样做就没有意义了，只是浪费时间。你坦诚地说出来，人力资源经理会认真地考虑你的能力能否匹配该

职位、未来能否帮你达到工作和生活的平衡。

2. 适度地诠释离职的原因

离职的原因可能有几种情况，你可以试着用上面讲的两条原则写一写自己的话术。

（1）你认为公司发展得不好，或者工作内容少，缺少成就感。

其实公司发展得不好、商业模式不清晰、工作内容少等，都是你的主观判断，在面试的时候最好不要直接讲。这些主观判断会显得你容易抱怨，并且有可能是你的信息不全、缺乏思考深度造成的印象。所以，你要避重就轻，虚实结合地说，就说在行业中像你们这样的公司在发展中会遇到什么问题，你在这种环境中做了哪些努力，当然从自身的发展来看还是要寻求更好的平台。比如，你觉得工作量太少、工作内容简单重复，那么就可以说因为这个公司的工作比较轻松，发展的空间不大，所以辞职了。对于这样的问题，你要多想想，如果回答得不好容易让别人觉得你“眼高手低”。

（2）自己觉得能力没有提升的空间。

一般说这个理由的人，也可能说上一家公司没有人带他，他想去大公司学习，也有的人毫不谦虚地说他觉得他的能力非常强，没有上升空间了。如果你直接说这个理由，那么会让面试官觉得你的视野比较狭窄，行业内的高手很多，你很可能不知道自己要学什么。比如，你可以特别指出希望加入字节跳动学习一下如何打造产品矩阵等。

（3）离职原因可能是应聘职位在意的。

如果你的离职原因与职位属性有很大关系，比如“我是产品经理，但是不能接受公司的加班制度”，那么会让面试官觉得你不能接受加班，抗压能力不好。你可以说愿意和团队共同承担压力，但是希望能够有自己的生活，只有会休息才能会工作，只有保持健康的身体状态才能发挥更大的价值。

问题38 应聘者和招聘者到底哪里想的不一样

小徐在大学毕业后，工作 5 年跳槽 3 次，现在在一家做金融理财产品的公司工作。小徐曾经做过很多产品，有积分、会员、签到打卡等产品，也为公司的用户增长做了很多运营活动。但是小徐不太喜欢理财产品，一直想转行。有一天她接到了某电商公司的面试邀请。小徐感觉面试基本顺利，只是有个别问题因为紧张没有答好，但是最终没有通过面试，他很想知道为什么失败了，于是来找我做咨询。我听完她的回忆，发现有以下几个问题，你也可以看看你在面试的时候是不是也有类似的情况发生。

第一，面试官让小徐做自我介绍，小徐讲了大概 8 分钟。

面试的第一个问题一般都是这个。小徐在家做了准备，从哪一年上大学开始讲起，然后介绍什么时间进入第一家公司工作、在第一家公司做过哪些职位和哪些产品、什么时候进入第二家公司工作、在第二家公司做过什么工作、什么时候进入第三家公司工作、在第三家公司做过什么工作等，足足说了 8 分钟。这是一种非常错误的表达方式。首先，面试官手头一般都会有一份简历，没有必要听小徐重复说一遍，而且按照时间先后顺序逐一介绍。其次，在最关键的前 5 分钟，小徐给面试官灌输了大量的信息，非常容易给面试官带来信息爆炸的感觉。最后，最重要的是小徐介绍的这些信息都是历史信息，都是客观事实，并不能让面试官直接了解她的能力。

第二，面试官问小徐是否懂增长黑客，小徐把增长黑客的概念背了一遍。

因为小徐回答的第一个问题并没有很好地展示出面试官想听到的能力，所以面试官只能挑一些刚刚还有点印象，自己比较感兴趣的点去问。面试官在很多时候会问一些开放式的问题，比如“对于某某行业你怎么看”“对某个技术的新应用你怎么看”等。这时，面试官希望通过这样的问题了解小徐是不是做过类似的工作，能不能提炼出一些方法论，能不能讲出一些框架性的东西，最好是已经实现的做法等。结果呢，小徐把增长黑客的概念背了一遍，看见面试官不说话，更加紧张，在每个环节后又补充了很多解释信息。然后，面试官还没有说话，气氛更加紧张，小徐更加慌张，讲出来的逻辑和业绩都是混乱的。

小徐以为面试官问的是懂不懂，其实面试官想了解的是做没做过，有没有深入研究，在实践过程中会遇到哪些问题、怎么解决等。

第三，面试官让小徐讲一个成功案例，小徐觉得没有成功的。

面试官看小徐没能很好地总结出工作方法论，讲得不够具体，讲的都是互联网上随处可以查到的信息，所以又让小徐讲一个成功案例。小徐直接说公司太小，业务做得不太好，自己不喜欢这个行业，所以没有成功案例，气氛又降到了“冰点”。

其实面试官就是想让小徐给出一个具体案例，首先考查小徐是怎么定义成功的，然后看小徐遇到了什么困难、是怎么解决的，最后考查小徐做的业绩如何、有什么经验教训、有什么感受等。

第四，面试官让小徐讲一个失败案例，小徐讲了一个项目怎么被一个“拍领导马屁”的人抢走了。

面试官接着说，既然没有成功案例，就讲一个失败案例吧，希望考查一下小徐是否有共同承担责任的勇气、有没有把责任都推给其他人、有没有负面情绪、是不是一个爱抱怨的人等。果然不出所料，小徐讲出了一个曲折的故事，包括这个项目的背景、参加项目的人员、谁是老板的人、谁爱拍马屁等，简直就像拍电影一样，总之事情失败都是别人的原因，并且和产品本身没有关系。

不知道你在看完小徐的面试过程后有没有什么想法。反正我觉得小徐和面试官的谈话不在一个频道上，小徐完全站在自己的角度陈述过去发生的事情。相反，面试官希望了解小徐有什么能力、能否胜任新的职位的工作，希望知道小徐对新的行业是否热爱并有激情，希望知道小徐能不能快速地融入团队、能否和大家一起愉快的工作，结果小徐在用普通的聊天逻辑进行面试，完全没有摸准面试官的需求，没有良好的表达逻辑，这些都是小徐失败的原因。

问题39 最近给很多公司投了简历，但是都没有回音，到底哪里出了问题

在过完春节后，小李开始找工作，在招聘网站上给很多公司投了简历，但是一个月过去了，一点回音都没有，到底问题出在哪里呢？我猜想可能出现在以下 4 个方面。

1．无效的海投简历方式

一个公司在招聘时可能有很多方式和渠道，你可以通过公开招聘渠道（比如智联招聘、猎聘网等网站）找到相关公司和职位，可以直接投递简历。这种方式本来就会很慢，需要公司在收到简历后，定期汇总筛选，然后给业务部门。当然，你还可以通过猎头推荐的方式，或者直接访问公司官网找到招聘信箱投递简历，也可以通过朋友在公司内发起内部推荐流程。

在投递简历时，你需要注意文件的格式、文件的名称。在投递简历的时候，你要想一下收到简历的人是用什么设备打开的（是手机还是电脑）、能不能查看压缩包文件、是否方便看其他附件、是否方便访问其他链接等。

我经常收到一些文件，名称就叫“简历”，或者是一串数字，一看就知道可能是从某个招聘网站上下载的附件，也有的文件没有写要应聘哪个职位，这些都不能够进行进一步的筛选，所以这种无效的海投简历方式是失败的根本原因。

2. 简历千篇一律难获成功

不管应聘什么公司，不管应聘什么职位，你的简历都是一样的，这种情况一般会导致失败。原因是每个公司的业务都不同，每个职位对能力的要求也不一样，而你投出去的简历千篇一律，当然就会杳无音信。

这样投简历，只能证明你并没有做好充足的准备，没有对公司进行调研，没有对职位进行研究，只是觉得公司听上去不错，职位看上去也还行，标出来的工资也满意，所以就投了。

如果你想提高成功率，那么可能要做一些准备，比如，你可能要在百度等搜索引擎里搜索一下该公司的新闻、对该公司所处行业的一些分析等。然后，你要仔细研究每一条招聘要求，看看目标职位有什么具体要求、你原来的工作能力有哪些是匹配的、哪些工作能力是需要重新描述的、哪些工作经验是匹配的等。

你还要想象一下，收到你的简历的面试官可以从你的简历中读到哪些重点，这些重点传递了什么信息，这些信息是否是他们想要的、能否打动他们，这些都决定了你能否应聘成功。

假如你去相亲，你能想象不管见哪一个姑娘，都穿同一套衣服吗？所以简历也一样，你绝对不能把一份简历投递给所有公司，这其中是有很大的优化空间的。

3. 不确定自己要做什么工作

如果你在找工作的时候采用海投简历的方式，那么说明你没有想清楚到底要去哪个行业、哪个公司工作，没有想清楚要从事什么职业。你可能不知道自己能做什么工作、喜欢做什么工作。也许你知道，你喜欢做产品经理，可是产品经理到底要做什么工作呢？主要是面向公司内部同事做信息化系统，还是面向广大用户做用户产品？是做偏后端的营销中台、底层系统，还是做电商交易系统、商品管理系统等？你喜欢在哪一个行业工作？是社交、短视频、跨境电商，还是金融行业？你对这些行业有足够多的了解和认知吗？如果你去这些行业工作，那么在接下来的 3～5 年，你会在这个行业扎根吗？你到时候还想跳槽到其他行业工作吗？那么你现在为什么不直接应聘那个行业的工作呢？

4．不确定目标公司是做什么的，需要你做什么

在有一个清晰的定位后，你就需要仔细研究一下目标公司需要一个什么样的人，你具备什么样的特点，能否战胜其他应聘者，能否给目标公司带来新理念、新方法、新创意等。

你需要仔细研究一下目标公司在互联网上的相关新闻报道、公关稿件，看看这家公司到底发展得如何、你是否非常渴望去这家公司工作。如果特别想去，那么你能不能想到有什么途径可以接触内部相关的人帮你做内推，能不能找到猎头帮你推荐。这些都可以帮助你提高成功应聘的概率。

问题40　如果一个人工作不到半年就离职，那么会给公司带来多少损失

公司招人还是非常谨慎的，尤其是大公司，所以他们在招聘的时候会经过多轮筛选、多轮面试，最终才能确定是否要招聘一个人才。为什么公司要如此慎重呢？可能很多人都知道现在招人难、招人成本高，但是没有想过如果一个人工作不到半年就离职，那么会给公司带来非常大的损失，这主要体现在以下几个方面。

1．你要理解公司招聘一个人的成本是多少

一个公司如果从正常的招聘渠道招聘一个人进入公司工作，平均需要 3 轮面试，按照每轮面试的时间为 1 小时计算，那么招聘成本至少要算上 3 次面试官各自的时薪。如果该员工是猎头推荐的，那么还要加上猎聘费用。如果刚好该员工是从竞争对手公司挖过来的那么很可能还包括一些竞争补偿等。

同时，公司如果把人招进来，成本就包含了工资、社保、公积金、奖金、福利等显性成本，同时公司还要付出管理、工位、培训等成本。所以，有不少公司都会把客服团队、业务支撑团队调整成外包的模式，业务流程外包、职位外包、劳务派遣都能帮助公司降低用工成本。

2．如果一个人工作了半年后离职，那么将会给公司带来非常大的损失

首先说离职对团队的影响。这个人已经工作了半年，就意味着对公司情况已经了解，工作刚刚上手，并有一定的业绩产出。这样的人离职可能引起其他员工的猜想或者心态上的波动，可能有部分员工也在同时找工作。

其次，一个人的离职可能给公司带来很多损失，可参考下面这个公式：

离职损失=离职成本+招聘成本+职位空缺成本+新招聘成本+培训成本+损失的生产成本

下面挑几项来说明。

（1）离职成本包括以下几个。

- 知识产权的流失成本（重要的资料文件、知识和技能等）。
- 有关客户、供应商或者政府关系因员工离职而中断带来的损失，或者新员工重新与他们建立联系，恢复良好合作关系的成本，尤其是对外合作的商务拓展、销售和采购这样的工作职位。
- 离职经济补偿成本。
- 其他额外的经济补偿成本。
- 离职面谈成本。
- 部门主管和人力资源部门安排临时替补的成本。
- 其他员工辞职引发的连锁流动成本。

- 有关部门办理员工离职手续的成本。
- 与离职员工有关的劳动仲裁、法律诉讼成本，以及公司有关人员的参与成本。

（2）职位空缺成本包括以下几个。

- 内部员工填补空缺的成本。
- 需要额外加班的成本。
- 需要外包工作的成本。
- 主管级人员协调完成空缺职位工作的成本。

（3）新招聘成本包括以下几个。

- 内部招聘专员就招聘甄选录用等工作的准备成本，主要包括确定招聘策略、招聘渠道、修订职位描述、准备招聘广告和初选、考试和测试等成本。
- 广告、猎头和网上招聘成本。
- 招聘部门和用人部门主管的面试成本。
- 背景调查成本（邮件或电话）。

3．如果一个人在工作半年后离职，那么一般会留下很多事情

一般来说，一个人工作半年就已经过了试用期，如果在刚加入公司时没有负责业务，那么这时应该负责一些业务了，一旦离职，手里的工作就必须找其他人交接，而且为了顶替他的流失，要预留1～2个月的招聘期、3个月的适应期、半年的融入期。所以，一个人工作半年后离职并不是简简单单的离职，而会带来很多交接、理顺工作的事情。

问题41 公司在招聘时筛选简历的原则是什么

小孟有一天来咨询我，他听说在招聘时人力资源经理基本一分钟看一份简历，速度非常快，他不知道是不是真的，非常担心人力资源经理没有仔细看他的简历就把他淘汰了，特别想知道人力资源经理到底如何筛选简历、筛选简历有什么原则。下面具体讲讲。

1．筛选简历

首先看简历是否整洁、清晰，应聘者叫什么名字，应聘什么职位，过去都做过什么，在哪里工作过，在哪里读书等。我建议简历使用普通文字排版的版式就可以了，没必要使用一些特殊的模板或者设计得特别漂亮。你写简历的目的是尽快传递有价值的信息，让面试官非常容易阅读，并理解这些信息。所以，简历编写的原则是清晰且有针对性、真实地体现出你的价值、表述有逻辑性。

2．筛选简历有一个“套路”

（1）通过不同阶段的工作内容判断应聘者的定位和发展。

每个人在不同的年龄段应该有不同的追求，比如在刚大学毕业时，年龄一般为23～25岁，希望找到一个好工作；到26～30岁时，能够想清楚自己的定位和发展；到31～35岁时，希望找到体现价值的高收入工作；到36～40岁时，有了能力、人脉资源，可以去创业或者成为管理者；到41岁以上时，寻找一份稳定的工作。

如果你的发展路径是频繁跳槽，你的行业积累偏少、职业技能没有太多积累，那么你可能首先就被淘汰了。

（2）通过工作年限，以及每段工作时间判断应聘者的稳定性。

公司主要看应聘者有几年工作经验、跳槽是否频繁、每段工作时间的长短、中间有没有很好的衔接等。举例来说，你跳槽或转岗频繁，那么必然每段工作的时间都不太会长，如果公司招聘的职位要求为应聘者要在某个领域深耕3～5年，那么在这种情况下你就会被直接筛选掉了。

同样，如果你的某两段工作经历之间的空档期比较长，那么也会引起面试官注意，如果前后能保持行业一致、职位一致，那么可能还可以，如果变化太大或者不符合职业发展的常识，那么你可能就被筛选掉了。

（3）通过应聘者的工作职位和工作内容进行判断。

公司筛选简历要看应聘者的工作职位是否稳定，且有没有合理的晋升，在工作内容上主要看应聘者在专业领域中是否有深度和广度。例如，如果应聘者只工作了一年，但是在工作内容上写得特别有深度，或者什么工作都做过，那么很可能有虚假或者吹嘘的成分，把别人的工作当成自己的工作来说。在这种情况下，面试官可能在面试过程中考查一些细节，考查应聘者是真的全面了解工作，还是像“蜻蜓点水”一样的工作。

（4）通过应聘者的公司背景判断应聘者的能力和格局。

公司在招聘要求中经常会写“有腾讯、阿里巴巴工作经历者优先考虑”。这种根据公司背景判断的方式，就像很多人会觉得清华大学毕业的学生很优秀一样。不能说这个标准一定正确，但是在没有见面的情况下，这也算是一条有用的筛选规则。

（5）看应聘者的自我评价是否体现了能力。

公司主要看应聘者的自我评价是否准确、是否合理、是否有激情、是否有逻辑、能否充分展示自己。如果应聘者的专业能力和工作经历不太符合职位要求，就会被直接筛选掉。

结合以上内容，可以看出来，简历一定要简单明了，一定要直击核心。你千万不要把简历写成一篇记叙文、一个故事，尤其在工作经历的描述方面。同时，你所描述的工作经历是否属实、年龄与工作经历是否匹配、职业发展与定位是否清晰都显得尤为重要。假如一个30多岁的求职者曾做过技术、设计，现在做前端构建，来应聘产品经理，你觉得他可能成功吗？

问题42 为什么从大公司离职的产品经理容易找到工作

很多招聘要求最后都有一句“有一线大公司工作经验者优先”。小李对这句话深感疑惑，难道大公司的产品经理就非常优秀吗？为什么大家这么看好一线大公司的人呢，他们和小公司培养出来的产品经理的差别是什么呢？

我们可以从以下几个方面来看公司为什么喜欢招聘从大公司离职的产品经理。

1．小公司的产品经理输在起跑线上

小公司的产品经理可能从一开始就落后于大公司的产品经理。一线大公司招聘的产品经理基本上都是985或211大学的毕业生，而且还是优秀的毕业生或者研究生。他们有非常好的学习能力和敏捷的思维能力，知识面非常广，有自己的价值观和理想。很多优秀的毕业生都非常有激情和梦想，特别想做成一件事情。

2．小公司的产品经理和大公司的产品经理的入职培训有差别

员工在入职大公司后会有相对完整的培训，包括集体意识的培训、行业知识的培训、公司文化的培训、专业技能的培训等。腾讯还要求产品经理必须去客服部门旁听，必须完成对线上用户反馈的答复，必须完成对竞争对手产品的体验等，并且新员工在完成1个月左右的培训后，到了业务部门，还会有更进一步的实操性培训。

3．小公司的产品经理和大公司的产品经理的成长环境有差异

大公司无论是在项目规模、用户规模上，还是在产品的知名度上都要好于小公司，能够给新人更多的锻炼机会，让他们直接去最真实的市场学习，这种学习不仅仅是基础知识学习，还包括见识和视野，能够亲历海量用户和海量高并发等场面。况且大公司的产品经理周围的同事个个都是高手，思考的角度会更全面，所以成长的速度自然而然地就比小公司的产品经理快很多。

4．小公司的产品经理和大公司的产品经理的成长质量有差异

假设公司收到 2 份简历，一份是在腾讯做了 3 年的骨干产品经理，另一份是在小公司做了 3 年的高级产品经理。很多公司会选择前者，这并不是看不起小公司，就好像是一个标准化职业认证。

在大公司磨炼的产品经理确实要比小公司的产品经理更好一点。大公司的产品经理考虑的事情更全面一些，思考的更有深度一些。虽然产品经理在小公司也会经历产品的全流程，但是可能要关注上线时间，对细节的打磨没有那么好，整个产品体验略显粗糙。

5．小公司的产品经理和大公司的产品经理的能力模型要求不一样

大公司对产品经理的能力要求更高，不但要求产品经理懂全流程并且能够做深、做透，还要有宏观视野；而小公司对产品经理的要求也不低，要求对全流程都熟悉，要能够保证人效最高，产品上线胜过一切，不然小公司如果连产品都不能上线，就没办法生存了。

大公司的产品经理对流程、方法论会更熟悉，做事情的条理性特别好，善于沟通与管理，既能向上汇报，又能跨团队沟通协调；小公司的产品经理更像救火队员，什么事情都能够搞定，哪怕设计师请假都能自己顶上，相对来说工作没有那么正规，可能没有高质量的交互设计、没有完善的产品文档，但是只要能够在小范围内达成一致，哪怕是老板拍板定下来的方式都可以，只要达成项目目标就行。这势必导致小公司的产品经理技能比较宽泛，做事情缺乏深度，更关注事情

本身，缺乏体系化的归纳总结，向上抽象逻辑偏弱。

整体而言，从大公司往小公司跳槽往往很容易，从小公司往大公司跳槽基本很难，毕竟在招聘时公司还是会在意背景的，所以在年轻的时候你要尽量想办法努力去大公司工作，尽量在大公司工作 3 年以上，让自己更值钱一些。

问题43 如何解读公司的招聘要求

小赵是一个文案功底特别好的姑娘，擅长写公众号的文章，一直向往每篇文章都能达到十万次以上的阅读量，然而就是这样的人才却不知道如何写自己的简历，换句话讲，她其实不知道公司在招聘要求上说的是什么，所以很自然就在面试中屡屡受挫。

那么怎样解读公司的招聘要求呢？下面结合图 2-2 所示的案例讲讲我看到的信息。

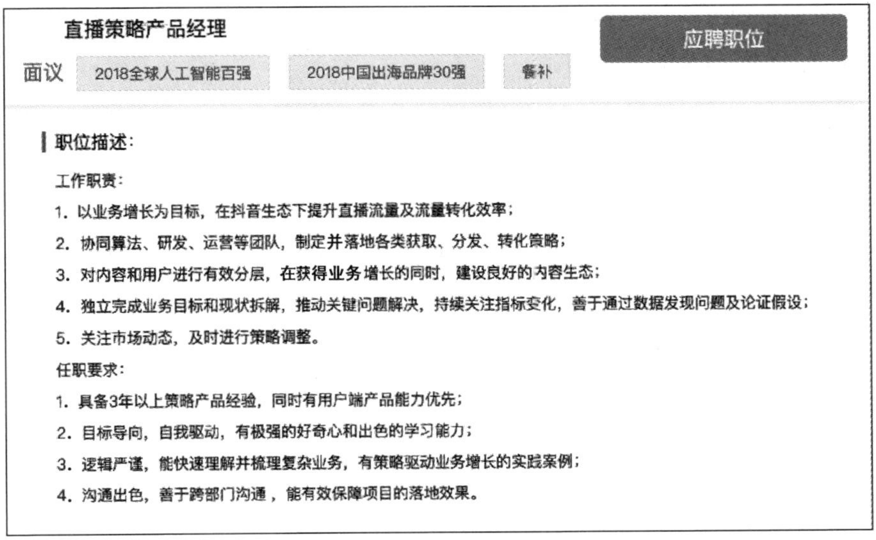
直播策略产品经理

应聘职位

面议 2018全球人工智能百强 2018中国出海品牌30强 餐补

职位描述：

工作职责：

1. 以业务增长为目标，在抖音生态下提升直播流量及流量转化效率；
2. 协同算法、研发、运营等团队，制定并落地各类获取、分发、转化策略；
3. 对内容和用户进行有效分层，在获得业务增长的同时，建设良好的内容生态；
4. 独立完成业务目标和现状拆解，推动关键问题解决，持续关注指标变化，善于通过数据发现问题及论证假设；
5. 关注市场动态，及时进行策略调整。

任职要求：

1. 具备3年以上策略产品经验，同时有用户端产品能力优先；
2. 目标导向，自我驱动，有极强的好奇心和出色的学习能力；
3. 逻辑严谨，能快速理解并梳理复杂业务，有策略驱动业务增长的实践案例；
4. 沟通出色，善于跨部门沟通，能有效保障项目的落地效果。

图 2-2

解读公司的招聘要求分为以下几步。

第一步，明确招聘公司及招聘职位的名称。

如图 2-2 所示，大家都能清晰地判断这是某一线互联网公司旗下的著名短视频平台在招聘一个“直播策略产品经理”，关键点就在于“策略”两个字，这可能和普通的产品经理不一样。你需要思考的是策略到底是指什么，是信息流的分发策略，还是内容分发策略？是用户运营的分层策略，是针对视频拍摄公司做的展示策略，还是针对广告主做的广告展示策略等？招聘要求的前两条的意思是你必须了解抖音直播，要知道如何获取流量、如何获取用户、如何分发这些用户和流量、在直播中如何将用户转化为付费用户等。

第二步，分析职位，找到招聘公司想看到的能力。

公司在招聘的时候已经在招聘要求中非常明确地写了这个职位需要具有什么能力和经验，所以你必须读懂招聘要求写的内容。这里的读懂并不是读懂文字本身的含义，而是通过招聘要求，你要了解或者猜测到公司的组织架构、产品发展方向，猜测到都要做哪些工作等。除了做事情的能力，你还要能够看到做事情的流程、方法论，以及这个职位的综合素质要求。具体拆解案例请看表 2-1。能力转述相当于对招聘要求的解析，当然你自己在做的时候还可以做得更细，拆解得更全面。

所有的解读都必须结合业务本身。当准备解读一个招聘要求时，你必须先了解业务，了解公司的产品，最好能了解公司的组织架构，这样才能够看清楚要求。

表 2-1

招聘要求	能力转述
1．以业务增长为目标，在抖音生态下提升直播流量及流量转化效率。 2．协同算法、研发、运营等团队，制定并落地各类获取、分发、转化策略。 3．对内容和用户进行有效分层，在获得业务增长的同时，建设良好的内容生态。 4．独立完成业务目标和现状拆解，推动关键问题解决，持续关注指标变化，善于通过数据发现问题及论证假设。 5．关注市场动态，及时进行策略调整。 6．具备 3 年以上策略产品经验，同时有用户端产品能力优先。 7．目标导向，自我驱动，有极强的好奇心和出色的学习能力。 8．逻辑严谨，能快速理解并梳理复杂业务，有策略驱动业务增长的实践案例。 9．沟通出色，善于跨部门沟通，能有效保障项目的落地效果	1．工作目标是业务增长，需要有提升流量和流量转化效率的工作经验。 2．要懂技术，能和技术同事更紧密地合作，能获得技术同事的信任，并且对获取流量、分发流量、转化流量有自己的想法。 3．对用户画像、用户兴趣有深入研究，逻辑清晰，有长期的规划。 4．能够独立做一个业务，完成目标拆解，找到现在的问题，推动问题解决，有解决问题的能力。 5．有数据分析能力，且持续关注指标变化，善于发现问题，假设问题，再去验证问题。 6．要有行业敏感度，尤其要关注竞争对手，并且能够不断学习，避免犯错。 7．具备 3 年以上策略经验，知道应该如何设定目标、如何提出策略，最好有相关产品经验，尤其是和抖音非常像的产品经验。 8．自驱力非常好，不要等着领导布置任务，要能够自己发现产品方向，要有比较好的学习能力，能够快速融入行业。 9．逻辑思考能力强，能够很快地画出业务流程图，能够梳理出用户旅程图，并且擅长沟通，擅长把自己的理念销售出去，尤其要获得跨部门支持

问题44 对照招聘要求看都符合，为什么还是不能面试成功

每个人在自我评估的时候都容易高估自己，在看到招聘要求的时候都容易从自己的角度思考，总觉得自己非常符合，实际上可能对事情的定义、具体内容的衡量标准都有差异。比如，一个姑娘贴出的征婚启事如下：

（1）年龄在 25～35 岁，身体健康，无不良嗜好。

（2）北京户口，不和父母一起住。

（3）性格好，会照顾人。

……

你一看觉得自己很符合啊，可能存在的问题是平时抽烟，在下班后有时候会和几个哥们一起去酒吧坐坐。你觉得你满足了全部要求，可是姑娘不一定这样认为，她可能不喜欢抽烟和喝酒。她要的可能是幸福，也可能是平静的生活。但是条件100%吻合就能够成功吗？也不见得，还需要见面看缘分。

招聘也一样，所有的要求最终指向的都是完成工作的能力，然而这个能力是抽象的，要看你在简历中怎样描述、在面试时怎样表述。有很多时候应聘者的经验和背景都很优秀，就因为面试发挥失常而最终失败。

符合要求是基础，成功取决于你对语言的掌握程度、思维敏捷程度、对过往经验的总结复盘。在面试的时候，并不是有5年工作经验的人就一定比有3年工作经验的人优秀，也并不是在大公司工作的产品经理就一定能成功。再举个例子，我要招聘一个数据产品经理，如果应聘者做过数据产品，但是最近1年的工作是后端产品经理，那么我会因此淘汰他吗？显然不会，我还要看他是否有经验、有想法，在大学时学的专业是什么，学习能力够不够好，对数据分析的理念是什么，在面对复杂问题时有没有成熟的解决问题的思考框架，对未知的问题有没有探索精神和深度挖掘的态度等。当然，我还要考查应聘者能否和其他同事很好地配合，沟通表达和向上汇报的能力是否合格。你可以看到不仅仅要满足写出来的招聘要求，还需要考查很多背后关联的能力。

如果简化一点，那么在招聘的时候要考查以下几点：能否完成日常工作；能否解决麻烦的问题；能否独立完成业务目标和现状拆解，推动关键问题解决，持续关注指标变化，并且通过数据发现问题及论证假设；在工作中能否保持自我学习和进步；能否和其他同事共同协作。

当然，在一些招聘要求中有一些明显特殊的地方，算是硬性要求，你如果不符合就是不符合，这是不能够包装的。比如下面3条招聘要求：

（1）某金融公司招聘资金管理风控产品经理，要求有银行相关从业经验。

（2）某出行业务公司招聘交通规划策略产品经理，要求大学所学专业为交通或城市规划。

（3）某短视频公司招聘广告算法产品经理，要求懂算法，能独立建模。

对于社会招聘，你不妨多做一些研究，可以找熟人多打听一下这个职位的工作内容是什么、公司的组织架构如何、现在的领导风格如何。当然，如果打听不到消息也无妨，你就把精力重点放在如何更好地展示自己的能力上。

你需要向面试官证明你有能力，能够胜任这个工作，同时还是一个靠谱的人、有激情的人。如果一个公司非常严格、认真地按招聘要求决定是否录用，那就叫“郑人买履”了。

有很多人其实对大公司非常向往，或者对某个行业、某个职位非常感兴趣，但是现实的逻辑往往如图 2-3 所示。

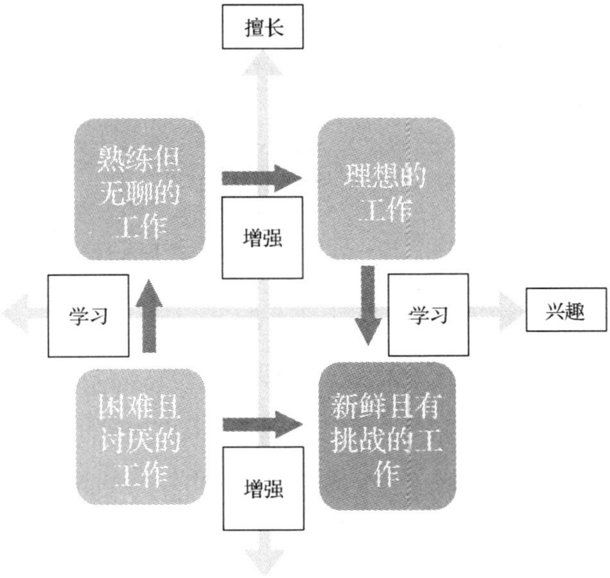

图 2-3

你如果没有对擅长的事情总结，这件事情就会变成熟练但无聊的工作，所以你要增强学习动机，用更高的要求挑战自己。同样，理想的工作时间久了也会缺少新鲜感，缺少挑战性，你要不断地保持学习和进步。当在工作中遇到困难时，你要想象这恰恰是一个机遇，如果增强学习动机，就能把困难转化为动力。主动学习，提高能力就能熟练地驾驭这种工作了。

你想去大公司工作，或者想找到理想的工作，都没有错，错在你只想了，却没有行动。大公司并不会因为你对这个工作感兴趣、非常有激情就录用你，但却会因为你愿意努力学习，并且有超出他人的热情而录用你。

问题45 怎样从公开渠道收集公司的相关信息，让自己更了解职位

首先，在去一个公司面试的时候，你需要提前做好准备。不管是猎头联系你，还是你主动投递简历，你都要对公司的行业背景、公司的背景、创始人或者总裁的背景、公司的产品、竞争对手等信息做公开收集，以便更好地了解公司，了解这个职位。下面来说说具体要怎样收集这些信息。

1. 收集行业的相关信息

不管哪个公司，都属于一个行业，或者属于某个垂直领域，所以你可以通过搜索引擎搜索该行业发展的新闻，包括国家的政策。比如，对于电动车行业，国家实施了各种补贴政策；对于直播电商，广州市政府出台了大力扶持的政策。你可以搜索这个行业的分析报告，可以去一些专业的行业分析网站（如艾瑞网、易观国际等网站）下载分析报告，还可以搜索这个行业的上市公司的财报及相关新闻，了解行业内优秀公司的发展现状、遇到的问题等。

这些信息都有助于你更快速地了解这个行业，让你对这个行业有宏观的认知。当然，你最好找到行业内的专家进行访谈，可以通过知乎、在行、虎嗅等渠道找到专家的联系方式，或者找到行业内的人，然后再让他帮你推荐专家。这些方法都可以让你非常方便地了解行业的发展规律、行业的一些内幕消息等，对你的决策非常有帮助。

2. 收集公司的背景信息

除了行业信息，你还要收集公司的背景信息，了解公司从创建到现在的发展历程。对于一些互联网创业型公司，你可以找到很多关于每轮融资的新闻。对于已经上市的公司，你可以找到每年的财报信息。这些都有助于你了解公司的历史、发展现状。

你可以通过天眼查、企查查等网站查询公司的基础信息和股东结构等，可以去 IT 桔子等网站查询融资情况和竞争对手的融资情况，还可以去雪球社区查询相关的财报解读信息。更重要的是，你可以通过阅读公司官网的信息了解这个公司。

当然，在搜索的过程中，你也会了解很多公司的负面信息，可以从其他角度看公司。对于这些负面信息，你不一定要全部相信，但是可以思考一下为什么会出现这些问题，到底是哪里没做好。

3. 收集创始人或高管团队的公开演讲

收集领导者在公开场合的演讲是非常重要的。你可以从演讲中了解公司的战略方向，了解公司的产品核心策略等，同时还可以了解领导们的工作风格、讲话风格等。这些都有助于你了解这个公司的公司文化、团队文化、产品理念等。

通过搜索引擎，你可以看到相关的新闻报道，还可以看到很多行业大会的资料、领导参加论坛演讲的资料等。如果你能在面试中引用领导讲过的一两个要点，那么会大大地增加被录用的可能性。

4．收集公司的招聘信息

你也可以去招聘网站看看该公司还在招聘哪些职位，可以从这些招聘信息中拼凑出一个粗略的发展策略。你可以看一下对高级产品经理的要求是什么、对产品总监的要求是什么，判断一下这个产品发展的阶段，是刚刚起步正在搭建产品团队，还是已经发展得非常好，正准备做中台系统，需要非常有经验的产品经理。

这些信息都是非常有帮助的，你可以评估一下你的能力处于团队中的什么位置、未来的上升空间有多大等。

5．体验公司的产品及竞争对手的产品

对于产品经理来说，从行业研究到商业研究，再到用户研究都要做，但最终还是要落地到产品研究。你可以从用户的角度体验产品，也可以从专业的角度看信息架构、产品架构、交互体验、可用性设计等。同时，你可以体验竞争对手的产品，形成一个完整的竞品分析报告，这些都是在面试时可以拿出来的材料，可以证明你的能力。

其实，不管收集多少信息，你都要提高基本素质，提高产品能力。在面试前的充分准备，体现了你的态度。你在面试前应该想办法凸显你的专业性，思考应该如何表达、怎样描述你的能力，这是一个成熟的产品经理必须具备的能力。当然，你还要收集职业发展空间、团队氛围、工作模式、工作环境、工资区间、公司离家的距离等信息，这些都可能影响你的决策。

第3章

产品经理如何发现自己的优势

问题46 知道自己有差距，降低工资要求能不能面试成功

小陈在大学学的是历史专业，但是因为爱打游戏所以经常“泡网吧”，对计算机操作很熟练。随着手机游戏、外卖、支付宝、微信的普及，小陈感觉操作手机App越来越熟练，后来听说能熟练操作App的人可以做产品经理，就更兴奋了，希望毕业后能成为一名产品经理。然而他很清楚，专业不对口，能力也有欠缺，在面试的时候如果让他讲创意、讲想法那么没有问题，但是如果让他系统化地提供一个解决方案可能就差一些。所以，小陈想只要有公司愿意雇用他，工资低一点没有关系，要是有大公司看得上他，不给工资也行。如果你是小陈，那么你认为能面试成功吗？

我觉得不能成功，因为面试不是两个人比赛，况且如果在招聘时你表现得不够自信，认为自己配不上这个职位，那么面试官为什么要给你这个机会呢？后面还有很多应聘者等待，所以降低要求和放低姿态都属于博眼球，博同情，是不可能成功的。

大公司在招聘的时候首要看的还是你能不能胜任这个工作，给你高薪一定是因为你可以比其他应聘者更好地完成这个工作。求职不是在市场上买东西，不能降低要求，放低姿态是不能获得认同的。大公司在招聘时一定希望可以招聘到一个能够将某业务从0到1做起来的人才，希望他能够快速建立团队，而且还能够具备非常好的领导力，能带领团队完成业务指标。只是不一定有完美的人，所以大公司会在众多应聘者中做综合评估，不会因为你要的工资少就雇用你。

小公司的私人老板算账更仔细，成本意识更强，所以不太可能慢慢培养你，万一你在学会后跳槽或者辞职怎么办呢？即便老板说没关系，看你很努力、很诚恳，愿意给你一次机会，也是因为你可以做点别的事情，比如做客服工作、做其

他助理的工作等，你肯定不会清闲，这是商业社会的运作规律。

找工作的正确步骤是什么呢？如何跳槽到大公司呢？要做好以下几步：

（1）突出一些大公司和小公司都用得上的特质，比如全流程的产品管理能力。

（2）突出你在小公司受到了完整的产品流程训练，做过很多从0到1的项目。

（3）虽然小公司的人少，但是你的项目推动力、沟通能力、逻辑思考能力一点都不弱。

（4）突出你有很好的行业认知和产品格局，并且具备共情能力，有用户洞察力，当然这需要通过看书、社群交流等方式实现，并且是持续的过程。

（5）练好讲故事的本领，知道如何制造悬念，知道如何更好地传递价值。

大公司基本上都是为了相对长远的人才储备或因为人才正常流失而设置了职位，一般都会本着宁缺毋滥的原则仔细甄选应聘者，那些互联网上传播的面试技巧和套路可能在校园招聘的时候比较适用，但是在成熟的产品团队面前并没多大用。面试官只要稍加追问一下，采用步步紧逼的压力面试策略，普通产品经理就会紧张。普通产品经理容易的犯错是对用户调研的方法掌握得不够扎实，对用户需求分析不够准确，没有逻辑框架，在运营数据分析、运营细节上也非常容易暴露短板，再加上紧张，原本就不太顺畅的沟通表达会变得磕磕绊绊。在这种情况下，你可以使用“停一停”的技巧，应该马上说：“这个问题挺好的，请让我思考两分钟”。在一般情况下，面试官都会允许，并且还会说别紧张，以便安抚你的情绪。你一定要用好这两分钟，深呼吸，哪怕放空30秒都行，千万不要真的就思考两分钟。因为面试官问的开放问题，可能给你两小时你也未必能想出最好的答案。你要做的是放轻松，深呼吸，不要因为一道题没有答好，影响整个面试。即便你真的思考两分钟也没有答出来，你也可以展示一下自我驱动学习的能力，告诉面试官愿意回家仔细研究一下，并把这道题当成面试作业，争取下一次面试的机会。

大公司的成熟产品线在招聘时，永远都要先看能力与职位是否匹配，然后再看行业经验、行业认知，最后看团队融入的匹配度。你千万不要试图用一个你认为业绩表现良好的项目经验去打动面试官，即便有“爆款”光环加持，如果在沟通表达和学习成长方面没有得到认可，那么也是不行的。综合来说，有经验不等于能力强，经验不是核心竞争力，你不要太把经验当回事，抓紧一切时间提高自己的能力才是最重要的。

问题47 你非常想去大公司学习，大公司会给你这样的机会吗

毕业后是去大公司工作还是去小公司工作？是去大公司学成熟的体系、健全的系统、完善的制度，还是在小公司全面开花，样样精通更好？你究竟想去大公司学什么？你在小公司为什么学不到？你到大公司希望有人带你成长，为什么在小公司找不到这样的优秀人才？这些问题都是非常普遍的问题。核心问题还是你要知道自己想要的到底是去大公司工作，还是学习东西。

产品经理在最近这10年发展迅速，成了非常热门的职业，很多毕业生都想当一名产品经理，然而在大学里并没有相关的专业，大家需要进入职场后进行学习，或者自行摸索。所以，我们能看到刚进入互联网行业的新人总在抱怨，说学不到东西，希望能够进入大公司系统化学习。其实不管你是在大公司工作还是在小公司工作，都可以学到很多东西，关键看你怎么学习，只要找到方法你就可以提高很快。

大公司并不是大学，也不是慈善机构，不会一边给你发工资，一边还要请人教你干活。所谓的大公司培训好，你可以认为是大公司希望在现有的基础上，教会你更多的东西，然后让你负责更多的工作。正如本章的标题所言，产品经理要学会发现自己的优势，同时也需要知道自己的劣势，知道自己要学习什么。如果没有学习目标，那么进大公司工作也就是进去而已，几年后还是没有变化。

不管是在大公司工作还是在小公司工作，都有人抱怨，先来看看下面几种情况。

大公司的小王：不想干了，什么都学不到，每天都维护这一个产品，想去小公司工作，能接触到整条产品线的产品。

小公司的小李：累死了，什么都做，太乱太杂，没有系统性，不规范，能去大公司工作多好。

大公司真正给你的到底是什么呢？假如大公司给你机会了，你到底希望学些什么东西呢？从上面的话中，我们不难看出，大公司的员工羡慕小公司有更大的舞台可以施展才华，小公司的员工渴望进入大公司接受正规的培训。其实想解决这个问题不难，你首先要调整好心态，只有有一个好的心态，才可能健康成长。其次，你要知道自己差在哪里，是技能、方法论，还是产品思维。

大公司都已经形成了很好的工作流程，分工很细，人尽其责，基本上每个人只用负责一块内容，可以让你把一件事情做得很精，但是长期重复性的工作会导致你停止进步，也限制了你做事情要具备的广度。那么要如何学习呢？所有的学习还是要靠自己努力，没有人要对你的成长负责，也没有人会非常主动地带着你学习。

在大公司工作的好处是有很多榜样、产品架构合理、产品战略清晰、产品细节卓越、产品经理们都非常优秀。当然，除了公司提供的培训课程，你还要自己努力摸索，战略发展部的人不可能跑到你身边给你讲产品战略是什么、公司现在处于什么阶段等，这些信息都需要自己琢磨，吸收内化，现成的东西就摆在你的面前，你要做的就是站在巨人的肩膀上前进。

在小公司成长也有很多好处，工作量大，做事情杂，但这不一定就是坏事，因为你可以接触很广泛的工作，可能连架构设计都要自己处理。你要为了做很多不擅长的、没接触过的工作而不断努力学习，花大量时间看书，这不也是在成长吗？

最重要的一点：学习要靠自己，你只要努力，就会成功。

问题48 以前没做过产品经理，怎样才能转行成功

产品经理首先要对这份工作有无限的激情，然后要有非常好的产品逻辑，最后还要会使用一些软件和工具。关于激情、软件和工具的使用就不再赘述了，你可以在网上找到很多相关的文章，下面具体来说产品逻辑。

第一，产品逻辑可以分为以下 5 类：基础产品逻辑、数据逻辑、用户逻辑、业务逻辑、系统逻辑。

基础产品逻辑：即产品设计的一些基础逻辑，包括前端交互逻辑、信息展示逻辑等，也包括文案设计、美术设计等，这些会影响产品的可用性、易用性，影响用户体验。

数据逻辑：产品经理在设计产品时，必须要有数据思维，首先要梳理清楚该产品的核心数据指标是什么，然后逐一指标确定在产品研发时数据埋点的工作是否完成。产品经理要想培养自己对数据的敏感性，需要学习一些统计学的相关知识，需要对财务数据模型有一定的了解，平时要锻炼从数据指标出发层层深挖定位到问题的能力，练习对问题做假设，然后通过数据验证，分析产品的迭代是否有效果。

用户逻辑：在设计产品的时候，产品经理要首先想到用户价值、产品价值、公司的商业价值，而不是想到要完成什么指标。就好像一个注重身体健康、关注健康饮食的人，在吃饭的时候肯定不是考虑要吃几碗饭，而是要考虑这顿饭是不是健康，一定要先考虑是否健康（用户价值），然后再考虑吃几碗饭可以吃饱（达成指标）。所以，产品经理在表述方案和评估方案的时候，要有明确的逻辑思维，要知道事实是什么、假设是什么、结论是什么，要知道事实是否充分、假设的依据是否可靠、结论的逻辑链是否通顺。

业务逻辑：不管做什么业务，产品经理都应该深刻了解这个业务的逻辑。如果你是做电商业务的，那么肯定要理解“人货场”；如果你是做外卖业务的，那么肯定要知道线上付款和线下履约。如果你是做社区产品的，就应该了解社区的运营思路和用户行为逻辑。对业务的理解决定了你能否做好一个 MVP，能否确定一个产品范围，能否确定产品的核心竞争力、核心流程。

系统逻辑：与业务逻辑类似，业务逻辑是指要了解相关业务方的思路，系统逻辑则是指要对系统要有深刻的理解。这个系统可能是一个公司，可能是一条供应链，可能是一个产业，也可能是一个后台系统。如果你做推荐系统，就应该了解算法的基本思路和局限性。如果你做广告系统，就应该了解广告分发的策略原理。业务逻辑是了解业务是什么，系统逻辑则是理解如何做。

第二，要怎样评估自己的产品逻辑掌握到什么程度了呢？

基础产品逻辑、数据逻辑、用户逻辑是可以通过一些简单习题进行评估的。比如，一个限定场景的产品设计，一个小的统计数据的分析题，一个产品遇到了用户增长的瓶颈该如何分析等。你可以自己尝试着练习一下。比较困难的是对业务逻辑和系统逻辑的评估。对于这两个产品逻辑的评估，你最好找人交流，找专家指点。因为术业有专攻，且每个公司的产品发展阶段、发展战略都不同，只有复盘、深度剖析，甚至采用私董会的模式，才能够真正地把问题看透。

第三，怎么提高产品经理的产品逻辑水平？

要想提高产品经理的产品逻辑水平，我推荐使用以下 3 个方式：广泛地阅读专业书、多做挑战性业务、多请教行业专家。

你可以广泛地阅读心理学、历史、法律、政治、经济、算法、数学、设计、新闻等方面的专业书，一定要有深度地阅读专业书籍，要有思考，而不能只追求一些概念或者新名词。

多做挑战性业务的目的主要是学习新东西，走出舒适区。好的产品经理是需要不断磨炼的，就像好的狙击手是子弹“喂”出来的一样。产品经理要敢于接受不同的项目，越不会就越要学习，这种有目的的学习效率最高，成长速度最快。

对于多请教行业专家，你不用设定边界，跨行业的专家可能给你更多的灵感。产品经理需要懂设计，这样才能知道最美的设计是什么样的，才能知道交互体验的核心点是什么；产品经理需要懂运营，这样才能知道怎么把产品价值传递给用户，怎么为公司创造商业价值。这才算一个完整的商业操盘手。

你既然想转行做产品经理，就要了解产品经理怎么想问题、怎么解决问题、未来要在哪些方面努力，以及如何超越其他产品经理。

问题49 如何判断自己和目标职位的匹配度

不管你以前做没做过产品经理，在求职面试时，都要和未来的这个职位比较一下，看看自己到底匹配不匹配，好在哪里，差在哪里。当然，在比较的时候，我推荐使用一个自我评估的工具：一横一纵法。

所谓一横，就是看自己的成长历程，看每个时间节点自己的进步，就好像历史的横切面一样，你可以静态地看自己的能力；所谓一纵，可以从业务纵深和行业纵深来看。比如，你是电商产品经理，可以看是否做过收银台产品、订单产品、交易产品、店铺产品、供应链产品等，这是业务纵深。你还可以看在电商行业里的积累，比如是否了解上下游产业链，从上游的原材料供应到下游的物流派送是否了解，这是行业纵深。你可以把这些能力和经验的积累与其他产品经理比较，看看你到底处于什么水平。一横一纵的评估需要拉长时间去看，这样才能看清楚自己。比如，看1年前、3年前、5年前，甚至更久的时间。你可以想想之前在做产品经理的时候，你的能力是可以完成基本产品规划落地，还是可以看透行业，做产品的战略规划、布局设计。从图3-1的招聘信息中，你可以判断一下你和目标职位的匹配度。

高级产品经理 /（30 000～40 000元/月）

工作内容：

（1）负责学习产品规划设计，协调推进整个产品周期的设计、开发、测试、上线、反馈全过程，确保各个环节按期保质完成；

（2）负责产品上线评估，收集用户反馈，分析用户需求、行为，制定产品优化方案；

（3）负责网站产品规划、产品功能设计和体验改进，推动产品发展；

（4）对产品运行数据进行分析，制订内容和数据运营计划，持续改善核心数据指标；

（5）关注业内发展信息，及时提供分析报告；

（6）独立负责过某项目或某产品业务线，有代表自己创意和能力的成功产品，有自己的产品方法论。

任职要求：

（1）熟悉K12行业产品形态的基础规范和框架，对产品易用性设计和人机交互界面有优秀的直觉，能够独立完成竞品分析、产品设计和优化迭代；

（2）有从0到1的经历和丰富的移动端产品经验；

（3）熟练使用产品经理常用的思维导图、原型、文档工具；

（4）良好的数据分析能力，对产品和数据敏感，逻辑性强，注重细节；

（5）热爱互联网，关注互联网的新事物和用户行为变化，追求网站视觉效果和用户体验；

（6）三年以上教育行业工作经验，有互联网教育行业从业经验优先；

（7）有K12在线学习类App产品经验者优先。

图 3-1

你首先要判断自己在什么级别。图 3-1 的前两条工作内容，基本属于初级产品经理的工作能力，但是高级产品经理的职位一定对这些能力有更高层次的要求。所以，你要判断你的能力属于什么级别、对于这些能力模块你的熟练程度到底如何、是否真的可以完全独立地完成这些工作并且做到卓越。如果你在 1 年前就可以达到这个要求，那么现在应该看看自己对完成这部分工作是否已经有进步、有独立的方法论了，这就是横向的自我评估。

其次，我们再来看中间的两条工作内容，这些都是要求应聘者能够做完整的产品规划，推动产品发展，并且能够通过数据指导运营，持续改善核心数据指标。这才是高级产品经理该做的事情，你要仔细评估自己能否匹配。这时你可以比较一下你原来的同事，或者预估一下你在市场上处于什么水平，是处于很高水平，还是处于中等水平，这就是纵向的自我评估。

我们再来看最后两条工作内容，要求应聘者能够关注行业的发展信息，并且有独立负责过某条产品业务线的背景，有代表自己创意和能力的成功产品，有自己的产品方法论。这些工作内容可能要求应聘者具备5年以上的工作经验才行。你如果没有达到这些要求，那么可以想一想在未来工作中如何才能达到，要怎样学习。

应聘前的准备工作就是要发现自己的优势，和公司的招聘要求相匹配。

问题50 你到底在和谁竞争同一个产品经理职位

过去5年我作为面试官面试了300多个产品经理，有水平很高的，也有刚入行的。我发现了一些比较有趣的现象，尝试着从不同维度分析他们的特征，总结出不同的产品经理都有哪些共性、哪些个性，可能适合什么样的工作内容。

我发现，很多人在面试的时候都是采用“审问模式”的，就等着面试官来问问题。我还发现，很多高级产品经理的专业能力其实并不高级，他们也来抢夺一些大公司的职位，造成了竞争异常激烈。下面讲讲你在应聘的时候，到底应该怎样竞争、和谁竞争。

当一个公司出现一个招聘职位时，你知道你在和谁竞争吗？尤其是一些高级产品经理的职位，可能竞争更激烈，因为级别高一点的，可以用到猎头服务，那么很可能就打破了城市的界限，也打破了能力的界限。比如，一家公司要招聘一个高级产品经理，那么一定会要求他有5年以上工作经验，并且最好有大公司的工作背景，在能力上除了要完成基本工作，最好还要具备一定的战略眼光和领导才能。竞争的核心不是谁能完成工作，而是谁能完成得更好，谁能讲出方法论，谁能给团队带来不一样的东西。

如果一家公司要招聘一个有1～3年工作经验的产品经理，那么他基本上是本市或者本省的人，可能大学毕业没多久，做产品经理的能力积累还不够厚实，但是大概知道产品经理的工作流程、工作方法，重要的是工资不高。假如在招聘时你遇到一个比较聪明的人，他完全可以一边做初级的执行工作，一边学习更多能力。这时，你们竞争的就是机遇与运气。

如果一家公司招聘有3～5年工作经验的产品经理，那么在招聘时你可能会遇到一些在小公司工作，已经有一定经验，除了基本功，还能讲出一些对行业的看法、对商业模式的分析的产品经理。虽然这些可能是阅读公众号，或者在搜索引擎上找来的二手知识，但是他们也算是有思想的执行者了。在招聘时你也会遇到一些曾经在大公司工作过，然而不超过5年的产品经理，从本质上讲，他们可能还没有完全领会大公司的产品精髓，很可能与领导关系处理得不好或者心高气傲，也可能非常想换个行业、换个公司工作。在和这两种人竞争时，你要表现出能力以及对自己能力的总结概括，要告诉面试官，曾经做成功过一些事情，并且知道为什么会成功，下次怎么做还能够成功。

综上所述，你可以思考一下在不同的情况下如何能在竞争中脱颖而出、你的优势到底是什么、为什么觉得自己比别人好。

每个公司对能力的评估都没有完全一样的标准，尤其对过往业绩可能有不一样的解读。我在面试过程中遇到过某些产品经理，觉得他的职级挺高、背景挺强，但好像水平一般，可能就是因为不同公司的晋升标准不一样。但归根结底，面试官应该考查一个应聘者的能力、绩效和潜力。能力包括专业能力、业务能力、管理能力；绩效就是要能讲清楚所思、所想、所做，为什么能够取得如此的业绩、业务规模、业务增长；潜力包括行业经验、上升空间、品行品性等。

产品经理的绩效是证明有能力的论据，可以是用户体验，可以是收入或用户增长，可以是产品创新、产品中台建设，也可以是业务方满意度等，这些都可以作为判断标准，这些绩效本身不能代表什么，如何利用专业能力、业务能力、管理能力达成这些绩效目标才是真正的价值体现。

例如，以下内容在简历中就不能充分证明自己的能力，“负责需求分析、产品需求文档编写、原型绘制，推动项目开发，实现上线交付，共完成 24 次全量上线和 30 次增量上线。”

面试官在面试产品人才时，不但要看应聘者的临场表现，还要根据掌握的各种背景知识和产品人才参照系，去分析应聘者的真实情况，或者通过面试作业的形式筛选人才，然后再结合公司特定职位的背景，选择最合适的人。

问题51 产品经理是通才还是专才

你肯定听说过木桶原理，一只木桶能盛多少水并不取决于桶壁上最长的那块木板，而恰恰取决于桶壁上最短的那块，然而一个人在职场中可能未必适用这套理论。有时候你的长板可能足够长，并且能够满足公司需求，有一些短板可能也是会被接受的。

有些人可能认为最好补齐短板，只有木桶的所有木板都足够长，才能够盛满水。要想增加木桶的容量，应该设法增加最短木板的长度，这是最有效也最直接的途径。所以，当一个学历不高的人找不到好工作的时候就想去考研、学 MBA（工商管理硕士），产品经理也会考一个项目管理专业人士资格证书（PMP）。这些其实都是在补齐短板，提高整体能力。如果你能找到一个工作，持续发挥长处，放大长处带来的价值，尽量回避短处，或者寻求团队的帮忙弥补短板，那么才能使整个团队的价值最大化。在职场上你可能没有这个机会，也没有时间来弥补所有短板，因为每个人可能都有长板，你不可能在所有方面都战胜别人。更有效的办法应该是发挥你的长处。

说回产品经理这个职位，我认为在刚刚开始工作的前 5 年，做一个专才是最好的选择策略。当在某个方面具备专业技能，或者在某个领域可以超出平均水平时，你就可以成为一个专才，可以在这个职位上发光和发热。当你是个专才的时候你就会获得尊重，获得话语权，很多在你负责的领域的项目就会由你来规划和安排，这样你慢慢地就可以得到更大的发挥空间，引领这部分工作的方向。在工作 5 年后，专才的策略就要慢慢转为通才的策略，因为你慢慢地成为团队的骨干或者基层管理者，需要更宏观的视野和一些战略思考，必然要看得更广一些，要学会更多通用技能，不能再只讲专业领域的事情了。

回到实际工作中，你在刚刚入行时，如果能把交互设计做好，把产品文档写规范，那么基本上可以胜任一些基础工作，然后慢慢学习，就能够渐渐地独立完成产品某部分功能的设计。这时，你就具备了专才的气质，能够对你负责的产品提出一些非常合理的规划建议，或者已经成为这个模块的专家了，自然而然地就会有非常强烈的成就感和权威感。可是你一旦领导团队，或者负责更多业务，就会发现很多时间花费在开会上，需要为更多的事情做判断，给出决策意见，甚至还要处理很多团队管理、人际关系的事情，这些都超出了你的能力范围，你原来积累的专家形象可能很快就崩塌了。你会发现要学习更多的内容。在 5 年后的周一早会，你不再是一个汇报者，而是一个领导，要听取每个人的汇报，并且迅速做出反应，给出正确答案。你作为产品经理，作为一个团队的领头人，要学习更多的通用知识。从目前来看，只会做一小部分功能、能力比较单一的产品经理，很难持续在职场中存活，产品经理是非常需要不断成长的。

高级产品经理经常会成为承上启下的角色，要协调很多团队间的工作，要权衡很多员工的利益分配。这些都是要在专业能力之外不断积累的通用能力。

有些人的职级高，可能是因为他刚好负责一款用户爆发式增长的产品，业务规模迅速扩大，团队规模也随之变大，所以不能代表能力上就真的突飞猛进了。一个产品经理不管是在一个公司里职级晋升，还是通过跳槽获得升职和加薪，都应该有专业领域的经验和工龄，以及匹配的通用能力。

在招聘市场中会有部分人得到不该有的工资和级别，可能是因为猎头给他提供了更有诱惑力的工作机会，而公司为了挽留他给他加薪和升职，造成了薪酬虚高，还可能在面试时，他特别擅长演讲或把其他同事的业绩说成自己的业绩，从而得到了高工资和高职位，造成了薪酬虚高。这些乱象当然存在，但是不能因为它们存在，你就调转方向，不再积累能力，不再为了自己的职业生涯而努力。

工作 10 年以后，你还需要提升自己的格局，因为未来的 20 年或 30 年是从通才转变成专才的阶段。

这次从通才转变为专才更多地体现在行业上，与上一次的能力升级不一样。比如，我们公司新来的首席财务官，他就只在年青的时候跳槽过一次，从惠普集团跳槽到了某电商集团，随后在电商集团工作了 15 年，从普通的财务经理一路晋升为首席财务官，这 15 年专业的电商领域财务知识积累就是最宝贵的财富。等他再想找工作的时候，工资报价已经超出了你我的想象范围。这就是专才策略的取胜之道。

问题52 你有什么知识、技能和才能适合做产品经理

产品经理在面试的过程中，经常会被问到一个问题：“请说一说你最喜欢的产品是哪个”。你应该回答就是贵公司的产品，是竞争对手的产品，还是一个毫不相关的产品呢？

其实这道面试题在考查几个方面的事情，你肯定不能只回答喜欢的产品的名字，而要给出理由。这个理由应该体现你的行业敏感度，体现你来面试的准备程度，体现你具备什么样的才能、有什么样的知识结构，体现你具备什么样的专业技能、你的产品格局在什么层级。所以，这道面试题才会反复地被大家使用。下面讲讲应该怎样更好地回答这道题。

有些公司在招聘的时候没有那么严谨，喜欢通过几个简单的条件对应聘者进行判断。比如，应聘者有几年产品工作经验、有没有大公司的工作背景、职级高

不高、有没有带人的经验、管几个人、是哪个大学毕业的、是否有逻辑性、是否懂技术等。这样的筛选策略没有错，但不是最优的，容易被一些表面现象或者临场发挥所蒙蔽，产品经理如果也按上述标准评估自己和规划自己的职业发展路径，那么从长期来看是有问题的。产品经理最重要的思维是商业思维，我在《商业产品经理：腾讯教我的产品工作思维》中详细介绍了，就不在这里赘述了。

面试官在面试产品经理时，应该通过不同的问题把应聘者的知识、技能和才能做区分。

首先说知识，在校园招聘的时候，面试官主要考查应聘者的知识面、对未知领域的探索欲、对专业知识的学习能力。在社会招聘的时候，面试官要考查应聘者的专业知识、行业知识等。掌握知识对于产品经理来说已经是最基础的要求了。与技能和才能相比，知识是最容易被教会或者通过搜索引擎完成自学的。所以，在面试时，如果面试官问了一个可以通过搜索引擎轻易找到答案的题目，而你却没有回答上来，就非常容易失败了。很多知识都是事实，可能散落在互联网的某个角落，会搜索知识、整理知识是产品经理必须要做到的。当然，也有一些知识是属于经验范畴的，产品经理要能够虚心地向行家请教，并仔细揣摩这个经验，内化成自己可以掌握的知识。

其次说技能，在很多时候技能被理解为工具的使用，这是片面的。技能是通过练习而获得的动作方式和动作系统，应该是指做事的方法。知道一件事情怎么做、用什么做、从哪里开始做、做到什么程度是好的，这叫技能。产品经理学习技能的最好方式就是分步法，能够把做产品的流程分解清楚，一步一步地执行，在执行的过程中学习软件操作技巧、实践产品规划和产品设计等工作，慢慢练习就能够掌握基本的工作技能。

最难的就是才能，才能很难通过培训教会，很难通过实践习得。才能有点像天赋，是自我的顿悟和感知，要靠平时自我复盘、多归纳总结而得出来。才能由你的思维组成，决定了你的行为方式。有才能的人对自己可能更严苛，因为他们为了实现目标会非常努力，在实现目标后内心会欢喜若狂，他们更多的是在追求超越自己，成就未来。支撑这种行为的不是技能，也不是知识，只能是才能。

回过头来看，你作为一个产品经理，掌握了哪些产品经理必备的知识？比如，用户分析、用户调研、用户访谈、用户画像等知识；需求分析、需求价值评估、需求评审会、需求优先级评估、需求池管理等知识；产品定位、产品分析（竞品分析）、行业格局分析、商业模式分析、产品设计、产品管理、产品数据分析等知识。

在技能方面，你又掌握了多少？比如，用户研究的技能、需求管理的技能、产品设计的技能、数据分析的技能等。你做过的哪些工作可以体现出这些技能？你所掌握的技能到底在行业内处于什么水平？如果按照很多互联网公司的评级体系评估，你属于哪个级别呢？

知识一般可以用多少来判断，技能可以用高低来衡量，唯独才能很难一下子给出一个标准，只能把两个人放在一起做强弱对比。才能也体现在思维的不同，用户思维、产品思维、数据思维、工程思维、算法思维都会影响做产品的顶层设计。

所以，不管你是转行做一个产品经理，还是原本已经工作了两三年，都应该抽出两天的时间，独自思考一下，看一下你有什么知识、技能和才能，思考一下凭什么你会成为一个优秀的产品经理。

问题53 你过去在产品经理这个职位上有什么经历、经验、方法和理论

许多人在面试产品经理职位的时候，不知道要如何描述自己过往的经历。有的人在做自我介绍的时候能够说10分钟，因为他从高中在哪里读书开始，讲到大学，然后讲在每份工作中具体负责什么项目，内容非常冗长。也有的人的自我介绍非常简短，尤其是一些大学生在毕业之后直接进入了某家公司，恰好又只做了

一个项目，所以三五句话就说完了，然后就等着面试官来问问题，现场非常安静，气氛非常尴尬。其实应聘者在应聘产品经理时可以从以下 3 个方面介绍自己。

1．经历

每个人都有经历，经历代表了过去做过什么，有时间点、人物、事件、结果，但是这是最没有力度的诉说，因为经历就是一段事实性的描述。如果想把经历说好，那么要做到以下 3 点。

（1）经历最好能够证明自己的能力，可以用一个表达框架去说。

背景和问题—分解问题—制订计划—克服困难—解决问题

（2）在表达经历时最好能有一些小分类、小标题。比如，“全流程产品管理能力”，在说完标题后，可以用经历解释一下。

（3）经历最好能够形成有效经验。

单纯地说自己的经历会让面试官觉得比较简单，而且只是讲了过去的工作职责和工作项目而已，并没有回答“为什么要招聘你”。所以，你可以检查一下你的简历，是不是还只是描述过往的经历。

2．经验

一个员工在公司的某个职位上工作，一定会积累相应的工作经验。这些经验来自所做的项目，可能是成功的经验，也可能是失败的经验。有些人认为经验是最值钱的，因为这些宝贵的经验不但能够证明自己曾经做过哪些事情，而且能够得到很多指导原则，可以保证下一次再做类似项目的时候不出问题。产品经理的经验一般包含以下几种。

（1）用户需求类经验。高级产品经理对用户需求的把握是非常到位的，有敏感度，能够凭经验判断一个需求是否可行，并且还能大概勾勒出用户的画像，确保整个产品的方向不出问题。

（2）产品研发类经验。高级产品经理做过很多项目，所以能够判断出一个项目大概需要多长的研发周期、需要投入多少研发力量，对于项目上线的时间点把握得比较精准。

（3）产品运营类经验。产品经理不能只实现某个产品功能就结束了相关工作，还需要知道如何让用户更好地使用产品。哪怕是公司内部同事使用的产品，也是需要运营的。所以，这部分经验也特别重要，决定了你做的产品能否创造用户价值和商业价值。

3．方法论

其实方法论是建立在能力和经验基础之上的，是一个产品经理应该花更多时间总结复盘的。有很多产品经理虽然做了很多项目，但是却不知道是如何做成的，可能是根据上一次经验做成的，也可能因为环境变化了，就临时提出一个创意，如果运气好就皆大欢喜，如果运气不好就通过数据分析找原因，看上去叫“数据驱动”，实则从源头就没有明确的方向。这就是典型的有经验却没有方法的表现。

为什么产品经理在工作之后要总结方法论呢？又不是每个产品经理都要出书的。因为总结和沉淀方法论为了传递，为了把一套成熟的经验归纳成做事的方法、做事的流程，然后通过培训等方式传递给更多的新员工。这种方法论的传递在腾讯得到了高度重视，甚至被写到了产品经理职级考核和晋升的标准中。我认为这样做的好处如下。

（1）经验传递有可能失传，并且有很多限定的条件，而方法论的提炼总结适用性更好一些。

（2）方法论的传递可以更快速地培养新的产品经理，快速地提升他们的能力，并且获得一致的产品思维和产品理念，在工作流程、工作方法上都得到了统一，降低了沟通成本。

（3）有了可行的方法论，也就可以放大产品效应，应用到更多产品中，提高整个公司的产品研发效率。

应聘者在面试的时候，一定要能够讲清楚过去的工作经历究竟给自己带来了什么收获，是增加了几年时间的产品工作经历，是增加了不同行业、不同方向的产品经验，还是帮助自己抽象出相应的产品方法论，并且得到了产品的实践经验，可以证明方法论的有效性。

我认为面试官更看重的是方法论，只有方法论是能够轻松地迁移到新的公司，在新的职位上得以运用的。原来的工作经历，更多地反映了原来公司的组织架构、内部分工。原来的经验来自在旧的视野里看过、做过的事情。只有方法论才是顶层的思维，才是可以迁移的价值。

问题54 对于产品经理来说，为什么方法论比业绩数字更重要

小何是某电商公司负责用户增长的产品经理，每天都要看很多竞争对手的活动，然后思考自己要怎样做活动、怎样改进活动，每年差不多要做 100 场大大小小的活动，然而 3 年过去了，他除了参与活动创意和活动策划、设计一些转盘的游戏和抽奖的游戏等，好像没有留下什么，业绩确实增长了，但是业绩增长不够稳定，也没有让业绩大幅度增长的方法，不能有效地让公司的业绩上升到另一个台阶。

小何如果在自己公司内横向比较，业绩指标算是完成得不错的，但是放到行业内就可能排在中等水平，这不完全是小何的问题，很多时候是由行业规模、商业模式决定的。所以，小何在去大公司面试的时候会不够自信。比如，月活跃用户为 10 万人，这个业绩可能已经非常好了，可是对于大公司来说这种业务就是小型业务。

小何对业绩不自信，恰恰证明了他对方法论总结复盘的缺失。小何每天苦恼的问题是下个月还有哪些新的玩法、新的产品迭代的创意，而忽视了对方法论的

总结。

什么是方法论？ 方法论是一种以解决问题为目标的理论体系或系统，通常涉及对问题阶段、任务、工具、方法、技巧的论述。

对于产品经理来说，方法论非常重要，主要体现在以下几个方面。

第一，有方法论的产品经理，在面对问题的时候更能够看清楚问题的本质。

一个产品经理如果没有总结的习惯，那么很难获得成长。因为他会把每次的问题都看成一个新问题，只有对非常类似的或者最近遇到的问题，才会产生一些联想，才会思考这些问题有什么相似之处。

产品经理需要多总结归纳，需要把最近一个阶段内的所有问题罗列在一起进行分析研究，得出一些有指导性的经验和方法，可以回顾检查，可以分析评价，也可以和行业内优秀的案例比较，要找到差距，得出经验教训，找到一些规律性的认知。产品经理只有把这些认知整理清楚，形成正确的推导逻辑，等再遇到新问题的时候，才可以看清楚问题的本质。

第二，有方法论的产品经理总结了一套成熟的打法，善于通过分析研究问题，给出可执行的解决方案，不依赖于创意。

总结方法论的关键其实在于重复利用，只有可行的，能够多次使用、总结经验、迭代升级的一系列做法才是方法论。这是方法论和经验的区别。经验更多地体现在老员工见过、经历过很多事情，能够在产品上提出很多建议，但这些建议不一定成体系。对于一个全新的问题，这种经验并不一定能够找到恰当的切入点。相反，方法论更像一套成熟的打法，不管遇到什么新问题，我们都可以按照一定的方法进行问题界定、问题分析，提出解决方案。这有点像上学时老师经常说的"举一反三"，我们可以通过一件事情类推知道其他许多事情，透过现象看本质。在职场，我们称之为"能力迁移"。

第三，有方法论的产品经理，能够更快速地复制能力。

产品经理要掌握方法论，方法论是解决问题的有效手段。要想总结出方法论就要更关注过程，把日常工作方法熟练化和灵活运用，最终能够形成一套可复制的套路。从实际工作经验来看，积累方法论的顺序如下。

工作技巧→可传授的方法→一系列逻辑严谨的方法论→可复制的套路

之所以很多公司喜欢招聘曾经在大公司工作过的产品经理，其实从本质上来说，看中的是这些人掌握的方法论，而不是在大公司的工作经验。你可以设想一下，一个在大公司工作的产品经理，在工作时所处的市场环境、技术基础、品牌基础、用户基础等因素都会影响最终的业绩指标，所获得的经验也只能算作拓宽视野，这些东西都不能带到小公司，唯独掌握的方法论是可以带走的。

专业知识和技能固然重要，但是更重要的是如何灵活应用，并且知道什么时候应该用什么方法，这就是产品经理的高级武功。产品经理从“看山是山，看水是水”成长为“看山不是山，看水不是水”，最终要修炼为“看山还是山，看水还是水”。

问题55 腾讯为什么重视方法论的传承

在腾讯的产品经理晋升考评时，有一个非常重要的硬性指标就是方法论的传承。腾讯为什么如此重视传帮带呢？为什么强调要把自己会的东西教给其他同事呢？下面讲讲这里的重要性。

1. 方法论的传承是快速培养人才的手段

人们都说大公司的培训好，很多人都想进大公司工作历练一下，参加一下体系化的培训。其实我认为更重要的还是在于你自己，如果你不主动学习，不能够将其他同事的经验和方法论内化成自己的知识，不能锻炼这些技巧和方法，可能就变成了一个台下的观众，在培训的时候很激动，看到了很多方法论很心动。如果在培训结束后不行动，那么这种知识的获取是无效的。所以，公司在培训的时候要尽可能随时进行培训，不必非要聘请外部讲师，也不必非要非常正式的课堂教学，最好结合实际工作，找到恰当的人来教授，这样培养人才的方式最快。

常见的方式就是在新员工入职后，公司都会安排一个导师给新员工，导师不但要介绍公司的经营情况、业务进展，同时更要将工作方法论传递给新员工，让新员工能够更快速地学会、更好地融入团队早日创造价值。

2. 方法论的传承是形成共同原则、共同理念的手段

在一个公司里，我们都会有相同的价值观，选择相同的战略方向。在做产品的时候，我们拥有共同的原则、共同的理念，以及一致的用户思维、产品思维。这些共同的原则、共同的理念要靠方法论传承。

一个公司要形成一致的话语体系，形成标准的操作流程和要求，这样才能保证整个公司的运转是效率最高的。比如，我们在做产品的时候首先想到的是给用户创造什么价值、给公司创造什么商业价值，而不是想到要完成多少业绩指标，达到多少点击率、分享数等。所以，我们就不可能在页面上设计太多的广告位，不可能设计一些诱导用户转发的功能，因为那些不是为了创造用户价值而做的产品功能，而是为了完成业绩指标做的。这样做出来的产品不可能得到用户的尊重和喜爱。所以，方法论的传承带来了共同的原则、共同的理念、共同的信念、共同的产品观和价值观。

3. 方法论传承以教带学，让每个人都能快速成长

说起费曼技巧，可能有些人还不太知道。费曼是美国的物理学家，得过诺贝尔物理学奖。他除了搞物理学研究，还是一个优秀教师，总能用最简单的语言讲清楚最复杂的科学知识，他的学习能力很强。有人基于费曼的理念，总结出一个终极学习方法：费曼技巧。

结合费曼技巧，我们来看看方法论传承怎样做更好。

第一步，明确目标。你一定要明确方法论解决了什么问题，包含哪些概念，你希望别人学到什么核心内容。

第二步，以教促学。对知识的掌握永远都不是倒背如流，而是能够用自己的话说出自己的理解和见解。

第三步，化整为零。在学习的时候，我们经常会发现一个大概念里面有很多小概念。方法论可能讲的是如何拆解战略目标、如何理解商业模式，但是在具体做的时候有很多细节，需要逐个击破。关于逐个击破的具体方法，你可以查看公司的文章、产品文档，可以使用搜索引擎搜索，也可以请教导师、有经验的同事。

第四步，总结提炼。当对知识点逐个击破后，你要再把它们合在一起，总结提炼。把复杂的事情变简单，这是非常高的要求。你要能够用自己的话、用最简单的话把复杂的事情说出来，不带行话术语，在说给其他组的同事听时，如果他们能够讲懂，就说明你很好地掌握了这套方法论。

4. 方法论传承可以有效地降低关键员工流失带来的风险

方法论的传承是人力资源管理的重要抓手，一方面鼓励个人成长，并作为考核标准，另一方面也降低了关键员工掌握关键技术的风险。方法论的传承可以让每个工作职位都形成人员上的备份机制，真正做到“铁打的营盘，流水的兵”，并不是说员工就不重要了，而是不能把公司经营都依托于某个人身上。

方法论是腾讯在招聘时重要的考核指标，腾讯的很多面试官都会期待从应聘者身上看到以下几点：非常好的逻辑性和工作的框架性，对行业有深度的理解，清楚自己曾经做过什么、是如何成功的，如果再做一次那么会怎样提高和改进，知道自己的方法论是什么、产品理念是什么，知道在遇到困难时该如何解决，知道如何将原来的工作经验、工作方法、工作套路迁移到新的产品上。你要做一个明明白白的产品经理。

问题56 在面试时如何展示方法论

很多人在面试的时候会紧张，导致发挥失常，或者自己觉得讲清楚了，但是面试结果不好。应聘者的教育背景很好、工作履历不错、工作能力很强，结果因为临场发挥不好导致面试失败是非常可惜的事情。其实应聘者真正失败的原因是不知道要给面试官展示什么、不知道如何在面试中更好地展示自己的工作方法论。有的人认为要告诉面试官“我会干什么”“我干过什么”“我以前很‘牛’，业绩不错”等。

我们究竟要给面试官展示什么？如果一个产品经理不会回答这个问题，那么我觉得他非常不合格。产品经理每天都把用户思维、产品思维挂在嘴边，应该非常熟悉“我们究竟要给用户展示什么”这个问题。你会发现在求职面试的过程中，面试官就是你的用户，如果你连用户需要什么、想看到什么都没有思考过，那么还怎么做产品经理呢。

这里有一道思考题，可以帮你挖掘“用户需求”，帮你理解面试官到底想要看到什么。题目是这样的：“假设你参加某家公司的面试，第一轮面试通过了，你希望第一轮的面试官如何向第二轮的面试官推荐你，或者第一轮的面试官如何写面试评价？”

你要怎样回答呢？下面有一些答案供你参考。

1．工作方法论

首先，你要给面试官展示的就是工作方法论。你既然来参加面试，就希望获得这份工作。那么你就必须要给面试官展示为什么你能够胜任这份工作，然而胜任这份工作并不是靠夸下海口，也不是靠喊口号。你应该通过工作方法论的展示来证明你有这个能力。在展示方法论方面，我建议你首先界定能力的概念，然后给出具体的工作方法，同时给出相应的业绩指标。

举例：你要展示你具备优秀的战略执行与落地能力。

首先，你要说明你可以准确地理解公司发展战略对产品的定位和要求。然后，你要展示如何根据不同产品线的特点配置资源、分解目标任务、协调研发团队快速落地。可以参考以下的例子。

（1）负责公司主流产品的市场分析，包括市场规模、趋势预测、产业链、竞合态势等，同时，通过用户调研，验证战略目标分解的可行性。

（2）基于研究结果，结合公司自身的优势和劣势，制定主流产品的竞争策略，并与内部团队合作，推动战略落地。

（3）撰写产品需求分析报告，结合原型设计及产品需求文档，推动产品研发。

（4）跨 3 个部门协调该复杂项目，能够独立完成从研究、产品规划、资源协调到研发上线的全过程。

（5）具备战略思考能力、结构化思维和敏锐的商业感觉。

这就是最简单的工作方法论的展示。面试官可以大概了解你的工作流程，这时就可以根据你的描述对细节进行询问。这意味着面试官已经知道了你有这个能力，只是要继续验证一下。这比你没头没脑地说一大堆细节要好，因为面试官要消化你说的话，还要帮你总结你到底具备什么能力。

2. 行业洞察力和思考方法

应聘者在面试的时候不能只展示在具体工作上的方法论，还需要展示一些对行业的洞察。如果你觉得展示行业洞察比较困难，那么可以展示对行业的熟悉和了解，起码要展示你知道竞争对手是谁，要体验过竞争对手的产品。如果连这些都没有，或者完全进入一个全新的行业，那么你起码要知道该如何快速地研究一个行业。比如，你可以阅读行业报告，收集行业新闻信息，找行业内专家进行请教等。

你在应聘一个公司的职位之前，最好提前搜索相关信息，做好准备，不要现场问一些奇怪的问题，这会显得你不认真准备、不了解这个行业，会让面试官觉得你的思维逻辑有问题。

3．个人素质和性格

当然，在面试的过程中，你要充分展示自己的性格、超强的应变能力、乐观的性格、有责任心、有条理性。你必须要让面试官感受到你是合群的，可以很好地与同事合作。另外，在面试的时候，不管会不会答，是不是一直被追问，你都要积极乐观、遇事不慌、做事不乱、知错能改、不会就学。你的专业能力可以一般，甚至性格内向不善于沟通，但必须用积极的心态去面对工作中遇到的各种问题，必须要显得有激情。

另外，你也可以说一些个人爱好，比如做社交产品的产品经理可以说说自己都喜欢看哪些经典电影、纪录片，做公司级产品的产品经理可以说说自己喜欢记账、生活很仔细等。

上面讲了如何展示自我的方法论、如何展示自己是和目标职位最匹配的人，希望你能好好琢磨一下。

问题57　在面试过程中，性格测试有没有用

有一些公司会在正式面试前，先让应聘者做一些行为测试题或者性格测试题。虽然这些测试题有科学根据，但是我个人认为还是有可能存在偏差的。对于一个处于执行层的普通产品经理来说，基本上繁忙的日常工作会把他的性格的棱角抹平，做不做测试不太有影响。我可以讲讲面试官喜欢的几种应聘者，以及不同性格的人有什么特点。

1．能力强，并且十分低调的人

面试官肯定都喜欢能力强的，可是你把一分的能力吹嘘成十分是不行的。比如，面试官问你有没有管理过团队或者之前带过几个人。你如果夸大说带过 50 个人，那么面试官肯定会问各自的分工是什么、职位职责是什么、能力模型是什么、团队未来该怎么扩建，还可能会问有没有开除过员工、日常管理怎样进行等。你要相信面试官非常有经验，能够迅速地识别出谎言。

相反，能力强且低调的人，可能会讲核心点，还用上面的案例，可能比较好的说法是，带过 10 人左右的团队，团队的战略目标是什么，团队的核心价值是什么，团队的人员结构、能力模型是什么，还缺什么样的人……短短几句话的概括性回答，既体现了你真的做过，也能看出你的逻辑框架。

2．阳光自信，敢于表现自己的人

有些应聘者能够时刻保持微笑，面试官一见到他就觉得他充满自信，特别阳光。这类人以前在大学可能就是学生会主席，在很多场合都能侃侃而谈，语言表达非常流利，对自己的能力充满信心。他们敢于表现自己，哪怕说错也觉得没有关系。他们一定是有准备而来的，自信来自对自己的总结、对应聘公司的了解、对目标职位的熟悉。这种应聘者在印象分上会得满分，基本上得到的评语都会是“综合素质不错，思路清晰，框架思维比较好，只是在实际工作经验上欠缺一些，非常有潜力……”

你想想看，如果得到这种评语，那么第一轮面试基本就算通过了。

3．目标导向强，积极主动的人

有些应聘者表现出来积极主动，当被问到某个问题的时候，面试官问的可能只是一个“点”，他却能够有逻辑地讲出一条“线”，讲清楚上下游，讲清楚如何合作协调、如何跨组沟通，还能讲出一个“面”，知道未来可能发展到什么程度，知道自己更适合哪个团队，做什么产品更能创造价值。这种主动的回答、回答的全面性都会给面试官留下非常好的印象。

同时，这种应聘者一定会讲清楚自己的目标是什么、要怎样拆解目标、哪些小目标是核心驱动力、接下来做哪些事情可以帮助他达成目标。

面试官如果问："你还有什么问题要问我吗"，这种应聘者可能会问："您对于这个职位的长期规划是什么""您希望我在短期内解决哪些问题""请问该职位最需要的技能是什么"这些问题都体现了应聘者有极强的目标导向，非常积极主动。

4. 职业生涯规划清晰的人

这类应聘者是面试官普遍欣赏的，对自己的职业发展路径非常清晰，非常明确自己现在要做什么、未来要做什么，而且职业生涯规划和正在应聘的职位十分契合，即使他们目前的能力和经验还不足，也要朝着这个方向坚定地走下去。所以，他们对于"为什么离职""为什么选择这个行业"等问题都能给出非常清晰的答案。

这样的应聘者往往更有冲劲，稳定性更高，不会频繁跳槽，非常适合长期培养。对于"你希望未来 3 年要达到什么样的水平""你想做什么""你能给公司带来什么价值""你需要公司为你提供什么样的支持"等一连串的问题，他们可能都有答案了。

这种员工后续的管理沟通成本会很低。

常见的性格测试方法有以下几种。

（1）霍兰德职业兴趣测试。霍兰德职业兴趣测试是约翰·霍兰德提出的职业兴趣理论。他认为人的人格类型、兴趣与职业密切相关，提出了职业兴趣的 6 种类型：实践型、研究型、艺术型、社会型、管理型和常规型。

（2）职业人格评估工具。迈尔斯布里格斯类型指标（Myers-Briggs Type Indicator，MBTI）职业性格测试是国际上最为流行的职业人格评估工具，是一个4维人格评估指标。许多大公司都会使用这个测试来了解员工的特点。

4个维度分别有两种可能性［外向（E）和内向（I），感觉（S）和直觉（N），思考（T）和情感（F），判断（J）和知觉（P）］，两两组合，共有16种类型。

（3）DISC性格测评。DISC性格测评是最权威、最悠久、最专业的性格分析方法，被广泛应用于招聘、经理人发展、团队建设、职业生涯规划中。

“DISC”是Dominance（支配）、Influence（影响）、Steadiness（稳健）、Compliance（谨慎）4个单词首字母的缩写。DISC双轴模型如图3-2所示。

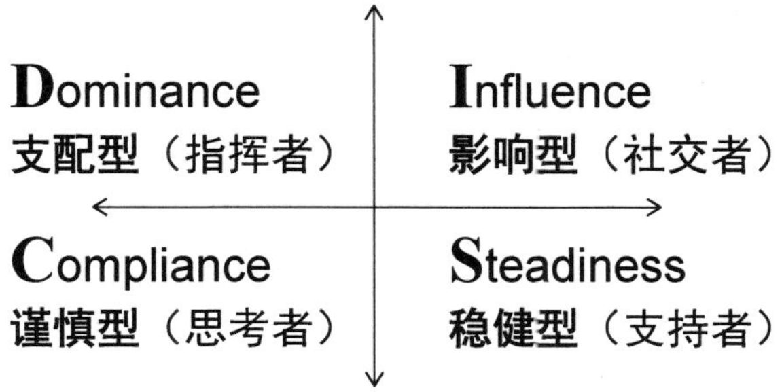

图3-2

（4）动物性格测试。这个测试用于衡量个人的行为特质、活力、动能、压力、精力及能量变动情况，根据人的个性特质，将人群分为5种类型，包括支配型、表达型、耐心型、精确型、综合型。为了将这5种类型的个性特质形象化，根据其各自的特点，这5类人群又分别被称为老虎、孔雀、考拉、猫头鹰、变色龙。动物性格测试可以准确地测出你的个性特点、优缺点、主要行为以及在团队中的定位，能够帮助你认识与管理自己，帮助组织做到人尽其才。动物性格测试的5种个性特质如图3-3所示。

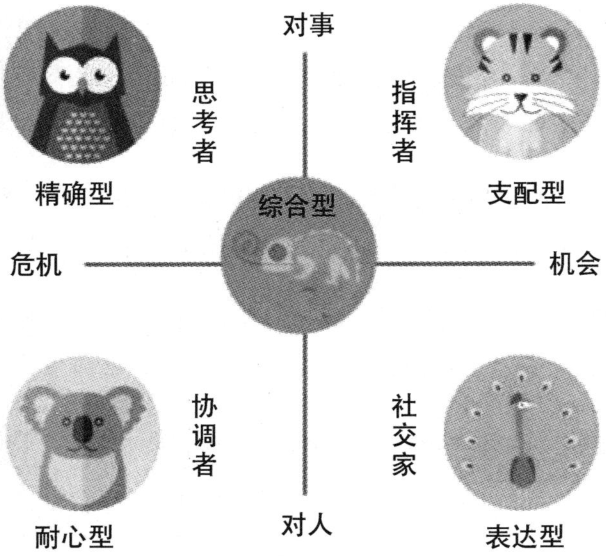

图 3-3

我认为应聘者可以提前了解一下这些性格测试工具，可以先判断一下自己属于哪种人，然后再去看看目标职位希望招聘什么类型的人，调整一下自己面试表达的策略，这有助于通过面试。

问题58 你认为在面试时要展示哪些优势

假如你正在准备面试，首先要回答的问题是“为什么要录用我而不录用其他人”。其次，你还要思考“我具备的哪些优势、哪些核心能力打动了面试官”，最后才思考“我希望工资涨多少”。我见过一些应聘者，他们在原来的公司没有做出多么优秀的成绩，只是觉得做得不开心或者觉得已经工作两年了，想换一换工作，可能并没有清晰的规划，也不知道自己有什么能力、比别人强在哪里，只是单纯地想换一个工作而已。我建议这种应聘者认真地思考要展示哪些优势。

很多人在面试时愿意说自己是从重点大学毕业的，或者从大学时代开始说起，其实这点不是唯一的决策条件，面试官还要结合其他条件综合考虑。在说完毕业学校后，他们可能还要说公司，这时候有部分不太自信的应聘者就要试图解释这家公司的业务是什么、在垂直领域多么优秀，慢慢地讲了很多行业术语、行业信息，导致面试官听到太多冗余信息，没办法做出准确的评判，只能与他们讨论一些细节的东西，最终导致他们面试失败。

在面试的时候，应聘者可以考虑展示以下几个方面的优势。

1．与目标职位是否匹配

一个应聘者是否合适，在做自我介绍的时候就可以确定了。所以，面试的前 5 分钟是最重要的，在后面的时间面试官都是在验证他的判断。有的应聘者的自我介绍是较差的，无逻辑、不系统，过于平铺直叙，缺乏重点和亮点。在这种情况下，面试是没办法通过的。造成这种情况的原因一方面是应聘者在过往的工作中缺乏总结和学习，缺乏基本的逻辑思维和系统思维，另一方面是应聘者的口头表达能力不佳，容易紧张或者准备不足。在自我介绍时，应聘者要能够把过往经历按照一定的逻辑表述清楚，起码要符合招聘要求，最好能够提前准备，描绘出对行业和职位的全景图，并知道自己在哪、要去哪。优秀的自我介绍应该能让面试官产生这种感觉，面试官接下来要做的就是看应聘者有没有在撒谎。

2．对新事物、新行业的适应能力

面试官会考查应聘者的反应能力，会提出一些不太可能发生的问题，或者问应聘者遇到新的行业、新的事情会怎么办。很多应聘者支支吾吾，甚至无法回答，或者给出的答案根本无法让面试官满意。应聘者可能认为创意不值钱，认为这种小概率事件不能发生，认为面试官有意刁难，其实面试官希望通过让应聘者意想不到的问题来看应聘者的表现，看应聘者平时是否有固定的思考模型，是否有临危不乱的特质。应聘者只要告诉面试官："您提的这个问题非常好，能否让我思考两分钟，在一般情况下我遇到这样的问题，首先会……然后会……最后会……不知道您觉得这样的思路是否可行？”

应聘者要表达出步骤和思路，同样也要和面试官讨论思路，而不是讨论做事情的细节。

3．在遇到困难时解决问题的能力

面试官同样愿意考查应聘者在面对压力、遇到困难时的反应，考查应聘者是否有解决问题的能力。对于大部分应聘者来说，遇到压力面试的第一反应就是认为面试官故意为难自己、想给自己难堪，或者都不知道这是压力面试，和面试官就某一个问题的细节争论得面红耳赤，非要说服面试官，非要给出一个合理的解释。我可以负责任地告诉你，你想多了！在遇到压力面试时，凡是认为面试官在为难自己的职场人，可以调整一下遇事总往坏处思考的心态。这样的心态极有可能成为抱怨的源泉。当然，面试官是不太想录用有负面情绪、容易抱怨的员工加入团队的。

4．自我认知能力

知道自己不知道，这是一个非常重要的品质。很多人既不知道自己知道什么、有什么能力，同时也不知道自己不知道什么。在面试的时候，你可能经常会被问："你做得最成功的项目是什么、最失败的项目是什么？"面试官问这种问题就是想知道你如何定义成功、在其中扮演什么角色、做了什么才获得了成功、哪些地方没做好导致了失败、从失败中总结了哪些经验教训。

作为应聘者，你需要牢记以下几点：

（1）你的情绪要平稳，心态要始终如一，不要被面试官的问题激怒。

（2）你要做到不卑不亢、坦诚、积极主动，要展示你的自信。

（3）你的逻辑思维能力、口头表达能力、遇事情的反应能力要发挥出平时的水平。

问题59 如何发现自己的优势

这是本章的最后一个问题，产品经理要如何发现自己的优势？这个问题就如同你要发现用户的需求一样，需要不断地探索。你可以参考以下 3 个方向来思考：第一是你和周围的同事比较，有什么优势；第二是你和招聘要求比较，有什么优势；第三是你和自己比较，看自己进步了多少。只有这样去发现并利用自己的优势才能获得成功。

在现实生活中，很多人都认为自己没有优势，所以，现在不够成功也是正常的。但是他们所说的优势，就是没有像其他人那样有重点学校毕业的背景、大公司的工作经历、朋友帮忙等。其实这是对优势的错误理解，这里讨论的还是你能做什么、擅长做什么。尤其对于产品经理来说，你要善于挖掘事情背后的本质。发现优势，主要取决于两点：第一点，善于观察；第二点，客观理性。所以，在和周围同事比较的时候，你首先要思考同事们会做的事情你是否都会做，如果都会做，那么能否比其他人做得更好。同时，你还要理性地思考你负责的事情和同事们负责的事情有怎样的内在联系。这些事情如果按照前、中、后台划分，那么各自处于什么位置，如果让你重新搭建团队，那么你会如何设计组织架构。这些看上去又是很多问题，但是这些问题的背后就是你如何观察、有没有从观察到的现象中发现内在的规律。

其实很多优势都是自己总结出来的，通过观察，你可以首先发现差异点，然后定义什么是优势，才有可能发现优势，把自己的优势找出来。不然，纵然有再多的优势，也枉然。如果一个人不能客观、理性地看待问题，就不可能真正看清自己的优势，甚至会把劣势当成优势。只有那些客观、理性的人才能看清自己身上的优势。

我们也不能满足于和周围同事比较，要把眼光放到市场上，看看市场上都有什么样的人才。这一点可以从同样职位的招聘要求中挖掘。

同样招聘产品经理，你可以看看阿里巴巴各个事业部都要求什么，可以看看腾讯各个事业部都要求什么，还可以看看字节跳动都要求什么。这些要求其实就代表着市场上人才的优势。你要避免在现在和同事比较得来的优势上等机会，有现在这些优势不代表一直成功，你要看得更远，发现更广阔的舞台。你一看招聘要求，发现自己很符合，请千万不要激动，也许你只是理解了相关的概念，要想想自己是否可以拿出来相应的证明材料，证明真的具备这个能力，并且做得非常到位。之所以这样说，是因为很多人的自我评估都会偏高，总认为自己已经非常优秀了，然而在同样的事情上，可能很多细节做得并不好。

有优势是好事，没有优势也没关系，重要的是和昨天的自己比有进步、和未来的自己比知道差距在哪里。你要能够正确地对待优势，把优势看得平淡一点，减少优势带来的优越感，像没有优势一样努力，就一定能够最大限度地发挥优势。有些人很聪明，也很能干，但往往看不起人，很难与人相处，这会影响优势的发挥。也有些人非常聪明，毕业学校也好，也有大公司的工作经历，更重要的是比别人还努力，所以好机会总被他们获得，这也很正常。你不用抱怨，应该从自身找原因，只要不断积累优势，不断进步，用毅力把优势转化成胜势，最终就会成为优秀的产品经理。

在职场上时时刻刻都会存在竞争，有竞争就会有排名、有先后，有成功就会有失败。重要的是，产品经理要找到适合自己的位置，适合发挥优势的公司，并不一定去大公司工作，如果能够在一个小公司里持续发挥优势，陪伴着小公司成长，在小公司成功上市后，那么也能获得丰厚的经济回报。

全国有那么多产品经理，不可能每个人都进入腾讯或阿里巴巴工作，也不可能每个人都去做微信和淘宝。有很多垂直细分领域都存在着机会。有的公司需要能够沉下心来仔细研究的产品经理；有的公司需要非常活泼，能够有非常多创意的社交型产品经理；有的公司需要对商业更加敏感，能够理解电商业务的产品经理；有的公司需要传统银行业、金融业转型的产品经理。

在下一章，我会从简历设计的角度讲讲如何发挥你的优势，如何让面试官发现你的能力。

第 4 章

简历不是简单写出来的，而是设计出来的

问题60 你希望你的用户看到什么

产品经理应该是最会写简历的，因为产品思维中最重要的一条就是要具备用户思维，而用户思维中最重要的一条就是要知道用户是谁、用户需要什么。

在面试的过程中，你要明白简历是面试的第一环，就好像广告图片一样要能够吸引面试官。当面试官打开简历后，简历要能够像落地页一样快速讲清楚你的产品价值，要能够促进用户做点击决策。

你就是一个产品，简历是你的产品的一部分。面试官就是你的用户。作为产品经理，你必须要理解简历应该如何设计，就如同你要想清楚应该让用户看到什么样的界面、什么功能。这是一个交互设计的过程。下面就来讲讲如何确定你要给用户看到什么。

1. 与做产品一样，定义你的用户

在面试的过程中，谁才是你的用户呢？毫无疑问，面试官就应该是你的用户，因为你的简历要给面试官看，你最后要和面试官面对面地沟通。

我们在做产品的时候要思考用户到底需要什么、用户的痛点是什么或者我们能为用户创造什么样的价值。那么我们就顺着这些问题思考。

面试官一定需要一个优秀的人才，那么要怎样定义优秀呢？可能没有标准答案，因为各个方面的条件都非常好的人才是比较少的，很难遇到。在面试的过程中，面试官一定希望找到一个最合适的、与目标职位最匹配的人。所以，面试官首先要看到你的简历上有他提到过的一些点。

面试官的痛点又是什么呢？面试官最大的痛点莫过于找不到合适的人。面试官有时候看着应聘者的背景觉得不错，而面对面一聊就非常失望。面试官每天可

能要见 3～5 个应聘者，最希望能够和应聘者在一个“频道”上沟通，能够在最短的时间内发现与目标职位最匹配的应聘者。

当然，你能为面试官创造的价值也在于此，因为你的背景优秀、表达清晰、能力突出，你为面试官节省了时间，所以自然就赢得了“用户”。

2．确定你的核心价值和核心流程

为了让面试官觉得你是与目标职位匹配的，你就必须好好设计一下简历。当面试官看到你的简历时，你期望面试官获得哪些信息？

我觉得和做产品一样，你要给用户展示核心价值和核心流程。核心价值就是你认为匹配这个职位最重要的 3 个优势。核心流程就是用你过往的工作经验重新展示这 3 个优势。

举例：你期望面试官认为你能够独立负责产品全流程的研发管理工作。

那么你在简历中应该写一个从 0 到 1 的案例，或者写一个参与并主导过的产品全流程研发项目。然后，你要在描述中按照产品全流程拆解，如图 4-1 所示，写清楚每个步骤的重点，凸显出你的能力。

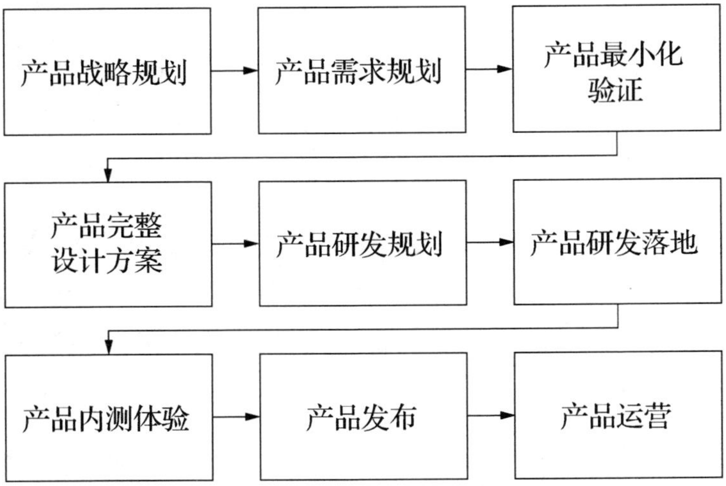

图 4-1

这样写的好处是不用太多语言就能够证明你的能力，让面试官了解你的工作方法。面试官唯一要验证的就是细节的质量。

3. 确定你的产品策略

我们在做产品的时候非常重视内测体验，重视首发渠道，同样也重视上线后的产品运营。简历设计也一样。

我们究竟希望面试官看到怎样的自己呢？我们可以在简历设计完成后，对着镜子进行自我练习，看看自己的表达逻辑是否顺畅，看看自己的语音、语调、语速是否得体，看看有没有讲清楚重点、声音有没有抑扬顿挫等，这相当于内测体验。

我们还可以先放平心态，找一些公司进行面试，尤其在很久没有进行面试之后，这个过程是少不了的。如果没有练习就直接去心仪的公司面试，那么可能会因为想成功，所以很激动和紧张，从而造成面试发挥失常，这都是非常常见的。

所以，当你知道要给面试官展示什么内容，也设计好自己的表达重点时，就应该多练习，以求获得一击即中的面试效果。

问题61 你的用户需求是什么

想要得到面试通知，首先简历要很精准，你要知道你的用户需要什么，换句话讲，也就是你要知道你投简历的公司需要什么样的人。

1．邮件标题和简历标题要满足需求

在投简历邮件的标题上，你要告诉人力资源经理你要应聘什么职位、你是谁。我经常收到一些邮件，附件名称就是两个字“简历”，这是很容易错过机会的。

其实你可以通过标题来引起面试官的兴趣。比如，有个公司招聘积分产品经理，你在仔细看了招聘要求后，发现有这么两个关键词，一个是会员运营，另一个是积分体系。这时，你的简历标题就可以写成“李雷雷——两年会员积分产品经验”或“应聘积分产品经理——李雷雷，两年积分产品经验”。

当然，在标题上也可以使用一些中文标点，会显得标题更整齐。比如，【积分产品经理】——李雷雷，两年积分产品经验；应聘积分产品经理——【李雷雷，两年积分产品经验】。

2．在简历的最上面一定要写吸引人的自我评价

第一印象很重要，简历也是一样的。面试官在打开简历时，如果能够马上看到你的优势，那么这种印象会非常深刻。因为面试官就像侦探一样，需要在众多简历、万千文字中找到每个人的优点，所以如果你在简历的最上面写出你的优势，并且是有序列的，就会显得格外突出。请看如图 4-2 和图 4-3 所示的两个版本的比较。

> 自我介绍：
> 5年教育行业工作经历，具有敏锐的行业洞察力和丰富的用户经验，拥有各头部教育公司的人脉和渠道资源，熟悉传统线下教育与在线教育的课程研发和商业运作模式。逻辑清晰，喜欢多问一句为什么，乐于挖掘事物潜在规律，具备系统地分析问题和解决问题的能力。有3年团队驱动管理经验，擅长跨部门、跨公司沟通与协作。喜欢阅读，对学术英文阅读有独特的方法论，有较强的知识迁移能力，善于主动探索。

图 4-2

自我评价

工作 10 年的产品运营复合型人才，产品研发管理基本功扎实，有丰富的产品团队管理经验，并且经历过创业，对外部市场环境有良好认知，对公司经营管理及战略规划有经验教训。

（1）多次从 0到1 的产品研发、运营及产品团队管理经验，能适应高强度的节奏。有成熟的产品方法论。对用户调研、用户体验、产品规划、产品研发、上线运营等完整流程非常熟悉。具备熟练的数据分析和运用能力，具备较强的逻辑性，能够建立起用户分析的思维框架和逻辑，有数据分析及 A/B 测试经验。

（2）对平台产品和建立生态有深刻理解，在用户研究方面有丰富经验，对 C 端用户需求的洞察理解有深刻的认知。

（3）对电商（To C、To B）、新零售行业有深度研究，擅长找到核心产品驱动力。

（4）在行业及产品战略研究、产品体系研发及管理、产品团队培养与搭建上能力突出，有丰富的过往案例和经验。

（5）沟通能力强，抗压能力强。

图 4-3

你会发现第一个版本就像记叙文，是一段话，读起来特别费劲。对于这种简历，面试官可能只会扫一眼；第二个版本能给面试官留下清晰的印象，面试官可以记住 5 点，虽然不能完全记住每个字，但是更有框架感，会多看几眼。

3. 在简历正文要想办法吸引用户

在简历正文中，你只要记住一个原则，尽量多写与关键词有关的内容，与关键词无关的内容少写或者不写。举个例子，假设你之前做过研发，这个工作经验就可以写，因为能证明你懂技术和与其他研发人员沟通能力强。但你之前在做研发时做过哪些项目就不用写得非常详细了，因为这与现在的产品经理职位可能没有关系。

这里还有一个特别的技巧，除了上面说的，还有一点要注意，就是你可以尽量与目标公司拉上关系。你可以试想一下，假设你是面试官，看了很多简历，应聘者都在讲自己原来的公司，没有一个人提到你所在的公司，你突然发现有一个简历专门针对你们公司的产品或者服务做过专项分析，这时肯定会多看两眼，或者想马上把应聘者约过来聊聊，看看他到底有什么不一样的见解。如果碰巧应聘者把竞品分析放到了附件中，写得非常好，非常认真，那么这时他的胜算就更大了。

你要在简历中清楚地表现出你的优势，要尽量证明你就是面试官需要的。你的经历要恰好证明可以达到招聘的要求。比如，你是一个有技术背景的产品经理，写过代码，做过小程序开发。但你现在要转行，给一个社交产品的职位投递简历，这些经历该怎么用呢？你可以写自己在做小程序开发的时候，积极收集用户反馈意见，认真回复读者留言，学会了发掘用户需求的能力。

所以，关键要看你怎样包装，怎样写出更能打动人的简历。要想打动别人，就要了解对方需要什么样的人，需要有什么价值观的人，需要有什么特质的人。你可以浏览这个公司的网站、公众号，可以搜索关于这个公司的新闻等，总之，你要对这个公司有大概的了解。如果对方是一个很严肃的公司，那么你的简历照片就最好用很正式的那种，行文也要严谨一些。如果对方是一个“二次元”的公司，那么你就要相应地用另一种合适的方法写简历。

问题62 面试官怎样阅读你的简历

面试官看一份简历要多久？在一般情况下是1～5分钟，最快可能是20秒，还有一些“秒杀”的，但属于极其少见的情况。

是因为应聘简历太多，看不过来吗？答案是肯定的，当然还有另外一个原因是简历确实没有亮点，所以对“毕业学校、工作经历、项目经历……”一扫而过。面试官的眼光都是很犀利的，简历一到手，可以一眼就找到重点，比如应聘者的学历不符合要求，他的简历可能就直接被放到旁边了。再比如，高级产品经理职位一般都是要招聘具有5年以上工作经验的，如果应聘者的工作经验在1年左右，他的简历也会被放到一边，倒不是说这个人绝对不行，而是说大概率可能不行，从整体的工作效率上来说，有些简历就是要被放弃的。

面试官一目十行，到底看的是什么呢？

1. 基本信息

基本信息包括应聘者的年龄、性别、毕业学校、所学专业、求职意向、所在城市等。

2. 专业能力

主要看过去在哪些公司工作过、都做过什么工作、主要能力是什么等。

3. 综合素质

有人可能会好奇，怎么可能从简历中看出综合素质呢？在好的简历中是可以看得出应聘者的性格的，有的人很细心，有的人知道自己的优势是什么。其实简历的版式设计、简历文件的名称和文件格式、简历正文中每句话的运用，可能都体现了应聘者的综合能力、职业素养，以及求职欲望。

4. 简历用了模板

很多应聘者的简历用的都是从网上下载的模板，如图 4-4 所示，再把自己的内容替换进去，看起来都长得一样。简历不用做得很复杂，也不一定要设计一个不同的版式，但是要有自己的特点。简历最好用一整页或者最多 3 页，再多了就看不完了。没有面试官喜欢翻那么多页，而且如果页数太多，那么面试官会认为这个人的工作一定没有重点。

面试官阅读简历的时长一般在 1～5 分钟，现在的阅读方式可能是用手机多一点。应聘者或人力资源经理经常用微信把简历文件转发给面试官。简历最便于传播和阅读的格式是 PDF，如果简历是 Word 格式的，那么用不同的手机阅读可能会出现排版错误、显示乱码等问题。另外，在用手机阅读的环境中，面试官一般不会扫描二维码。你在发送简历前可以在自己的手机上看一下这些细节。

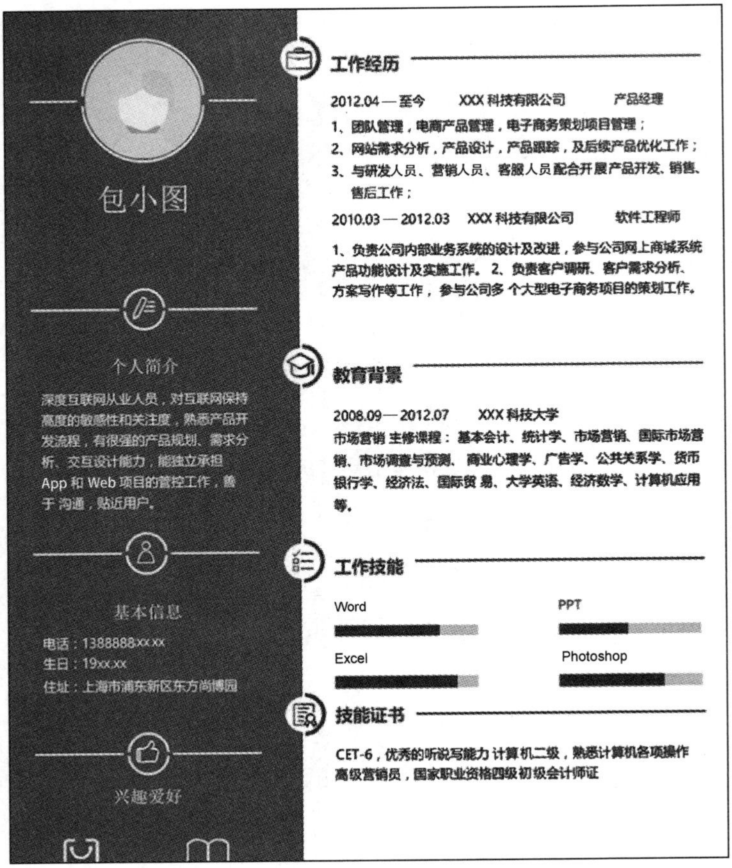

图 4-4

刚工作不久的人或者应届大学生可能会有疑问，他们的工作经验少，如果面试官使用这样的方式阅读简历，那么他们是不是就没有机会了呢？如果你还有机会，那么要赶紧去实习，积累经验。如果你已经错过了实习，没有实际的工作经验，那么就要想办法提交一个很完善的面试作品。举个例子，如果面试产品经理，那么在一般情况下，你可以提交用户研究报告，可以提交竞品分析报告，可以提交产品体验报告，也可以提交曾经写过的产品文档、画过的产品交互设计图等。也就是说，你要让面试官知道，对于这份工作你不是没有经验，而是经验少，你肯学，只要给你一个机会，你就能做得比别人更好。图 4-5 是一个毕业生提交的作品示意图，我认为他的水平已经超过了很多工作 3 年的产品经理的水平，你也可以尝试着在面试前做一些作品。

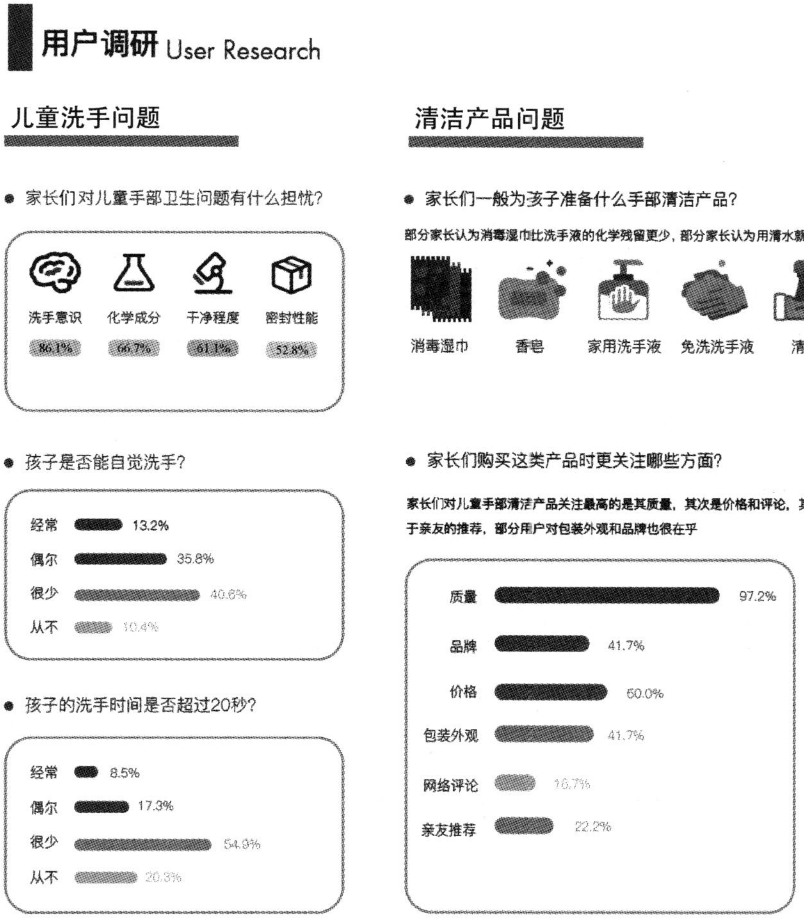

图 4-5

问题63　简历到底要设计成什么样

很多人认为要想给面试官留下深刻印象，简历模板就要有特别的设计，要找一个与众不同的模板，要花时间做一份花里胡哨的简历，殊不知面试官更喜欢简洁的黑白版本，最多 3 种颜色。优秀的简历并不意味着花哨，而应该排版简洁、板块明确、条理清晰，太追求浮夸设计只会喧宾夺主，让面试官找不到简历内容的重点。如果你的审美再差一点、技术再不到位，那么很可能做出一份更糟糕的简历，反而拉低印象分。

图 4-6 为我的简历，排版简洁，没有过多装饰，只使用了标准符号和字体加粗。

何文彬 12 年产品专家

【个人信息】

姓名：何文彬
性别：男
电话：189xxxx6522（微信同号）
所在地：可接受北京、上海、杭州、深圳工作

【自我介绍】

产品运营复合型人才，先后在腾讯工作 10 余年，擅长用户增长和产品体系搭建。产品研发管理基本功扎实，有丰富的产品团队管理经验，并且经历过创业，对外部市场环境有良好认知，对公司经营管理及战略规划有经验教训。

1. 有多次从0到1 的产品研发、运营及产品团队管理经验，能适应高强度的工作节奏，有成熟的产品方法论。能够通过产品的布局、团队的组建实现策略落地。
2. 在腾讯主导运营过流水超过1亿元的产品，熟悉平台型产品的用户运营策略，有熟练的数据分析和运用能力，具备较强的逻辑性，长期关注 LTV 及用户体验，关注核心指标和驱动力，熟悉裂变拉新、运营促活，可以提高用户整体黏性，快速达成增长目标。
3. 目前就职于头部教育公司，熟悉教育行业的用户增长相关产品的运营，擅长找到核心产品驱动力，对平台产品和建立生态或平台有深刻理解，在用户研究方面也有丰富经验，对于C端用户需求的洞察理解有深刻的认知。
4. 在行业及产品战略研究、产品体系研发及管理、产品团队培养与搭建上能力突出，有丰富的过往案例和经验。熟悉产品、运营、市场不同维度的增长方法和逻辑，能够从 0 开始快速地实现用户增长。
5. 独立撰写 14 项专利，腾讯高级讲师，善于进行目标拆解，执行力强，有极强的问题解决能力。

【工作经历】

2017.12—2018.10 xxx 科技 COO
新零售--供应链服务
星星便利店项目，主要做传统线下无品牌的夫妻店的全面供应链服务，最终形成渠道价值和广告价值。
主要做三大方面赋能，IT 系统赋能，商品采购供应链赋能，店铺经营增值服务赋能。

1. 从 C 端用户消费场景定义公司的产品战略
1）负责公司产品战略制定，产品整体规划，目标拆解及落地。利用SaaS 提供收银、库存管理、商品采购、自营商城小程序等方式服务店铺，通过我们研发的收银系统日均消费笔数为15万。
2）根据用户场景对便利店运营分级，分为 5 级，覆盖了用户的家庭生活、工作学习、休闲购物等时段。目前已经完成 3500 家线下门店加盟。
3）以增值服务为切入点，完善便利店功能，促进 C 端流量落地运营。通过小程序帮助店主完成附近小区的 O2O 业务闭环。
4）围绕一个或多个业态（生活服务、休闲娱乐、生活零售、餐饮商业等）完成全链路产品体验设计，包括消费者体验、商家服务、产品中台能力等，并能够分期落地推动产品上线；
2. 从 B 端产品链条切入全服务，逐步布局生态

图 4-6

我认为简历要传递重要的信息，所以希望面试官能够最快速地获取到信息。比如，我在标题上写了“12 年产品专家”，在个人信息里写了可以接受几个城市的工作，在自我介绍中详细地介绍了自己具备的能力。虽然我写得不是最好的，但是把招聘要求中提到的关键词进行了重新改编，有一点可以肯定，那就是简历的真实性，这些能力都是具备的。

简历设计一定要从内容出发，而不是从版式出发。形式不能超越内容，肯定不能为了整齐，为了版式而设计简历。图 4-7 所示的简历只给工作经历留下那么一点地方，要怎样展示出自己的能力呢？

图 4-7

另外，简历要不要只写一页也是大家非常关注的一个问题。很多人都认为简历写成一页是非常好的总结，就像把一本很厚的书读薄，甚至有些公众号的文章标题是“你的简历要超过一页纸，那就不要投了！”我认为这都是走到了一个极端，简历有几页不重要，重要的是你到底要传递多少信息。你不需要把每个项目都写出来，很多经历都可以展示出你的成长轨迹，可以体现出能力的进步，但是把所有项目都堆砌在这里并不能够获得面试官的青睐。所以，简历的设计要服务于内容，千万不要为了表现自己与众不同而去找一些花哨的模板。

问题64 一份好简历包含哪些核心要素

一份好简历要包含哪些核心要素呢？有没有模板呢？这是很多人都想问的问题。

上一代人会给你这样的建议：“一份完整的简历应该包括封皮、自荐信、个人基本情况、所学专业、毕业院校、求职意向、掌握的技能、工作经验、性格与自我评价，还要附上成绩单、证书、资格证等”。现在看上去这样的简历已经过时了。随着各个公司对猎头的使用更加频繁、互联网找工作的平台越来越多，简历可能真的变得更加简单，而每个人积累下来的信用背书、工作能力将变得更为重要。所以现在在简历中，我认为只需要有以下几个部分。

第一部分：个人信息。

这里包括你的姓名、电话号码、邮箱地址、微信号等。如果你有个人公众号，且内容不错，也可以注明。如果有照片，那么照片应该以端庄、清晰为好，千万不可以放一张生活照或者艺术照。

最好注明你的婚姻状况、求职意向、城市要求，不建议写工资要求，如果写面议，那么等于没写，如果写了非常高的工资，那么可能直接被筛选掉了。

第二部分：自我评价。

这是简历中最重要的一段话，每个人都要认真对待。

自我评价最好先用一句话概括自己，用一句简短的语句解释你正在寻找哪个职位的工作。

自我评价还要包含你的个人能力介绍、能够代表你的核心价值的描述、能够突出你的优势的综合能力。比如，“热爱教育事业，有良好的沟通能力、统筹协调能力、自我驱动力、抗压能力，拥有强烈的责任心和团队合作精神。”

第三部分：工作经历。

你可以按时间顺序列举你的工作经历，首先写最近的工作，包括公司的名称、供职的起止时间、你的职位、你的汇报关系、你的职业等级等。

然后，你要简短地描述你的工作内容。很多人会按照模板把工作经历和项目经历分成两个部分，我不太赞同这种写法。谁的工作还能没有项目啊，很多人在分开写之后把工作经历写成了工作职责，写成了原来公司的分工计划，如图 4-8 所示。

这种工作经历的描述完全没有提供有效信息，让面试官无法判断你的能力，更像一个招聘要求。

工作经历还有如图 4-9 所示这样写的。看上去把工作内容和主要成绩都写出来了，然而没有力度，面试官还是不知道你是怎样达成目标的，总感觉做的工作比较普通，但是成果又很明显。

工作经历

■ 2018.08—2019.07　[redacted]　用户运营专员

■ 2019.07—2020.04　[redacted]　用户运营组长

工作内容：

■ **用户运营专员**

➢ 日常维护社群用户，负责社群的短期运营和服务管理工作，增加用户黏性，确保群用户活跃；

➢ 制定和执行群运营方案，负责社群用户转化，提高单群转化率和单群转化金额；

➢ 帮助用户学习，解答关于 App 的使用及课程学习等方面问题，树立良好的班主任形象；

➢ 总结运营 SOP，总结运营周期内用户心理，形成自己的运营体系。

■ **用户运营组长**

➢ 制定策略，与××英语核心团队共同制定运营策略，从顶层探索设计新的整体运营策略；

➢ 培训并带领自己的团队，运用自己成熟的运营方法论，打造综合能力全面的队伍

图 4-8

1.1 全场景路径优化

梳理 App 主要下单场景的路径，以提高每个节点转化率为目标，进行多次 A/B测试。

主要工作：对现有的下单入口的入口端支持文案、弹幕、颜色进行配置；挖掘新的询价场景入口；
针对用户买车查底价的需求，在下单页新增查成交价功能；在下单完成后增加竞品车系推荐逻辑，增加下单线索数。

成　　果：下单页的转化率由 20%提升至 30%，日均新增线索数达 2 万条。

图 4-9

所以，我建议你在设计简历的时候，可以尝试把你的名字去掉，重新读一遍，看看能否看出是你的简历，是否突出了你的核心能力。同时，你也可以让朋友读一下你的简历，看看他们是否也能给出相同的评价，尤其看看你对自己过往工作经历的描述能否给他们留下深刻的印象。

你要记住写简历的目的是让面试官有印象、感兴趣，并记住你，而不是单纯地展示自己，记录自己，这不是一本历史书。

第四部分：教育背景和个人爱好。

你要写上最新的教育经历、毕业学校、院系名称、所学专业、取得的专业奖项等。同时，你可以写最近接受的某些技术和技能的培训，比如学习了一些线下的职业技能专项培训。你也可以写上你的英文听说读写能力，代表你能够阅读大量英文资料，了解世界技术发展的最新进展。

在个人爱好部分，我建议你写一些与工作相关的，或者不影响工作的，不要把所有爱好都写上。常见的爱好包括“喜欢看书，喜欢看电影，喜欢旅游，喜欢打羽毛球、乒乓球，喜欢长跑、马拉松、游泳等”。虽然这些爱好太普通了，但是你也不用特意写“去养老院做义工，去献血，去当志愿者，去支教……”这些如果是真实的，那么可以写，如果没做过就不用写了。

另外，还要提醒你，简历要选择方便阅读和一致的字体，不要用非传统或者有过度创造性的字体，颜色不用太多。你千万不要在这些事情上花时间，而应该把更多的注意力放在如何展示自己的核心价值上。

问题65 自我评价就是面试成功的敲门砖

从投递简历到面试，最重要的就是自我评价。因为你的自我评价写得好，所以吸引了面试官，也因为你在面试开始时的自我介绍说清楚了自己的优势，所以才会获得面试的成功。自我评价是简历中最重要的一个部分。

自我评价就是要用最简短的话证明你是最合适的人选，也是提纲挈领地给出结论性的评价。自我评价展示了你过去的工作经验，展示了你积累的能力，展示了你提炼总结的本领。

面试官在面试之前不知道谁是与目标职位最匹配的人，但是阅读了你的自我评价，可能就接收到了重要信息。接下来，他的脑海里只有一个疑问“这个人写的这些是真的还是假的。”如果你没有写自我评价，或者写得比较差，面试官就会像去西天取经一样，经历重重险阻，最终才能找到你的优势。面试官要问很多细节的问题才能证明你有这个能力。所以，你要思考一下，是让面试官觉得你有能力，然后找证据验证这些能力，还是让面试官慢慢找，找到一个算一个好呢？

自我评价直接影响了第一印象，直接影响了未来能否面试成功。下面举个例子。

【修改前的版本，应聘产品经理】：

逻辑清晰，沟通能力强，曾作为校辩论队队长获得全校第一名，擅长说服别人、跨部门协调，擅长策划组织，曾独立负责公司 300 人文艺晚会的筹备和导演工作。在 58 同城和百度等产品部实习，希望能在 2 年内独立带领产品团队，做出受用户喜爱的互联网产品。

【修改后的版本，应聘产品经理】：

1. 沟通表达能力强，能够理解对方的观点，并能用最合理的方式与之达成共识，为共同目标努力，曾经是辩论赛第一名。

2. 逻辑清晰，组织能力强，能够对复杂的问题进行梳理形成标准化流程，以确保最终目标达成，曾独立负责 300 人文艺晚会的筹备与导演工作。

3. 产品经理工作技能扎实，在百度和 58 同城实习时都得到了领导及同事们的肯定，对产品有独到见解，有产品梦想，愿意探索，渴望通过团队努力创造成功。

不知道你觉得哪个版本更好，假如你是面试官，更愿意阅读哪个版本？你更可能从哪个版本中发现应聘者的能力？

再举个例子，我个人觉得也可以写成下面这样：

- 10 年产品全流程研发管理经验（强项放最前面）。
- 3 年带团队经验（虽说只带 2 个人，但我不写）。

- 10年互联网大公司工作经验，6年电商行业经验。
- 产品运营经验丰富，曾主导活跃用户过亿人的产品。

其实自我评价的写法有很多，但是仍然有些人写不好，他们的问题如下，你也可以对号入座，做一下自我诊断。

1. 自我陶醉型

这种自我评价的写法主要是用一些溢美之词进行自我夸奖，比如，"本人性格开朗、沉着稳重、有活力、有激情、待人热情、真诚。有高尚的职业道德，专业基础知识扎实。工作认真负责，主动承担责任，与同事关系融洽，擅长沟通合作，具有一定的资源协调能力。有较强的组织能力、实际动手能力和团体协作精神。能迅速适应各种环境，并融入其中。"

这种类型的自我评价，让人看上去索然无味，没有任何价值。除非面试官的心情特别好，才会让你举个例子证明你如何"工作认真负责，主动承担责任"。当然，这样写的人，在工作中一定没有长处和优点，或者没有总结复盘，所以不知道要写什么，只好自卖自夸。

如果我是面试官，那么不会相信一个人有这么多优良品德，这么优秀的人还没被大公司发现太难了。我不推荐这样写，不如简单地写自己在工作中学到了什么。

2. 谦虚诚恳型

这种类型的自我评价显得非常诚恳，没有过多夸耀，会什么就写什么，举例如下。

- 3年产品策划经验。
- 曾经参与过千万级活跃用户的产品策划工作，主要负责与用户拉新相关的产品模块。
- 我理解的产品策划就是洞察人性、满足需求的过程。

- 我的产品理念就是把创造用户价值排在首位。

这样写的自我评价其实很简单，用大家能听懂的话来表达自己的能力和观点，证明了自己具备工作应有的能力，通用的句式是："10 年经验，做过××成功的案例，自己对工作的理解"。

自我评价就像议论文开头的一段，一定要把整篇文章最核心的观点传递给读者，一定要希望读者在看完之后还有兴趣仔细阅读，这就是我推崇的写法。

问题66 经历不等于经验，不等于方法

有些人在找工作的时候，有一种错误的理解，认为过往的经历会影响找工作，所以猛夸自己的业绩，写了很多数据；还有些人在小公司工作，有时候项目没有上线，或者运营的结果不太好，在面试的时候就避而不答，显得特别没有自信。我觉得这两种都是错误的。经历不等于经验，更不等于方法。如果靠着过往经历就能打动面试官，就能被成功录用，那岂不是所有工作都要由大公司跳槽出来的人先挑选一遍，然后挑剩下的才轮到你吗？因为在大公司活跃用户动辄就是千万级别的，营收动辄上亿元，而在小公司，活跃用户可能做到 50 万个就已经非常困难了，所以过去的经历，甚至过去的成绩都不是打动面试官的主要因素，唯独你的工作方法、工作能力才能决定你能否被录用。

还有人说工作经历少、项目经验多，或者工作经历多、项目经验也多，写不完，写不下。我想问的是，写这些内容的目的是炫耀吗？能证明什么呢？如果为了证明有能力，那么能力体现在哪里？

你可以通过下面这几种方式表达你的能力。

1．多用数字、对比

比如，“对用户需求理解深刻”肯定没有“对用户需求理解深刻，对 200 个用户做过访谈”更有说服力。

在工作经历的描述中，你要尽量多使用数字、对比等方式客观地表达，以便让面试官能够通过这些数字更快地理解你的能力。

2．用一句话说重点

比如，腾讯高级产品经理；百度前商业广告产品经理。

如果你认为自己足够厉害，或者做出过足够出色的案例，那么完全可以用一句话介绍自己，放在简历的开头，瞬间就能吸引面试官的注意力。当然，你就算没有大公司背景，也可以写出有力量的介绍。

比如，独立负责公司重点项目的全面管理；主导过公司的战略产品从 0 到 1 的发展；交互设计能力可达到大公司水平。

这些说法都可以用数字进行佐证，以增加能力的可信度。你首先要有信心，要相信自己就是最棒的。

3．备受大家推崇的书写原则

很多人力资源经理和公众号都大力推荐在设计简历的时候采用 STAR 原则。STAR 是 Situation（情景）、Task（任务）、Action（行动）和 Result（结果）4 个单词首字母的缩写。这个原则会帮助你把一件事情讲清楚，告诉面试官为什么做、做什么和怎么做。这是一个非常好的结构化的表达方式。当然，使用不当也是有弊端的。举个例子，小廖是某旅游预订网站的产品经理，做的项目面向很多中小型酒店及各地销售代理商，需要做一套能够更好地管理这些商家的系统，并通过这套系统进行供应链管理、商品定价管理等功能。问题就出在对 Situation（情景）的描述。在面试过程中，除非面试官也是这个行业的专家，不然当小廖介绍项目背景时，面试官刚开始可能听得懂，以后会越听越糊涂，这时只能想办法问清楚。

真实情况是面试官越问越糊涂，而小廖一直解释行业知识。就这样，他们讨论了10 分钟，最终小廖也没能讲清楚自己在产品经理职位上的优势。相反，面试官觉得小廖的表达能力不强，对自己的行业总结能力不够，不能够用简单的几句话概括描述，说话没有重点……

这是一个非常意想不到的结果，也是很多人觉得面试现场发挥得不错，很多问题都回答了，结果还是被淘汰了。有些人太重视表达结构了，而忽略了面试时应该要表达什么，反而一直和面试官说行业背景、商业模式。面试在这种情况下非常容易陷入细节讨论，面试官会质疑你之前做的项目的商业模式是否成立，或者会询问之前公司的发展策略和公司规模等，这些都会把面试官的注意力转移到与面试考查点不相关的地方，从而导致面试失败。

要想避免这种情况发生，你要做两个方面的准备。第一，把原来做的事情形象化，找一个最好懂的比喻。还用上面的例子，你完全可以说你做的项目就像天猫的后台管理系统，或者广告投放系统，你要做的就是把资源、资源位、商家、商品进行合理的匹配，制定自动化的分发策略。再形象一点就是像做网约车派车系统，肯定要根据不同地区、不同用户需求，去指导很多网约车提前到类似火车站、飞机场、商场等位置等待，这样一旦有订单，就会马上有网约车响应，这样的调度策略会比较容易理解，同时面试官也能快速地想到你原来的工作目标是什么、工作方法是什么。

讲完这样的比喻，你自然就可以回到产品本身，去好好讲讲如何管理商品、如何调配资源、设计的分发策略是什么、提高了多少整体运营效率等。

所以，经历不等于经验，你要能把过往的经历总结成经验，从过往的经历中发现问题的本质，从经验中总结出方法，总结出可复用的方法，这才是产品经理最厉害的地方。

问题67 产品经理的简历用什么模板

产品经理的简历用什么模板其实已经不用再讨论了，从上面的结论来看，模板是为简历的内容而服务的，所以下面就讨论一下简历设计要遵循的几个原则。

1. 一页纸原则

简历并不是真的只能写一页纸，而是要删掉不重要的东西。比如，5 年以上工作经验的产品经理就不用再写“熟练使用 Axure，会操作 Word、PowerPoint、Excel”等。虽然这些工具在工作中仍然使用得频繁，但是在简历中不用写。

要删掉一些空话、套话，比如，“具备优秀的战略执行与落地能力，能准确地理解公司的发展战略对产品的定位和要求，可以根据不同产品线的特点配置资源、分解目标任务、落实责任制、推动产品全生命周期管理，可以协调研发、营销、市场、运营等资源具体落实市场调研、产品立项、需求分析、原型设计、产品开发、验收上线、营销推广及产品技术支持等工作。”这样的一段话看起来没有任何错误，然而放在你们公司、你的职位职责上可能就有点不够真实了，因为没有体现出具体的工作内容，也没办法从这些话中判断你的工作能力，写上去只会占地方，并且会受到面试官的质疑，面试官会质疑你把其他同事的工作也写进来了。

另外，还要删除一些和目标职位不太相关的工作经历。比如，目标职位是一个电商产品经理，你就不用写之前做过公司网站的规划和设计，也不用写做过后台管理系统、与财务相关的审批系统等。你可以排优先级，把那些不太重要的经历压缩或者删掉。

2. 清晰原则

清晰的目的就是要便于阅读。在简历排版时，你需要综合考虑字体的大小、使用的字体，要注意行间距的大小，要注意标点符号、缩进的使用。在一般情况下，宋体字是最合适的，如果你习惯使用微软雅黑字体，就要适当减小行距，或者干脆把简历另存为 PDF 格式，以免在一些移动设备上产生阅读障碍。

3．突出核心价值原则

写简历最重要的是突出重点，而不是罗列事实。语言要力求平实、客观、精炼，如果工作年限为 5 年以下，那么在一般情况下写一页就可以，如果工作年限在 5 年以上，写 2～3 页就可以了，再多就是堆砌了。

你要突出能力重点，而不是工作经历，要提供能够证明工作能力的量化数据，并附带有逻辑的证明。如图 4-10 所示，内容虽然有了，但是总感觉这就是一个工作经历的堆砌，有数字，有内容，但是却不能让人信服，只写了做过大转盘抽奖，也提了活动产品工具化，却只是在不同节日复用。产品经理应该让面试官看到的是底层产品逻辑的复用、产品功能模块的复用。比如，大转盘抽奖的底层逻辑其实和“大富翁”“飞行棋”的底层逻辑一致，都是摇骰子，然后随机给用户一个返回值，这种复用才是产品工具化。产品的复用是指能力的复用，而不是应用层面的复用。

重点项目经历

1. 大转盘抽奖-社群运营　　2019.1—2019.2　　统筹管理 活动运营

搭建和运营用户社群，组织跨年抽奖活动，活动参与人数达 1500 多人，让活动产品工具化，并于春节及复活节实现产品迭代复用，优化活动效果，累计获取新线索 1000 多条，ROI 显著提升。

2. 砍价活动-社群运营　　2018.12—2019.1　　活动运营 推广

组织社群活动，制定社群运营流程和标准，独立负责项目配置工作，在项目上线后对接销售及新媒体完成产品推广，活动整体获取 600 多个种子用户。

图 4-10

4．真实性原则

你不要试图对过往的工作经历或者业绩造假，尤其在数值上造假。面试官都是非常有经验的，大多数的谎言在面试过程中都能被识破。面试官只要用连珠炮式的追问，把每个节点的数字都抠得很细，造假者自然就会露出马脚。比如，你说产品的整体转化率提升 25%，面试官就可以问行业内比较高的转化率是多少、没有做优化前转化率是多少、哪些动作提升了转化率、原来的流量提升了多少、客单价提升了多少、商品丰富度有什么变化、点击率有什么变化、支付成功率有什么变化、要想让转化率再提升 10%你会怎么做，在没有增加其他广告投放的情况下你认为转化率提升到多少是极限值、有没有办法突破极限值……

在去大公司面试的时候，你不要害怕不会，也不用担心数字不好看，就正常地表达你的工作内容、你的工作能力即可。如果你做了虚假的呈现，反而可能激起面试官的兴趣，面试官会非常兴奋地刨根问底，从而发现你的谎言，更何况许多大公司是非常在意不诚信的。

5. 针对性原则

目标公司要求你具备相关行业经验和良好的产品经理技能，那么你在简历中就要非常清楚地陈述相关的经历和事实，并且把它们写在突出的位置，这就是针对性。在写简历的时候，你要“对症下药”，有针对性地描述自己的核心价值。

问题68 产品经理的失败简历

产品经理面试成功的原因各有各的不同，但是失败的原因却千篇一律。下面总结一下为什么会失败。

1. 简历简约、简陋

写这种简历的应聘者一定觉得无懈可击，一定觉得自己的工作能力都写得非常清楚了（如图 4-11 所示）。但是面试官可能有种“茶壶煮饺子，有嘴说不出”的感觉。看上去写了很多，但又什么都没有写。面试官要么会直接放弃这种简历，要么会非常费力气地从头开始挖掘应聘者的能力。

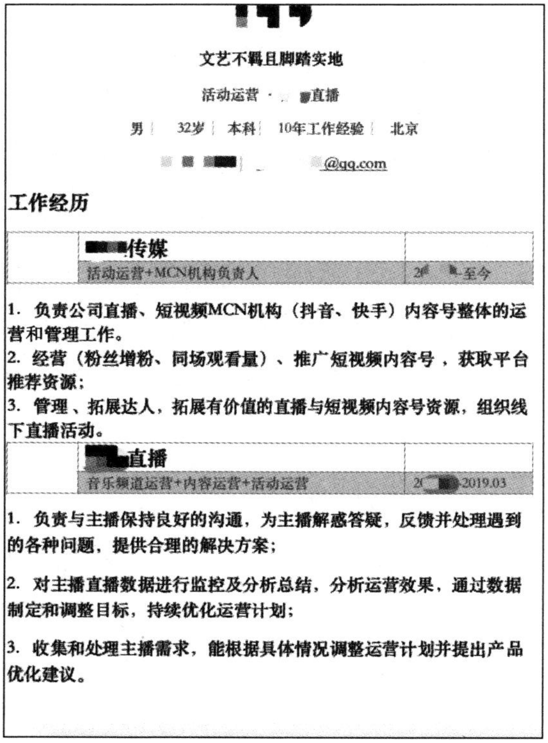

[redacted]

文艺不羁且脚踏实地

活动运营 · [redacted]直播

男 | 32岁 | 本科 | 10年工作经验 | 北京

[redacted]@qq.com

工作经历

	[redacted]传媒	
	活动运营+MCN机构负责人	20[redacted]至今

1. 负责公司直播、短视频MCN机构（抖音、快手）内容号整体的运营和管理工作。
2. 经营（粉丝增粉、同场观看量）、推广短视频内容号，获取平台推荐资源；
3. 管理、拓展达人，拓展有价值的直播与短视频内容号资源，组织线下直播活动。

	[redacted]直播	
	音乐频道运营+内容运营+活动运营	20[redacted]2019.03

1. 负责与主播保持良好的沟通，为主播解惑答疑，反馈并处理遇到的各种问题，提供合理的解决方案；

2. 对主播直播数据进行监控及分析总结，分析运营效果，通过数据制定和调整目标，持续优化运营计划；

3. 收集和处理主播需求，能根据具体情况调整运营计划并提出产品优化建议。

图 4-11

2．工作经历简单，缺乏重点描述

如图 4-12 所示，我们能够看到该应聘者最近两年的工作经验，他应该做了很多的工作，然而却用短短的 4 句话进行描述。这种方式明显过于简单，缺乏重点，在这两年中不可能没有收获，也不可能没有成长。没有写清楚的原因可能有以下 3 个。

（1）工作内容比较简单，他觉得不值一提。

（2）工作内容重复，他认为一句话就可以概况，和大家都一样。

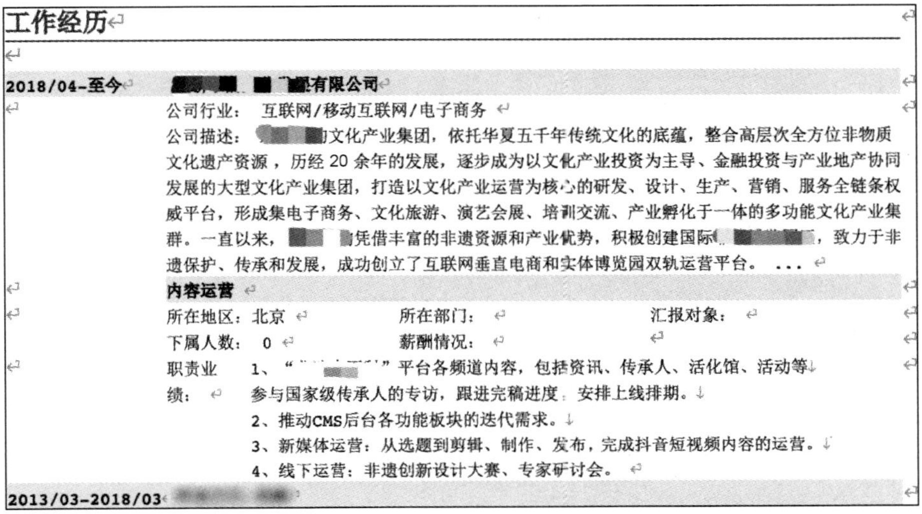

工作经历

2018/04-至今 [redacted]有限公司

公司行业： 互联网/移动互联网/电子商务

公司描述：[redacted]文化产业集团，依托华夏五千年传统文化的底蕴，整合高层次全方位非物质文化遗产资源，历经 20 余年的发展，逐步成为以文化产业投资为主导、金融投资与产业地产协同发展的大型文化产业集团，打造以文化产业运营为核心的研发、设计、生产、营销、服务全链条权威平台，形成集电子商务、文化旅游、演艺会展、培训交流、产业孵化于一体的多功能文化产业集群。一直以来，[redacted]凭借丰富的非遗资源和产业优势，积极创建国际[redacted]，致力于非遗保护、传承和发展，成功创立了互联网垂直电商和实体博览园双轨运营平台。...

内容运营

所在地区：北京　所在部门：　汇报对象：

下属人数： 0　薪酬情况：

职责业绩：1、“[redacted]”平台各频道内容，包括资讯、传承人、活化馆、活动等参与国家级传承人的专访，跟进完稿进度，安排上线排期。

2、推动CMS后台各功能板块的迭代需求。

3、新媒体运营：从选题到剪辑、制作、发布，完成抖音短视频内容的运营。

4、线下运营：非遗创新设计大赛、专家研讨会。

2013/03-2018/03 [redacted]

图 4-12

（3）工作内容比较繁杂，他不知道学会了什么、有什么提升，其实是因为缺少总结。

3．简历不注意格式，只注重模板

如图 4-13 所示，在软件中打开这份简历后，我们会看到文字排版已经混乱了，并且有很多回车符号，还有图标，也许原意是为了美观，但是不同版本的软件导致了阅读上的障碍。如果面试官恰好在下午打开这份简历，恰好在看了很多份简历之后打开这份简历，可能就没有耐心仔细阅读了。

简历就是我们设计的产品，就是产品经理经常说的落地页面，如果这样的落地页面没有很好的信息架构设计，没有明确的营销导向，没有非常好的卖点宣传，那么可能就会让用户关闭浏览器，让用户流失了。在面试的过程中，如果用户流失了，就意味着面试失败了。

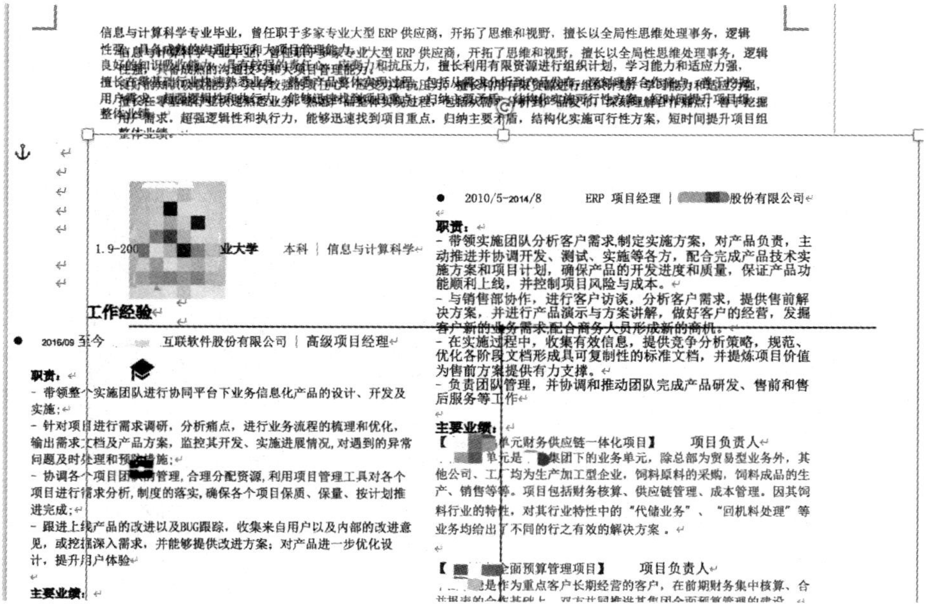

信息与计算科学专业毕业，曾任职于多家专业大型 ERP 供应商，开拓了思维和视野，擅长以全局性思维处理事务，逻辑……

工作经验

2016/09 至今 [redacted]互联软件股份有限公司 | 高级项目经理

职责：
- 带领整个实施团队进行协同平台下业务信息化产品的设计、开发及实施；
- 针对项目进行需求调研，分析痛点，进行业务流程的梳理和优化，输出需求文档及产品方案，监控其开发、实施进展情况，对遇到的异常问题及时处理和预防措施；
- 协调各个项目团队的管理，合理分配资源，利用项目管理工具对各个项目进行需求分析，制度的落实，确保各个项目保质、保量、按计划推进完成；
- 跟进上线产品的改进以及BUG跟踪，收集来自用户以及内部的改进意见，或挖掘深入需求，并能够提供改进方案；对产品进一步优化设计，提升用户体验

主要业绩：

2010/5-2014/8 ERP 项目经理 | [redacted]股份有限公司

职责：
- 带领实施团队分析客户需求，制定实施方案，对产品负责，主动推进并协调开发、测试、实施等各方，配合完成产品技术实施方案和项目计划，确保产品的开发进度和质量，保证产品功能顺利上线，并控制项目风险与成本。
- 与销售部协作，进行客户访谈，分析客户需求，提供售前解决方案，并进行产品演示与方案讲解，做好客户的经营，发掘客户新的业务需求，配合商务人员形成新的商机。
- 在实施过程中，收集有效信息，提供竞争分析策略，规范、优化各阶段文档形成具可复制性的标准文档，并提炼项目价值为售前方案提供有力支撑。
- 负责团队管理，并协调和推动团队完成产品研发、售前和售后服务等工作。

主要业绩：

【[redacted]单元财务供应链一体化项目】 项目负责人

[redacted]单元是[redacted]集团下的业务单元，除总部为贸易型业务外，其他公司、工厂均为生产加工型企业，饲料原料的采购，饲料成品的生产、销售等。项目包括财务核算、供应链管理、成本管理。因其饲料行业的特性，对其行业特性中的“代储业务”、“回机料处理”等业务均给出了不同的行之有效的解决方案。

【[redacted]全面预算管理项目】 项目负责人

图 4-13

问题69 如何做到在面试前就已经被成功录取

公司招人的过程一般如下：某个职位出现了人员空缺，在内部提拔不了，只能找人暂代工作，发布招聘要求，收集简历，准备面试。所以，在这时面试官非常渴望看到一个与职位匹配的人，他可以是同事推荐的，也可以是猎头推荐的，但是起码面试官在看简历后觉得他非常不错，值得见一面。

所以，如果你的简历写得好，那么是非常有希望在面试前就成功了一大半的。这种简历的写法我称为议论文的写法，让简历中增加了更多可圈可点的内容。

1. 我们要知道筛选简历的应对方法

面试官在筛选简历的时候会遵守以下 3 个原则：

（1）要合适的，不要最好的。

（2）不是筛选出合适的，而是筛掉不合适的。

（3）工作效率要高。

所以，你在写简历的时候要注意，首先要做到不被淘汰。前面几个问题我都已经回答了，你千万不要在一些低级失误上让自己摔倒。然后，你要尽可能地在简历中突出亮点，尤其要使用格式、标点符号等手段突出重点。最后，你要让这些重点和亮点符合招聘要求，让面试官觉得你非常合适。

在个人信息部分，如果工作地和籍贯容易造成误会，建议就不写。在工作经历中最好要体现职业的稳定性、行业的连贯性。产品经理的职位要有成长性，即使一年换三份工作，你也可以写出一个合理的理由，重要的是你的选择是否有逻辑。

当然，你如果想进入大公司工作，那么在过去的工作经历中，至少要有一家公司的工作时间在2年以上，甚至3年以上，这才能说明你的职业稳定性还可以。

2．在简历中如何划重点

我们都知道对历史事件的写法就是写清楚时间、地点、人物、事件。你可以检查一下你的简历是不是如此。很多时候应聘者就是按照这样的时间顺序设计自己的简历，也是这样做自我介绍的。例如：

“2008—2012年，毕业于北京××学校；

2012年10月—2015年4月，就职于××公司，产品经理职位，主要负责××网站的支付流程，做过注册模块、登录模块、充值模块设计，与银行接口联调，实现了在线支付功能。

2015年6月—2018年3月，就职于××公司，高级产品经理职位，负责管理产品团队，负责公司核心产品从0到1的研发过程。团队有5个人，我们经过4个月的加班，快速地将产品投放到应用市场。

2018年4月—至今，就职于××公司，产品总监职位，实现公司产品商业化，完成××重点产品营收千万元……”

其实这样的简历，即便再补充几百个字进去，再把项目细节和项目业绩润色一下，也无济于事，因为只谈到了什么时间节点、发生了什么事情、得到了什么结果。我们写简历的目的不是介绍过去，而是要让面试官相信未来。

对历史事件的写法只能展示事实，没有观点、结论，也没有个人的核心能力的表达；对历史事件的写法只能草草地带过曾经的工作，因为写多了字数就超量了，恐怕工作 10 年的人要写 10 多页。

议论文式的写法，不但立意突出，而且每段都能够呼应点题，如图 4-14 所示。

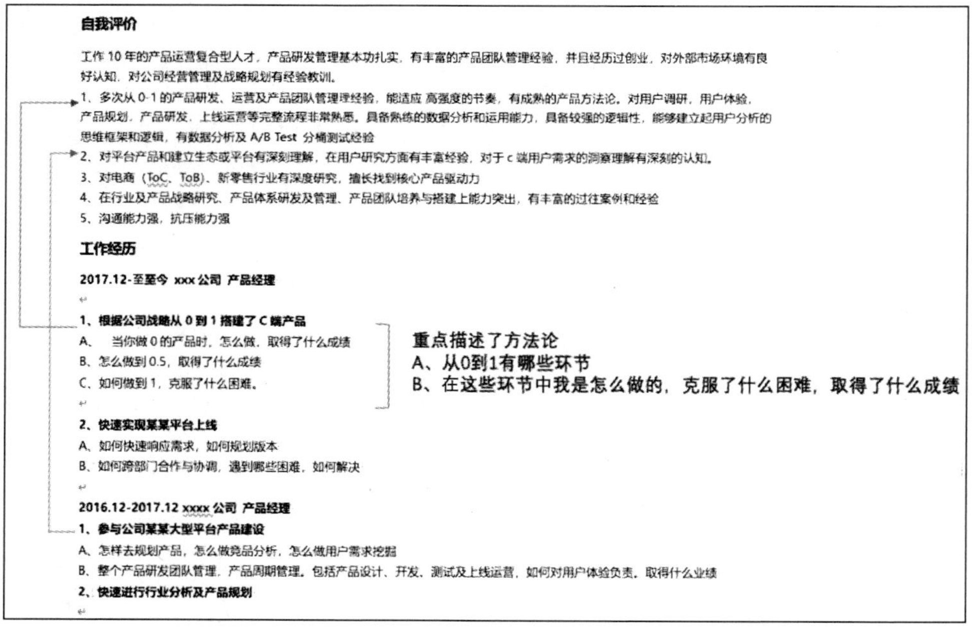

自我评价

工作 10 年的产品运营复合型人才，产品研发管理基本功扎实，有丰富的产品团队管理经验，并且经历过创业，对外部市场环境有良好认知，对公司经营管理及战略规划有经验教训。

1、多次从 0-1 的产品研发、运营及产品团队管理理经验，能适应 高强度的节奏，有成熟的产品方法论。对用户调研，用户体验，产品规划，产品研发，上线运营等完整流程非常熟悉。具备熟练的数据分析和运用能力，具备较强的逻辑性，能够建立起用户分析的思维框架和逻辑，有数据分析及 A/B Test 分桶测试经验

2、对平台产品和建立生态或平台有深刻理解，在用户研究方面有丰富经验，对于 c 端用户需求的洞察理解有深刻的认知。

3、对电商（ToC、ToB）、新零售行业有深度研究，擅长找到核心产品驱动力

4、在行业及产品战略研究、产品体系研发及管理、产品团队培养与搭建上能力突出，有丰富的过往案例和经验

5、沟通能力强，抗压能力强

工作经历

2017.12-至至今 xxx 公司 产品经理

1、根据公司战略从 0 到 1 搭建了 C 端产品

A、 当你做 0 的产品时，怎么做，取得了什么成绩

B、怎么做到 0.5，取得了什么成绩

C、如何做到 1，克服了什么困难。

2、快速实现某某平台上线

A、如何快速响应需求，如何规划版本

B、如何跨部门合作与协调，遇到哪些困难，如何解决

2016.12-2017.12 xxxx 公司 产品经理

1、参与公司某某大型平台产品建设

A、怎样去规划产品，怎么做竞品分析，怎么做用户需求挖掘

B、整个产品研发团队管理，产品周期管理。包括产品设计、开发、测试及上线运营，如何对用户体验负责，取得什么业绩

2、快速进行行业分析及产品规划

图 4-14

议论文式的写法最大的特点有两个：

（1）论点在开头提纲挈领地给面试官展示了，让面试官直接进入验证能力环节，而非挖掘能力。

（2）每段工作经历都是证明某项能力的论据，并且非常有逻辑地将过去的业绩、如何规划、如何解决问题等综合能力做了展示。

议论文式的写法更在乎面试官的阅读体验，更在乎整个简历的“设计”，可以把面试官带到你想让他去的地方。

3．打造完美的整体印象

简历的整体印象就像一个人穿衣搭配一样，没有正确答案，适合你就对了。

写简历最重要的是要看着舒服，文字既不能太多，也不能只写寥寥几句。合理的排版和留白，或者用好左右结构，能够让简历更美观，如图 4-15 所示，这份简历相对来说就在阅读感觉上好很多。

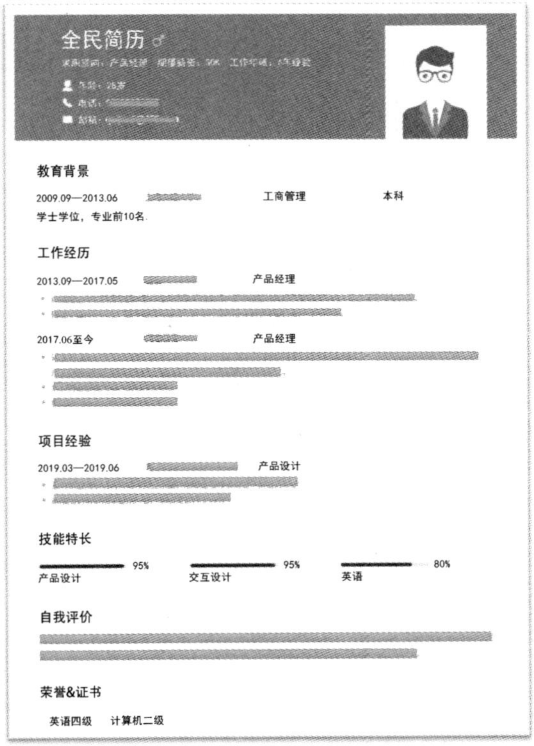

图 4-15

问题70 产品经理的简历要怎样投递更有效

如果你现在找工作还处于一个海投简历的状态，那么我劝你停一下，这样做的效率太低，而且容易破坏自己的心态。本来在辞职后希望快点找到下一份工作，结果海投杳无音信，石沉大海。一周、两周、一个月、两个月你还可以坚持，但是在一般情况下超过三个月还没有面试邀约，或者在面试第一轮就被淘汰，你的心态就会崩溃，这是非常正常的。毕竟在外漂泊，在大城市的某个角落租房子住，这种不用上班的状态不会让你放松，反而会给你带来更多没有规律的伤害。如果你与其他人合租，看着他们天天上班、加班，而你一个人在家里改简历，偶尔参加面试还被淘汰，那么时间长了真的会发疯的。

所以，你要赶快改变海投碰运气的习惯。下面介绍几种常见的投递简历的方式。

1. 如何应对互联网招聘网站的统一简历

现在可以找工作的网站非常多，比如智联招聘、前程无忧、Boss直聘、猎聘网、拉勾网等。在这些网站中，你可以看到很多招聘信息，可以了解更多招聘要求、横向对比相同的职位、了解工资水平等。

但是这些网站有一个问题，就是只能上传一份附件简历，并且在线模板相对固定，导致你不能根据每个公司的特点定制简历。为了应对这种情况，你可能需要手动操作，每看中一个公司或者几个同类型的职位，就上传一份简历。这样的方式也达到了另外一个效果，就是刷新简历，可以获得排名上的推荐。也就是说，最近更新的简历，往往会排在靠前的位置。更新的时间越往后，简历的位置就越靠后。这种方式可以让你的简历更有针对性，便于获得面试官的青睐。

2．增加投递渠道

有时候你会抱怨投出去的简历没有回音，其实你应该检查一下，是不是你投简历的渠道恰好是对方人力资源经理不活跃的渠道。你要增加投递渠道，也许不同渠道的人力资源经理对筛选简历的标准略有不同，可能有不同的机会。

同时，你也要多考虑一些渠道，比如公司网站上的招聘邮箱，或者项目组的邮箱，或者一些团队领导的个人邮箱、公众号、微博等。

另外，你也可以让前同事、朋友帮忙内推，或者直接给创始人发邮件进行自荐。

增加投递的渠道就多了一种可能性，你要做更充分的准备，把简历投递出去最多就是没有人回应而已，但是不投就永远没有机会。

3．善于利用猎头资源

现在对猎头资源的使用越来越普遍了，很多公司对工作经验要求 3 年的职位也让猎头推荐。所以，多使用猎头资源会帮助你更好地评估自己，让你更多地直接接触公司，让你更清楚招聘市场给自己的评估价格。同时，利用猎头资源可以大大提高求职的效率，让你可以把更多的精力都用在工作中。

有时候公司的招聘信息更新得没有那么快，对于很多网上的招聘信息，不一定存在真实的职位需求，有些职位可能已经招到人，但在网上没有及时更新。所以，这个时候利用猎头资源就是非常靠谱的方式，猎头会告诉你最新的消息。

4．一些投递的细节

用一份简历投递所有的职位是大忌，虽然你还是那个产品经理，但是公司已经不是同一个公司了，所以你有必要修改一下简历，并且在投递简历前，做一些基础的信息收集工作，分析一下这个公司的特点、这个职位的工作职责，思考一下公司对你的要求，看看你还有多大的差距、如何在给这个公司的简历中突出他们需要的能力。不经过任何分析思考的盲目行为，是应聘者的简历投递无效的最主要原因！

另外，还有一个细节要注意，很多应聘者都把简历当成附件，附在邮件中，但是很多粗心的人会忘记粘贴附件就把邮件发出去，结果白白等了很久都没有消息。

5．避免一岗多投或多岗多投

在一个时间段内多次重复投递简历，并且投递同一个公司多个职位，这也是应聘时的大忌。这会让人力资源经理认为你不知道自己适合哪个职位，也不知道自己会什么，并且他还会认为这种行为是一种缺乏诚意、缺乏责任心的表现，甚至可能连简历都不看，直接就删除了。

6．注意招聘的淡季和旺季

公司每年招聘是有淡季和旺季之分的，应聘者应该了解这样的规律，知道从 3 月到 5 月、从 9 月到 11 月是两个旺季，其余时间因为年底要做预算、庆祝春节、冲业绩等因素都变成了淡季。所以，求职要选对时机。还有一些细心的应聘者会随时关注公司的业务发展状况，然后判断公司有可能出现的一些空缺职位，联系猎头主动出击。

问题71 简历是否需要附带作品

简历要不要附带作品，也是常见的问题。我经过仔细地调查研究，发现以下几种人愿意问这个问题。

（1）刚毕业，没有工作经验的大学生。他们听学长们说附带一个作品可能更容易通过面试。从实际的面试经验来看，附带作品确实增加了对能力评估更准确的可能性。当然，有作品会让面试官认为你具备相应的能力，但是如果作品准备得不够认真，随便从网上摘抄一些内容就当成自己的作品，也是有可能被扣分的，因为每个人能否宽容地面对初学者的作品是不一样的。同时，每个人对于做好或没做好的标准也是不一样的。假如你要附带作品，我建议能体现你的思路或者思考框架就好，不必太在意完整性或者细节的完美，毕竟刚毕业的大学生经验尚浅。

（2）刚参加工作没多久的人，但是又想展示一下在小公司工作的成就。在这种情况下，我建议要好好准备一下作品，除了要保证框架的优秀，还要保证细节达到了专业水平。也许这个时候你的工作业绩没办法证明你有能力，那么就要靠作品来证明。

（3）在工作了几年后，想转行做产品经理的人。有想从交互设计师转行的，有想从测试工程师转行的，有想从研发工程师转行的，也有想从市场营销、运营职位转行的，这些人都需要提交作品，以增加转行成功的砝码。当然，这些作品最好能够展示原来工作的能力，并且能够体现从不同的视角看待产品工作。比如，研发工程师可以讲讲产品体验，可以从技术角度讲讲竞争对手哪里做得好、哪些底层逻辑模块可以支撑竞争对手快速的迭代发展；运营人员可以从如何做品牌、如何做活动、如何拉新留存等方面讲讲产品体验，讲讲为什么竞争对手的用户能够快速增长。

如果你已经在产品经理职位上工作 5 年左右，那么我觉得完全没有必要附带作品了。如果你已经工作 10 年左右，那么我都不建议在简历上还写自己熟练掌握交互设计软件、作图软件、办公软件，因为这些对于你来说是最基础的，都已经工作 10 年了，不需要再提这些事情了。

假如需要附带作品，作为产品经理，你需要附带以下 3 种作品。

1. 竞品分析报告

我认为竞品分析报告要给出一个当前的竞争态势，要给出一些背景信息，要有助于看清楚形式，要得出一些结论，然后对下一步工作方向要进行决策，绝对不能只截取几张产品细节图、对比一下功能上的差异，然后再给出一些行业数据就结束了。没有结论、没有决策的分析报告是没有任何价值的。

建议你从行业分析开始，探讨一下竞争格局、商业模式、赢利模式、发展状况、产品体验、用户需求满足等，可以参考以下的框架：

（1）市场趋势、竞争格局，市场概况；

（2）竞争对手的产品定位及发展策略；

（3）潜在用户、目标用户、高潜用户；

（4）产品的核心功能、业务流程、用户使用流程；

（5）交互设计，用户体验设计，易用性、可用性；

（6）产品功能的差异点、产品的优缺点；

（7）产品的品牌定位、运营及推广策略；

（8）总结分析、下一步的行动决策。

这样一份竞品分析报告会给面试官留下一个思考有框架、逻辑很清晰的印象。

2．产品体验分析报告

很多网站提到了可以按照用户体验五要素的维度（包含了表现层、框架层、结构层、范围层、战略层）来写产品体验分析报告，具体如图 4-16 所示。

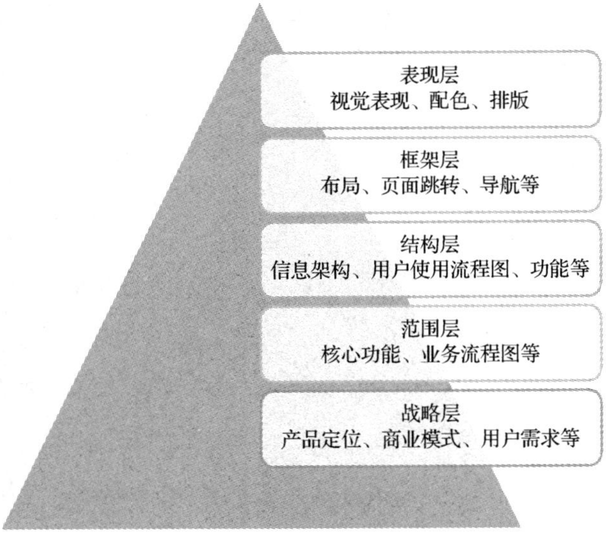

图 4-16

我个人认为用这个框架做产品体验分析已经很全面了。当然，你最好把业务流程图和用户使用流程图放在分析报告的最前面，这代表了你对整个产品的把控是比较有高度的。

3. 个人作品案例

在个人作品方面，建议附带产品文档、交互设计图等作品。可以参考图 4-17，这种作品的完整度会给面试官带来非常好的印象。起码面试官不用再怀疑你是否做过交互设计、是否会做交互设计，只会想在未来的工作中，与你关于交互设计的沟通一定很轻松。

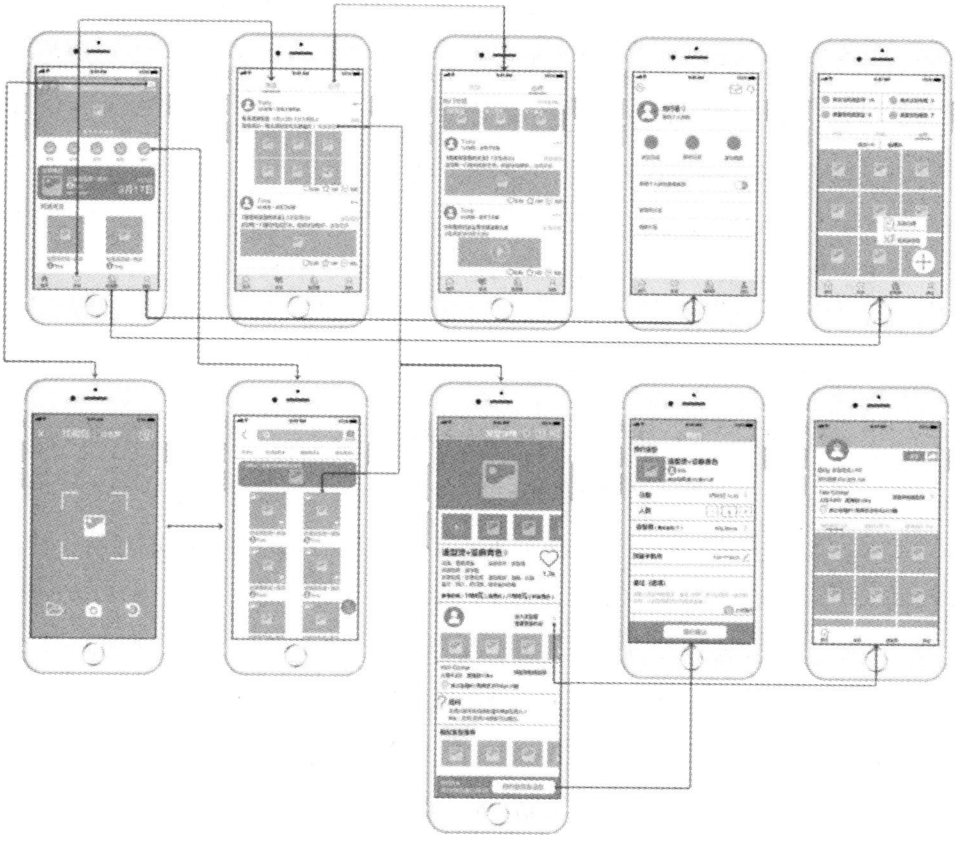

图 4-17

问题72 策略产品经理的简历要注意什么

策略产品经理是最近两年非常火的一个职位，很多公司都在招聘。那么什么是策略产品经理？对策略产品经理有什么要求？策略产品经理的简历上要注意什么？

首先，我们来看看策略产品经理的招聘要求，如图 4-18～图 4-20 所示。图 4-18 是商业化策略产品经理的招聘要求，职位职责主要与广告投放系统和流量策略相关；图 4-19 是策略产品经理的招聘要求，职位职责主要与懂数据、根据数据提出收入及定价策略相关；图 4-20 是内容策略产品经理的招聘要求，职位职责是对产品进行定量分析和定性观察，提出关于内容、评论等安全的策略。

策略随处可见，包括个性化推荐策略、流量分配策略、内容分发策略、抢单派单策略等。任何存在双边关系以上的产品，都需要策略。然而很多产品经理没有搞清楚，认为策略就是出主意，提想法，其实目的性是策略的第一要素，是一切的源头。一定要先有目的，才有策略，策略不是凭空产生的，而是为了实现某种目的才出现的。从某种程度上来看，策略决定了做什么或者不做什么，因为有了选择，才达到了目的，空中楼阁的策略没有任何意义。

所以图 4-18 的职位职责写得很清楚，“以商家的营销效果优化为目标”，通过优化商家投放广告系统，让更多商家感受到投放广告的好处，感受到流量分配的导向性，从而促进广告收入提升。所以，在简历中一定要有理解商家广告投放诉求的能力、业务逻辑梳理的能力、用户调研能力、数据分析能力，最好还有广告投放系统的工作经验、理解竞价广告投放机制等。这些都是匹配这个职位职责的必备条件。

图 4-19 和图 4-20 的职位职责也类似，我们要找到职位的核心目标，要理解业务流程和业务场景，然后尝试做出相应的策略。

商业化策略产品经理(PRO10094) /（20 000～40 000元/月）

职位职责：

1. 以商家的营销效果优化为目标，负责拼多多广告投放系统的策略产品设计，包括但不限于商家端投放工具和流量策略。

2. 深入理解效果广告系统和商家营销诉求，通过业务逻辑梳理、商家调研和数据分析，挖掘现存问题，并提出相应产品的优化方案。

3. 深入了解业界的各类效果营销产品（包括但不限于电商广告），结合拼多多的流量和平台特点，完善广告投放系统，推出新的产品解决方案。

任职要求：

1. 本科及以上学历，经济/计算机/统计/数学专业优先。

2. 熟悉互联网广告业务，深入理解竞价广告投放机制，包括但不限于召回、排序、定向等逻辑。2年以上商业产品相关经验，有商业策略产品背景优先。

3. 对数据敏感，善于从数据变化中挖掘问题；思维活跃、逻辑严谨，能条理清晰地表达自己的想法和见解。

4. 具备强烈的好奇心和自驱力，严谨认真，追求××，有较强的抗压能力。

图 4-18

策略产品经理 /（20 000～35 000元/月）

职位职责：

1. 负责美团外卖即时配送乐跑业务的订单基础邮资定价工作，参考社会物流行业员工收入，定期制定乐跑运力的合理收入区间，确保能招募全职稳定运力；

2.定期评估乐跑运力的收入合理性，有针对性地调整邮资定价方案，推动邮资定价方案落地；

3.进行精细化定价，进行时段、距离、难度、品类、重量、单均价等多维度差异化定价，使成本使用效率更高；

4.进行常规的分析复盘工作；

5.进行部门内部项目管理及跨部门协作与沟通。

任职条件：

1. 本科及以上学历，3年及以上工作经验，有互联网电商、O2O等相关行业运营经验，有头部互联网公司工作经验者优先，有商业分析经验者优先；

2. 喜欢商业，对数据敏感，善于独立思考，热爱阅读，好奇心强，有清晰、完整的思维框架；

3. 具备优秀的数据分析能力，掌握常用分析统计方法，能够从数据中发现业务痛点并提出应对策略；

4. 具备项目管理和跨部门合作能力，能够独立、高效地完成项目的规划和执行；

5. 熟练运用SQL语句，具备出色的口头和书面沟通能力。

图 4-19

内容策略产品经理 /（20 000～40 000元/月）

职位职责：
1. 负责短视频社区的安全工作，致力于通过产品、策略等方面的改进，保障产品安全，营造良好的内容创作、社区互动氛围；
2. 对视频、评论、follow/like、账号等场景进行数据定量分析和定性观察，发现社区中的不良趋势，制定相关的产品和策略方案，对用户进行引导，对不良内容、用户行为进行打压；
3. 对工作流程进行抽象，提炼成安全产品中台需求，提升全链路工作效率。

任职要求：
1. 2年以上互联网产品/策略经验，有安全、风控、反作弊策略产品经验加分；
2. 能快速地发现问题、透彻地分析问题并对方案的可行性有判断能力；
3. 具备项目管理协调能力，并需要与研发和设计等相关部门紧密合作，确保产品方案高效落地；
4. 对数据敏感，具备良好的数据分析能力，熟悉SQL语句优先。

图 4-20

问题73 增长产品经理的简历要注意什么

增长产品经理也是最近几年非常火的职位。随着《增长黑客：如何低成本实现爆发式增长》等书籍的畅销和成功案例传到中国，很多公司都对这种低价获客，快速放大规模的做法格外尊崇，所以增长产品经理也成了很多公司对用户运营产品经理的一次升级迭代。增长产品经理其实本质上还是围绕着用户增长和业务增长做事情。我们来看看增长产品经理的招聘要求，如图 4-21 和图 4-22 所示。图 4-21 是用户增长产品经理的招聘要求，职位职责是负责用户转化、留存、拉新等方面，要能够综合利用各种增长手段。图 4-22 是增长产品经理的招聘要求，职位职责是负责增长产品工作，要从产品的角度制定增长策略，要精通营销裂变玩法和工具，要有自研营销工具的经验。

用户增长产品经理 /（20 000～35 000元/月）

职位职责：

1.负责OTT端产品的用户运营增长，包含转化、留存、拉新等方面，探索和综合利用OTT平台的增长手段，实现在各个用户场景下的用户量和产品数据增长；

2.从数据出发，发现增长点和优化项；研究用户行为和画像，构建用户体系、结合不同渠道的不同用户特点，提出切实可行的运营方案；

3.建立用户体系和增长相关的数据分析模型，支撑业务决策；与配合部门良好合作，共同达成业务目标。

任职要求：

1. 本科及以上学历，4年以上互联网产品经验，至少1年用户增长经验；有独立负责产品的经验，对产品的各个阶段以及用户需求有较深入的理解；有较强的数据分析能力；

3. 思维活跃，具备创新意识，持续学习能力强；有较强的市场分析和用户分析能力；

4. 优秀的沟通协调能力和表达能力，善于进行团队合作，具有一定的项目管理经验；

5. 有视频类工作经验优先；有OTT行业经验优先。

图 4-21

增长产品经理 /（15 000～29 000元/月）

职位职责：

1.负责××××增长产品工作，从产品角度制定可持续增长策略，建立增长模型并持续优化；
2.擅长营销裂变玩法，精通第三方裂变工具、自研营销工具等；
3.与运营、销售、市场部门等多方合作，通过产品手段提升ROI；
4.精通数据分析与用户分层，输出增长方案并执行落地。

任职要求：

1.全日制本科以上学历（985、211学校毕业优先）；
2.3年以上增长产品经验，有教育行业经验者优先；
3.执行力强，有极强的责任心，具备出色的沟通能力和项目推动能力。

图 4-22

增长产品经理和普通产品经理不一样，关注点不是产品的功能，而是对增长、对电商的理解。增长产品经理是有明确的目标的，并且更多的时候像运营经理，不但要从用户角度思考产品的体验，同时还要从业务角度理解运营和销售，知道要如何做才能让产品卖得更好、让更多用户选择使用、让用户更愿意主动传播。增长的核心就是做用户增长，做用户增长的核心就是满足用户的心理诉求，满足用户的心理诉求就是要打造决策场景，打造决策场景就是要产品化，只有产品化才能规模化。

增长产品经理经常做的 3 个模块如下。

1．搭建私域流量池

以公众号矩阵为核心的流量池，通过不同的主题范围锁定公众号的受众，并通过不同类型的文章留住用户，通过不同公众号之间“互粉”、裂变活动、跨号领奖、入群等方式进行粉丝裂变，并回收流量。增长产品经理要用各种工具实现定时发送、个性化发送，实现千人千面的营销。

2．不断创新裂变玩法

裂变玩法是私域流量运营的核心部分，起到承前启后的作用。增长产品经理要用玩法驱动产品迭代，提升整体运营效率。

3．打造传播口碑

增长产品经理要不断提高裂变率，对与教学场景相关的业务需求进行挖掘，优化课程学习效果；增长产品经理要用学习效果带动传播口碑，以便提高整体的付费转化率。

所以，我认为增长产品经理的简历上应该写清楚对用户运营的深度理解，对各种增长玩法的产品形态非常熟悉，包括打卡、拼团、组队、砍价、助力、返现等，并且有数据分析能力，能对用户做分层运营，可以为用户打上不同的行为标签，构建用户体系等。

另外，增长产品经理一定要以商业目标为中心，不仅要关注产品功能和交互，还要与运营、销售和技术等同事合作，以用户增长、业绩指标增长、投入产出比提升、整体运营效率提升为目标。

增长产品经理肯定要通过数据分析，找到全链路的各个增长机会点，然后搭建增长产品矩阵，设计整体增长产品体系，包括但不限于拉新、促活、留存和激活。增长产品经理要能够洞察用户需求，要能够设计用户动线，要有非常敏锐的用户感觉，要对各类用户增长模型、增长玩法熟悉，要能有效地沉淀并做能力迁移。

问题74 电商产品经理的简历要注意什么

电子商务公司从互联网进入中国之后就开始发展了，早期有 8848 网站，然后有卓越，现在有我们熟悉的天猫、京东、拼多多。最近非常火的直播带货就是电商变现形式的一种。所以，电商产品经理一直都是最热门的职位，并且相对来说电商产品系统已经非常成熟，各种开源代码比比皆是，因此电商产品经理的入门门槛相对较低。

我们先来看电商产品经理的招聘要求，如图 4-23～图 4-25 所示。图 4-23 是微信生态下的电商产品经理的招聘要求，职位要求具备基本产品经理能力，最好有移动端产品经验，必须是深度的微信玩家，对微信和小程序体系了如指掌。图 4-24 是一个中台方向的产品经理的招聘要求，中台是最近非常流行的概念。中台方向的产品经理要懂营销、商品、交易、会员等多个领域，要有产品流程规划模型搭建能力，要具备场景化、数据化思维，要有丰富的用户行为和用户体验数据分析能力。特别值得一提的是，这个招聘要求还提出了 4 条额外的成长要求，要看具体的书，要有擅长的方向，要多思考、多留意生活，要保持求知欲望。图 4-25 是偏底层平台搭建的职位，要求懂全流程，要能够完成前后台产品的规划，要能够承接运营部门的需求，要能够进行项目管理，以便保证研发质量和进度，要熟悉后台、供应链等工作，对综合能力和经验要求都非常高，至少要有 5 年以上的电商产品经理经验，最好有电商平台从 0 到 1 的经验。

产品经理 /（15 000～25 000元/月）

职位职责：

1.负责×××微商城小程序的产品工作；

2.分析用户，策划产品，推动产品上线，并进行上线后的效果分析及持续迭代；

3.研究市场趋势及竞争对手，合理规划产品的发展方向。

任职要求：

1.本科及以上学历，2年以上移动端C端产品策划经验（优秀毕业生可考虑培养）；

2.有零售行业工作经验尤佳；

3.深度微信玩家，对微信和小程序体系了如指掌；

4.良好的产品基本功，对产品有深刻理解，对用户需求和产品体验敏感；

5.熟悉互联网行业，能敏锐地把握用户需求，具备创新设计能力；

6.有中大型互联网平台工作经验或小程序设计成功经验的优先；

7.逻辑清晰，沟通能力强，责任心强，善于学习新知识和技能。

图 4-23

产品经理-中台方向 /（20 000～40 000元/月）

职位职责：

1. 熟悉电商营销、商品、交易、会员等一个或者多个业务域；
2. 能主动收集、评估多方需求，联动各方，协调资源，完成从产品设计到上线的全链路工作，推动项目快速开展；
3. 具有产品流程规划、模型搭建、根据业务发展设计核心系统产品解决方案的能力；
4. 具有场景化、数据化思维，有丰富的用户行为和用户体验数据分析经验、较强的沟通协调能力、项目管理能力、风险把控能力，具备良好的团队合作意识，较强的抗压能力。

任职要求：

1. 本科以上学历，3年及以上电商中后台产品设计相关工作经验，有开发经验优先；
2. 具有场景化、数据化思维，有丰富的用户行为和用户体验数据分析经验；
3. 具备优秀的逻辑思维能力和业务抽象能力，具备良好的业务建模、产品架构能力；
4. 具备多年电商交易、营销产品经验者优先；
5. 具备较强的沟通协调能力、项目管理能力、风险把控能力、良好的团队合作意识、较强的抗压能力。

成长建议：

1. 自学《淘宝十年产品事》、《用户体验要素》、《领域驱动设计》；
2. 老带新，尝试做不同类型的项目，找到擅长的方向，逐级增加项目难度，做好过程管理；
3. 亲自使用所有产品，多和他人联合做竞品分析，留意生活细节，培养“为什么这么做”的思考习惯；
4. 保持强烈的求知欲望，尝试思考公司业务协同矩阵，有利他的合作心态。

图 4-24

电商产品经理 /（35 000～60 000元/月）

职位职责：

1.负责公司电商平台前后台产品的规划，设计产品功能与业务流程，撰写产品需求文档，负责商品管理、订单管理、供应链系统、交易与支付系统等方面的产品设计与迭代;

2.承接运营部门提出的运营需求，有步骤、有计划地实施设计与开发;

3.协助开发团队理解和掌握需求，对产品负责，对产品开发项目周期和进度进行把控;

4.进行产品与数据的内外部调研分析，收集用户反馈并进行数据分析，为产品迭代提供核心依据。

任职要求：

1.5年以上电商产品经理经验，有电商平台从0到1的经验;

2.熟悉电商运营后台、供应链运营模式和产品实施过程，包含产品规划、需求分析、产品功能设计、业务流程设计、原型设计、产品可用性测试等;

3.具备良好的计划条理性、逻辑分析能力、沟通表达能力;

4.具有强烈的责任心和上进心，具备良好的团队合作精神，积极主动，能承受较大的工作压力;

5.了解App类电商产品及其产品设计要求。

图 4-25

从这些招聘要求来看，现阶段电商产品经理已经很少有基础的职位了，每一个电商产品经理都要懂商品展示列表、店铺展示、商品详情页、搜索商品功能、购物车、支付流程、退换货等，不会有招聘要求中写这些了。目前，比较热门的电商产品经理职位包含以下几种。

1．社交电商产品经理

要懂产品和运营的创新，对社交玩法非常熟悉。

2．直播带货产品经理

要懂直播产品，懂整个商品管理全流程，懂如何支撑直播运营。

3．SaaS 产品经理

要懂电商产品，有产品抽象能力，熟悉 SaaS 行业，最好有“有赞、微盟等公司的工作经验”。

4．跨境电商产品经理

主要做电商产品出海业务，要熟悉海外电商产品市场，能根据不同人群的消费习惯，调整产品特性。

5．电商营销中台、运营中台等产品经理

中台是公司级的能力复用平台，所以对产品经理的综合能力要求会非常高，产品经理要对平台搭建有非常丰富的经验。

所以，你要针对面试的职位，找到匹配它的能力要求，看清楚未来的工作方向。越是大家都能做的职位，竞争越激烈，同时你要懂得足够多，不然没办法战胜其他的应聘者。

问题75 金融产品经理的简历要注意什么

金融产品经理是最近几年才出现的新职位，早期都是从金融机构内部选拔的人才，做出来的产品没有互联网化的感觉，很多时候在用户体验上只能说功能具备了，与大家经常用的微信、支付宝等产品的体验差距较大。不过随着更多互联网人才加入金融行业，这种情况得到了迅速解决，甚至现在到了反向的阶段，也就是要求加入的互联网产品经理必须要懂金融行业的知识。

所以，现在的金融产品经理有两个方向。

第一种：懂金融业务的产品经理。首先这是一个产品经理职位，是负责金融业务的产品经理，要负责设计产品的前中后台，原则上这些都与金融业务相关。这种产品经理要能够非常理解金融业务。

第二种：懂产品的金融业务经理。首先这是一个业务经理职位，负责将各种金融产品落地。比如，在设计一个理财产品时，要知道年化利率、最大购买金额、收益计算方式、赎回机制、赎回费用等。这些都是非常专业的金融业务。同时，这个业务经理还要懂得如何展示这个产品，如何让用户更容易理解什么是年化利率、定投、起投金额、净值、债券等。这里的懂产品更像一种“翻译”工作，要把晦涩难懂的金融知识、金融产品更好地展示给用户。

带着这样的理解我们来看看下面的招聘要求。

图 4-26 所示的这个职位是第二种，是懂产品的金融业务经理，从工作范围上来看要负责银行、证券相关的业务规划，还要关注产品最终的销售情况，要求有 5 年以上的相关行业经验。这充分说明了这个职位更在意金融相关知识。这样的职位更要求能够讲清楚金融业务，对产品的功能设计的要求反而是次要的。

金融产品经理 /（25 000～40 000元/月） 直招中

职位职责：

1. 负责银行、证券相关业务的金融产品规划、产品设计相关工作；
2. 根据业务目标和战略发展，制定金融产品规划发展路线，设计符合平台需求和业务发展的金融产品，并持续关注销售情况，推进产品迭代；
3. 关注用户需求以及业务数据，从用户体验角度出发，洞察用户投资理财需求，根据业务数据不断驱动产品更新；
4. 持续关注竞品发展，不断迭代自身产品，持续打造有行业竞争力的金融产品；
5. 负责金融产品项目统筹，推动各配合部门的工作顺利开展，并及时汇报项目进度；
6. 对金融产品依赖的相关服务质量进行重点关注，并保证其稳定性，为用户提供优质的产品服务。

任职要求：

1. 本科及以上学历，985、211重点院校毕业优先；
2. 5年以上大型互联网金融平台、银行、券商、基金公司等相关产品规划及设计相关工作经验；熟悉支付、金融行业产品运作模式、底层资金流设计等；
3. 有较强的数据敏感性，良好的需求分析和需求挖掘能力，逻辑思维能力强，具备较强的项目管理能力和组织能力，团队意识强；
4. 具有一定的市场敏锐度，有比较强的法律合规意识和风控意识，具备产品创新能力；
5. 有较强的责任心，积极主动，有较强的抗压能力；执行力强，能够有效地进行跨团队协同，推动工作顺利开展。

图 4-26

图 4-27 所示的职位更像一个懂金融业务的产品经理，要求对金融风控非常熟悉，对金融机构业务链路熟悉，这种专业知识真的不是想学就能马上学会的，并且就算学会了，这些知识还需要在实际工作中摸索运用，产品经理要不断地积累通过互联网产品实现金融业务逻辑的相关经验。但是同时我们可以看到在招聘要求中有些特别的要求，期望应聘者具备战略规划能力，有分析师或者管理咨询经验，最好在四大咨询公司工作过，最好能够有出色的 PPT 撰写及 Excel 建模能力。这都给这个职位的应聘者提出了更高要求。

金融风控产品经理 /（30 000～50 000元/月）

职位职责:

1. 金融风控行业研究/竞品研究：关注金融风控、金融科技行业生态变化，对金融机构业务链路熟悉，在智能营销、智能风控、全面风险管理等领域输出有价值的行业分析报告；

2. 对科技公司输出友商竞品的各类动态，对产品能力做深入洞察；

3. 负责以下方向中的一个，银行小微企业信贷、保险行业风控、信托行业风控、证券行业风控；

4. 结合行业发展及经营策略进行专题分析，为部门和各业务的策略制定提供方向指导及决策支持并推动落地。

任职要求:

1. 本科及以上学历，5年以上相关工作经验；曾就职于大型互联网及厂公司战略规划、商业分析部门的分析师，或就职于管理咨询、市场调研公司的分析师优先考虑；

2. 有灵敏的市场嗅觉和卓越的商业分析技能，具备优秀的信息整合、逻辑组织和观点提炼的能力，能独立完成商业分析报告并提出建设性见解；

3. 出色的PPT撰写及Excel建模能力；

4. 对互联网富有热情，责任感强，有良好的沟通协调能力、团队合作精神及开放的心态；

5. 四大咨询公司相关工作经验的同学有加分。

图 4-27

所以在简历中，我觉得你要更多地展示在金融行业积累的经验，要能够把金融行业的基本流程、基本理念写清楚，要让面试官非常容易认可你在金融领域的能力和经验。同时，你要告诉面试官你熟悉互联网产品的相关基础知识，我认为这就足够打动面试官了。

问题76 商业化产品经理的简历要注意什么

商业化产品经理首先要理解什么是商业化。商业化最重要的就是以赢利为目的，商业化即市场化，一个商业公司合法合理的赢利是公司生存的根本。

一个商业化产品经理一定要想办法帮助公司实现赢利，实现规模化赢利。在互联网行业中实现商业化的模式大致可以分为 4 种：电子商务、网络游戏、广告、增值服务。这 4 种模式几乎都是流量型的生意，大多数公司都因为先聚集了流量，变成了渠道，然后决定了流量的分发，最终实现了赢利。

1．电子商务

电子商务在最近的 20 年里蓬勃发展，大家都熟悉淘宝、天猫、京东等公司，但是普通消费者可能不太清楚“淘客”“直通车”“钻展”等商业化的产品。如果你看阿里巴巴的财报，就会发现电子商务平台提供了很多基础服务，这部分在赢利，另外赢利的大部分都来自商业化的广告运营。

2．网络游戏

自从有了盛大的《传奇》，中国的网络游戏就实现了爆发式赢利。游戏公司非常赚钱，一些小游戏公司可能只有几百人，但是每年却有几十亿元的收入。用户需要购买游戏时长，购买道具和装备，购买虚拟货币等。网络游戏中的增值服务产品已经是一套非常成熟的体系，并且独立于其他行业，在此就不再赘述。

3．广告

互联网广告与传统广告并没有区别，都是给广告主选择最合适的曝光位置，向广告主收费，在运营的过程中形成了完整的产业链。互联网广告结合了互联网的特点，对受众群体进行了更加精准的投放。目前，字节跳动、腾讯等公司都在招聘与广告相关的商业化产品经理。

4．增值服务

增值服务在中国的兴起可以追溯到腾讯 QQ 提供的虚拟形象服务（QQ 秀），后来大多数公司都在推出服务时就规划了如何利用增值服务赢利。增值服务一般分为会员类增值服务和内容消费类增值服务两种。会员类增值服务比较好理解，比如视频网站的付费会员，用户付费可以获得优先观看的特权，还可以观看更多内容（比如完整版内容、额外的拍摄花絮内容等）。

互联网行业现在已经是一个复杂的生态，这 4 种模式并不是互相独立的，这些业务往往都互相关联、相互依存。比如，微信里有朋友圈广告，也有小游戏；腾讯的各种服务都有会员收费的模式，都提供了很多增值服务；拼多多的会员、淘宝 88VIP 会员也都提供了电商平台内的优惠服务。

从图 4-28 和图 4-29 中我们可以看一看商业化产品经理需要什么能力。

商业化产品经理 /（13 000～25 000元/月） 直招中

职位职责：

1. 负责付费产品功能的设计，提升付费产品的整体用户体验、可玩性；
2. 熟悉礼物的前台玩法，负责礼物体系的整体规划和创新设计，具备运营意识，配合产品功能设计对应的运营手段，深挖用户付费；
3. 深入地进行竞品调研、用户调研，快速、高效地完成产品的敏捷迭代；
4. 负责项目推进过程中的跨部门协调沟通工作，能协调各种资源以确保项目顺利落地。

任职要求：

1. 2年以上互联网产品经验，熟悉互联网娱乐类产品，对营收、付费或创新玩法有独特的见解；
2. 对泛娱乐行业/兴趣社交产品有兴趣、爱研究，并对 泛娱乐行业/兴趣社交产品的社区、社交方向有前瞻性思路；
3. 了解等级、养成体系， 对数据敏感度高，能根据数据反推业务迭代方向；
4、有优秀的沟通能力、跨部门协调能力,有较强的组织能力和抗压能力。

图 4-28

商业化行业产品经理 /（20 000～40 000元/月） 直招中

职位职责：

1. 负责商业化效果广告行业产品与行业运营工作，达成收入目标；

2. 基于业务现状与客户和运营人员沟通，提炼行业问题与需求，从产品与运营角度挖掘行业潜力，提升行业广告收入；

3. 针对行业情况进行分析，能够从转化链路、行业特点等角度提炼主要问题并制定产品解决方案，推动产品技术实现产品需求；

4. 进行竞品研究，挖掘效果广告行业内的产品玩法，以及竞媒的行业玩法。

任职要求：

1. 学历要求：本科及以上；

2. 岗位职级：行业专家；

3. 工作年限：最好5年左右，优秀的3年以上也可以；

4. 有商业化工作背景或有某一行业的资深背景（游戏、直播、交友、视频、电商、金融、教育）；

5. 了解商业化模式，最好有商业化产品或产品运营、行业运营经验；了解商业化行业打法；

6. 有较强的执行力和推动力；有自己的行业运营方法和思路，能独立负责一个行业，能针对行业产出产品与运营策略。

图 4-29

如图 4-28 所示，要求应聘者对泛娱乐行业/社交产品有兴趣、爱研究，并且有前瞻思维。在面试的时候，应聘者一定会被问“你最近都在用哪些 App”或者“最近有什么好玩的 App 吸引了你？为什么？”同时，这个职位要求应聘者负责付费产品功能的设计，提升付费产品的整体用户体验、可玩性，并且要了解等级、养成体系等，这就要求应聘者最好有相关经验，否则在面试时全凭临场发挥，全凭自己的聪明才智肯定是不行的。这类职位的工作职责看上去简单，实际上背后需要应聘者有非常强的逻辑能力，需要有对用户非常敏锐的洞察力。

如图 4-29 所示，这个职位的工作是典型的商业化广告的工作，需要应聘者懂互联网广告的全部知识，熟悉各种广告术语，比如 CPC（每点击成本）、CPA（每行动成本）、CPS（以实际销售的产品数量换算广告刊登金额）、CTR（点击率）、换量……同时，这个职位还要求对行业产品和行业运营负责，基于现在业务现状与客户和运营人员沟通，提炼行业问题与需求，从产品与运营角度挖掘潜力，最终提高收入。所以，你如果应聘这个职位，就必须能够表现出对广告行业非常了解，并且对某一个垂直行业或者某一个细分领域非常熟悉。招聘要求中已经写清楚了招聘行业专家，要想面试成功就要做充足的准备。

问题77 社交产品经理的简历要注意什么

社交产品经理在互联网行业中是一个新兴的职位，但社交行为在整个社会中是长久以来都存在的，并且我认为这个职位很重要的两个能力是创新能力和洞察用户心理。我认为社交产品经理的简历要注意两点：一点是在过往经验中如何获取灵感、如何发挥创意、如何结合最新的潮流趋势；另一点是在过往经验中如何看到本质，如何从变化莫测的产品形态、纷繁的竞品中找到本质。

1．社交产品经理的重要能力是创新能力

创新是社交产品的原动力，人们比较喜欢追求新鲜的刺激，但是当所有人都使用某一个社交产品以后，又会有一部分人希望能够逃离出来。从过往的产品中就能看出这个发展规律，比如大家都使用 QQ，就会有一部分商务人士希望使用 MSN；大家都使用朋友圈晒娃、晒聚会的照片，就会有人不再发朋友圈。国外的案例也证明了这个规律，大家都在玩 Facebook 的时候，就会有人想玩 Snapchat（阅后即焚）。我们会看到社交产品一个接着一个地出现，层出不穷。如图 4-30 所示，社交产品可以做出很多新花样，涉及很多细分的领域。哪怕只是一个小小的

交友机制的改变、人群定位的改变、交互体验的重新设计，都可能出现一个新的社交产品。所以，应聘者必须在面试时充满激情，要能够给人对未知的世界充满好奇和兴趣的感觉，要对社交产品有非常多的想法，不但要能理解大众的需求，而且还要能够跳脱出来，不断寻找新方向。

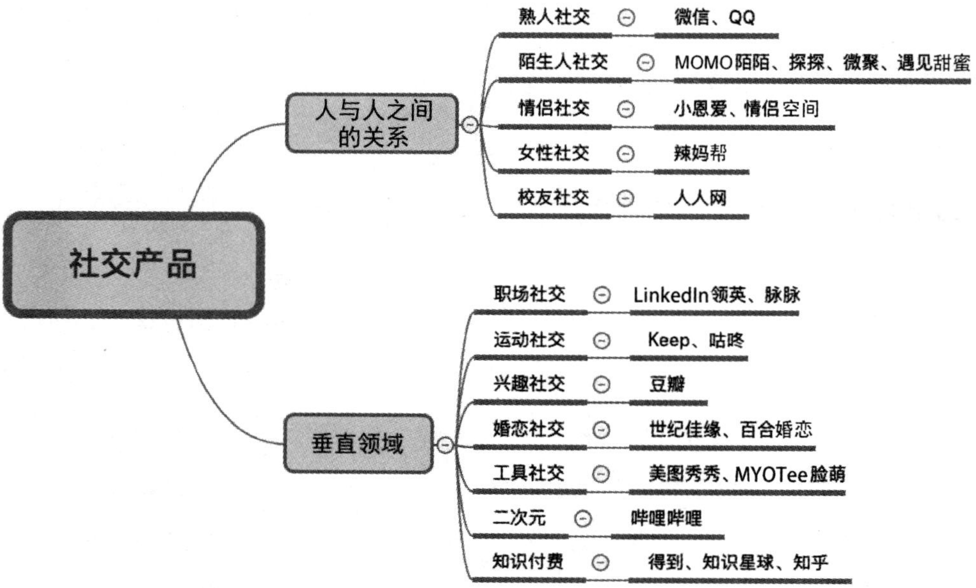

图 4-30

2．社交产品经理要能够洞察用户心理

首先，你要了解用户为什么需要社交产品。图 4-31 为一些用户在虚拟的世界里寻找的心理诉求。对于这些诉求，用户在现实生活中可能无法得到满足，可能因为工作原因，也可能因为生活环境、成长环境等原因。所以，你作为一个社交产品经理，一定要有洞悉用户心理的能力，要能够深刻地理解市场上的很多社交产品，这样才能够让面试官认为你做产品有思想、有深度。

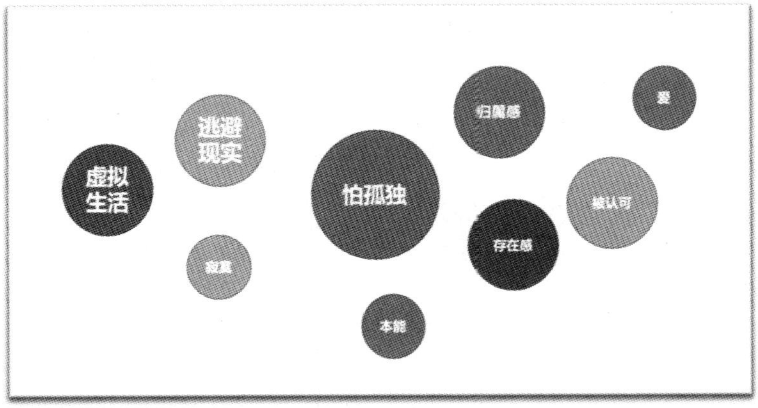

图 4-31

如图 4-32 所示，招聘要求首先确定了下沉市场，也就意味着你要知道一二线城市用户和三四五线下沉市场用户的区别，要知道用户的痛点和需求。同时，你还要了解竞争对手有哪些。尤其是第二条，你不能只停留在经验和感觉上，必须要有对用户行为、特征等进行专题分析的能力，要能够摸清楚用户的行为规律，同时关注竞争对手的相关玩法。

社交产品经理 /（15 000～30 000元/月）

职位职责：

1. 负责新项目（下沉市场付费社交领域）的用户需求分析，寻找用户痛点，进行该痛点下新产品的功能策划；
2. 对用户行为、特征等进行专题分析，了解用户行为规律，指导运营和产品调整；
3. 负责提升产品的用户活跃度和产品体验，不断挖掘用户需求；
4. 负责对应竞品的相关玩法及用户行为分析报告。

任职要求：

1. 善长用户需求的产品理解和表达，3年及以上互联网产品或运营经验；
2. 具有良好的沟通能力及需求分析能力，思维敏捷，主观能动性强；
3. 具有一定的产品交互设计基础，熟悉 Axure等产品原型工具；
4. 有互联网社交类、直播类产品经验者优先。

图 4-32

再来看图 4-33，招聘要求写得也非常清楚，要求应聘者熟悉主流社交娱乐 App 的玩法。也就是说，应聘者要想创新，需要先看看市场上都有什么，思考一下为什么大家没有做新的玩法，是技术实现有壁垒、产品体验不够好、市场空间比较小，还是潜在客户比较小众，还要思考用哪些核心的关键指标来衡量这个业务的好坏。对于这些问题，应聘者都要提前准备，并且在过往的经验中，最好能够体现这些能力。

社交产品经理 /（20 000～40 000元/月）

职位职责：

1. 熟悉主流社交娱乐App玩法，结合自身业务设计对应的产品功能；
2. 通过竞品调研、用户反馈等方式持续挖掘用户需求，不断优化创新产品；
3. 输出交互和逻辑清晰的产品需求文档，协调并跟进设计、研发、测试工作；
4. 提炼关键数据指标，分析所负责产品的数据表现，提出改进方案并实施。

任职要求：

1. 本科及以上学历，2年以上移动社交产品经验；
2. 良好的逻辑能力、沟通能力、执行力；
3. 对数据敏感，强于分析，能从数据中发现问题；
4. 有社交、游戏、直播等泛娱乐行业经验的优先。

图 4-33

第5章

如何掌握面试的主动权

问题78 怎样掌握面试的主动权

很多人在面试的时候都有些紧张，我认为这是很正常的，因为紧张的状态恰恰说明你对这份工作很在意，害怕失去这个机会，但是大多数人没有好的办法解决这个问题。面试其实是互相选择的过程，面试官在看你，你同样也在检验这个公司。

小刘上次去某大公司面试的时候就是这样的，约好了10点面试，由于害怕迟到提前半小时就到了现场，不敢喝水，怕要去洗手间。在公司前台登记后，他一直坐在角落，手里拿着简历，腿一直在抖，大脑有点不听使唤。他想回忆一下每段工作经历，但是感觉很混乱，不知道面试官会问什么问题，一直焦虑。

面试官终于叫他进去了，微笑地说："别紧张，先做一下自我介绍吧"。其实别人越说别紧张，小刘越紧张，手心出汗，说话已经开始有了颤音，心跳开始加速。所以，他在做本来准备好的自我介绍时没有了节奏，磕磕绊绊地说了两分钟，然后就结束了，完全不知道接下去说什么。面试官最后问了一句："结束了吗？"

我不知道你有没有似曾相识的感觉，也许你也遇到过类似的尴尬局面。那么问题到底出在哪里呢？为什么好好的一个面试、一个展示自我能力的机会反倒变成"审问"，变成要面试官问一句答一句的状况了呢？

为了回答这个问题，我们首先要搞清楚为什么会紧张，应该怎样克服紧张。

其实在面试时紧张有80%的原因是负面预想太多，总是思考表现不好会怎样，因此产生了强烈的胜负心，把得失看得过重。有些人在面试前会特别焦虑、担忧、纠结、患得患失、压力很大、神经衰弱，还没见到面试官就先假想面试失败的画面。

因为在大多数时间去想这些虚无缥缈的情况，所以准备得自然就不够充分。

比如，你在面试前没睡好，可能导致面试迟到了，忘了带简历，出现了各种小问题，这些都会让你更紧张。你同时也能感受到自己紧张，就会信心不足，在回答问题时就会吞吞吐吐，在精神面貌上萎靡不振，没有点精气神。

面试紧张是因为面试与你的切身利益和前途命运相关，但你越在意，越看重，就越紧张，所以往往你越希望应聘成功，在面试时就越慌乱。

要想克服紧张情绪，我建议最好按照以下几步操作。

第一步：吃不到葡萄就说葡萄酸。

越在意，就越要对自己说这个公司不过如此，“它的装修、办公环境一般，员工也是普通人，没什么大不了的，而且说不定这里的产品经理和我的水平差不多，只要努力就好，今天能叫我过来面试，就说明我也不差……”

当你和自己有这样的对话时，你的紧张情绪也许就能够舒缓不少。其实你在面试时不用太紧张，大不了就是失败，还有很多公司，还有很多机会，重要的是你要知道自己的水平到底怎么样。

第二步：在面试时，第一句话最好聊点别的。

为了缓解紧张情绪，在你走进房间后，建议你说的第一句话要转移一下注意力。比如，可以说一说今天天气如何，说一说在来面试的路上堵不堵车，说一说这个办公地点的装修很大气；再比如，可以问一下书包放在哪里，也可以问一句能否帮忙倒一杯水等。这些话都可以帮你转移注意力，让你放松。

同时，你也可以多微笑，把紧张转化为笑容，来排解内心的焦虑，也可以悄悄摸一下口袋里的吉祥物，给自己一些心理暗示，告诉自己今天不管结果如何，只要发挥自己应该有的水平就可以。

第三步：抓住面试官的兴奋点，掌握面试的主动权。

其实在面试的时候掌握主动权是缓解紧张情绪的最好方式。有些人是比赛型的人，越在关键时刻，发挥得越好，越在重要关头，越兴奋。因为他们往往在这个时候都忽视了结果，只想过程，只想面试官的兴奋点在哪里，然后思考要如何表达。

如果你不是比赛型的人，又想抓住面试官的兴奋点，就需要提前做好准备，写出逐字稿。下面来看看怎样做好准备。

1．你要知道面试什么职位

你要知道面试的是什么行业、什么公司，这个公司的竞争对手都有谁、做的业务到底是什么业务、公司的业绩怎么样、有没有融资的新闻、发展前景如何，这个公司比较核心的能力是技术、产品、运营，还是销售等。你要预判一下这个公司对这个职位的期望是什么。

2．你要准备自己的能力描述

你要仔细研究招聘要求上对能力的要求，然后对照自己的简历，逐一筛选检查，看看是否已经完全具备这些能力，并且检查自己的熟练程度已经达到了什么水平。

3．你要对简历中相关的工作内容做充足准备

你要认真准备每个工作细节，比如在当时做这件事情的时候团队有几个人、如何分工、你负责什么、主要贡献是什么、取得了什么成绩等，更重要的是要表达出是怎么思考的、用了什么方法做到的。

4．你要对简历中提到的数字有更深层的探究

在简历中肯定会出现很多业绩的数字，这点要非常小心。有数字的简历看上去会显得比较专业，但数字是最容易让面试官发问的点。对于一般数字，你只需要准备清楚数据的来源、数据之间的逻辑，以及影响数据的指标。对于非常重要的数据，你就要向下想三层，要保证每一层都能够讲清楚逻辑。

所以，当你不紧张的时候，就有机会表达，就有机会掌握主动权。为了掌握主动权，你可以多练习，尤其对着镜子练习，这样能够看到自己的面部表情，能感觉到语速、停顿等细节问题。

另外，在面试前你最好准备每个问题的逐字稿，不是要背下来，而是要有基础的框架，可以破解一问一答的模式，争取在每次发言时都能够讲得很精彩，都有很好的逻辑！

问题79 如何做自我介绍，要不要别出心裁

面试的第一个问题都是自我介绍。自我介绍的好坏直接影响了面试的成败。至少有70%的面试失败是因为自我介绍没有做好。

面试官让小李做一下自我介绍，小李是这样说的：

你好！面试官，我叫小李，从2014年到2018年我在北京某大学学习，学的是环境科学与检测专业。我在毕业后没有选择考研，通过校招的方式进入H公司工作。

在H公司，我负责全场景路径优化，梳理整个App的主要下单场景的路径，以提高每个节点的转化率为目标，进行多次A/B测试。对于现有的下单入口的页面设计、营销文案、弹幕、颜色配置等进行优化，挖掘新的询价场景入口，策划资讯产品、规划论坛社区，完成相关优惠活动，针对用户查询价格的需求，在下单页新增查询成交价的功能，在下单完成后增加竞品推荐逻辑，增加下单线索数，所以下单页的转化率由20%提升至30%，日均新增线索数达2万条。

从2019年3月到2020年3月，我到了B公司工作，负责小秘AI产品，

其实这个产品从2018年开始智能化，结合人工智能技术提升用户体验。小秘AI产品的定位是解决用户“看、选、买、用”四大模块的问答助手。我整理在各大搜索引擎中用户在购买时关注的问题集，结合客服问答数据，设计完成小秘的询问、回答页面，整合各大业务回答的内容卡片库，完成用户冷启动，维护种子群，进行整个产品的版本迭代，实现了用户使用较多的功能（如语音问答、工具直达、商品介绍等）。

其实说到这里的时候我估计面试官已经崩溃了，没有人能够记得住这么多信息，并且也没有人知道这些信息的逻辑是什么、重点是什么。这就是绝大多数人非常典型的自我介绍。还好小李只工作了两年多，如果工作了10多年，那么很难想象她要说到什么时候。

按照时间先后顺序直接复述简历上的内容，绝对是大忌，是失败的根源。这种自我介绍忽略了以下几个重要的问题：

（1）自我介绍要讲什么？

（2）你希望面试官记住什么？

（3）面试官在这么短的时间里能够记住多少？

（4）面试官最想和你聊什么？

下面逐个问题来看。

首先，自我介绍要讲什么？答案很明确，你一定要讲自己有什么能力、有什么优势、为什么能够胜任这个工作。有的应聘者认为他讲了过去在哪家公司工作、做过什么，面试官自然而然地就知道他有什么能力了。真实的情况并不是这样，你没有说你具备什么能力，面试官没有义务帮你总结你具备什么能力，况且面试官可能并没看出来你有什么能力或者理解得有偏差。你不如直接在简历上写清楚你的能力，在面试时直接讲出你的能力，这样就不需要其他人猜测和理解了。“我以为面试官会懂”“我以为面试官理解我是做什么的”，显然这是把希望寄托在其他人身上的一种做法。

自我介绍不需要别出心裁，就本本分分地把你是谁、有几年工作经验，以及五六个核心能力介绍出来就可以了。

其次，你要思考一下希望面试官记住什么。人的记忆能力是有限的，尤其是这种瞬时记忆。所以，我奉劝你在面试官头脑清醒的时候，千万不要说太多的内容，而要结合记忆特点，只讲五六个能力，要让面试官记住能力，而这些能力又和招聘要求是匹配的，这样面试官会有非常好的第一印象，接下来的疑问就是“这个人是不是有这么厉害啊”，然后会提出一系列的问题来“验证”能力。假设你没有做这样的设计，面试官心中的疑问就还是“这个人有什么能力”，他就会提出很多问题来“挖掘”你的能力，所以你才会总感觉面试官的问题很随机。

再次，在自我介绍这么短的时间内面试官能够记住什么呢？面试官一定会记住的是你的这些能力最突出的点，或者面试官最需要的点。比如，对于策略产品经理，面试官会记住你做过哪些策略，是流量分发策略，还是广告投放策略。面试官对基本功扎实，会写产品文档、画交互设计图这些能力都会记得，但不会把它们当成重点。另外，面试官会记住一些特别的项目，比如与行业内竞争对手做的方式不一样的，又或者成绩特别突出的一些点。

最后，我们来看看面试官到底想和你聊什么。其实自我介绍是一个非常好的自我展示的机会。面试官就想直截了当地听到你的能力、你能胜任这个职位的理由，最匹配、最合适的理由。所以，你不要讲工作经验，工作经验是证明你有能力的论据，而不是因为你讲了很多过往的工作经历、做过的事情就代表你有能力，做过不等于做好。每个人对能力的梳理和复盘也是一种有能力的体现。

如何进行自我介绍赢得先机完全在于你知道面试官想知道什么，你要按照“听众”的逻辑去说，而不能从自己的视角出发根据“演讲”的逻辑去说。

历史教科书式的诉说只会给面试官带来很多信息，让他产生很多疑问。每个面试官都会有一个针对这个职位的能力检查表。你在面试的过程中，每完成一个点面试官就会打钩一次，直到觉得你的能力已经与这个职位完全匹配了。

问题80 产品经理都有哪些基础知识和技能会被考查

在面试的过程中，面试官会根据产品经理的工作年限、工作内容，考查不同的基础知识和技能，下面展开说。

1. 刚刚工作 1 年的产品经理

有经验的面试官都清楚刚刚工作 1 年的产品经理的能力是什么样的。面试官心里都有一个预期的上限和一个勉强可以接受的下限，所以要看应聘者是否可以给出一些惊喜的答案。

这个阶段的产品经理在一般情况下都是刚刚入行没多久的，好一点的可能对相关软件的操作已经非常熟练，聪明一点的可能对于行业发展变化比较敏感，对新产品非常热衷，不够沉稳的就愿意讨论竞争对手的产品有多好，自己的产品和它们哪里有差距，而相对稳健的会把手头的工作做得非常扎实，并且不断学习，仔细地观察别人的做法，思考问题的本质。

所以，面试官如果面试这个阶段的产品经理，主要会考查以下几点：

（1）用户调研的相关知识；调研问卷的设计、回收、整理能力。

（2）记录、分析、整理需求的能力。

（3）能够根据客服投诉、用户论坛投诉、百度贴吧和微博等媒体投诉整理归纳并总结用户意见。

（4）能进行基础的原型设计及撰写产品文档。

（5）可以完成基础的项目管理工作。

（6）可以及时反馈进度、沟通进展、体验产品细节，并跟进优化。

（7）在产品上线后可以完成基础的数据观测、数据统计分析。

（8）收集用户反馈，能够提出持续优化产品的点。

（9）思维活跃、对新鲜事物敏感、对互动玩法有想法。

（10）积极主动，逻辑清晰，善于沟通，执行力强，具备良好的团队协作能力。

（11）能独立撰写产品文档，能熟练使用 Axure、思维导图、Office 等软件。

2. 工作 1 年到 3 年的产品经理

工作 1 年到 3 年的产品经理已经具备了一定的经验，有些优秀的应聘者已经可以独立负责一些项目了，面试官的要求也会变化，期待能遇到一个“熟手”。所以，面对这样的应聘者，面试官主要考查以下几点：

（1）能够参与核心产品业务的讨论。

（2）能够独立负责核心业务模块的产品模型抽象。

（3）能够完成所负责产品模块的业务规划、竞品分析、体验设计、产品实施、效果分析，能够协调产品开发、测试进行迭代优化和问题评估。

（4）能够与运营、开发、测试、设计等不同组的同事顺畅沟通，推动产品迭代和管理产品进度。

（5）有优秀的逻辑思维与分析能力，工作积极主动，执行力强，具备高效解决问题的能力，能承受一定的工作压力。

你会发现这个时候已经开始不用特别考查应聘者对软件的操作了，同时会更加关注对业务的规划和分析能力。

3. 工作 3 年到 5 年的产品经理

这个阶段的产品经理已经是资深的产品经理了，也是团队的骨干了，所以面试官的考查点也变成了以对全局、对宏观、对战略的理解为主。具体的考查点如下：

（1）能够理解公司战略，能够拆解公司战略，能够对产品结果负责。

（2）能够根据战略方向挖掘需求、设计产品。

（3）能够对内部与外部需求进行逻辑分析与判断，确保需求符合发展规律，把握用户需求和动向，持续改进产品。

（4）能够给出完整的产品规划。

（5）能够在无领导权限的情况下，驱动交互、开发、测试、运营等人员紧密合作达成产品目标。

（6）能够根据市场变化的情况、竞争对手的产品特点制订产品改进计划。

（7）有极佳的行业视野，有很强的需求分析及产品规划能力，对产品设计、产品分析、数据分析、竞争分析等有独到的见解，对市场发展趋势有敏锐的洞察力、创新意识。

（8）有产品规划的技能，产品周期规划明确，优先级安排合理，有较强的技术理解力。

4．工作 5 年以上的产品经理

这个阶段的产品经理已经成为团队的领导者，在一些小公司已经可以达到产品总监级别，所以面试官考查的点也非常不一样。具体可以参考以下几点：

（1）产品总监能够带领团队，引领产品方向，能够完成公司的战略布局。

（2）能够主导产品前期调研，制定中长期及短期产品规划，依据用户需求拆解实现路径。

（3）能够深入研究行业及竞品，及时、准确地把握市场需求，提出创新性产品策略。

（4）能够制订部门工作计划，并进行团队日常管理。

（5）对行业有极高的热情，至少有5年以上相关行业经验。

（6）有从0到1的产品实践，3年以上的管理经验。

（7）有战略推演能力，有对行业和用户的洞察力，有敏锐的业务触觉和独到的产品见解。

（8）具备大局观、优秀的统筹能力、沟通能力以及团队管理能力。

（9）能够回答跨领域知识，了解跨行业的业务。

产品经理的工作年限不同决定了面试考查点不同。如果你正在准备面试，那么可以试试从上面的对应内容中，对自己进行一次评估，看看自己是否具备相应的能力。

问题81 产品经理在面试时如何展示优秀品质

产品经理在面试的时候要展示优秀的自己，千万不要想着让别人挖掘自己身上的闪光点，要能够抓住一切机会表达自己的竞争力。展示自己的优秀品质是成功的秘诀。但是仍然有很多人会有疑问，不知道如何展示实力，比如如何体现自己的创新力呢？如何展示自己的行业洞察力呢？如何展示自己的基本功扎实呢？下面列出几个常见的能力展示方法。

1．展示自己的基本功扎实

要想展示自己的基本功扎实，比较靠谱的做法就是直接用作品说话。作品可以是线上作品，也可以是交互设计稿，还可以是用手机或电脑演示的文件。

但是只展示作品还不够，最好还能够配合讲解。在讲解的时候，为了突出基本功扎实，可以考虑讲以下几点：

（1）这个项目的目标和背景是什么。

（2）这个项目的用户价值是什么。

（3）这个项目的业务主流程是什么，希望用户有什么样的感受。

（4）在产品规划上这个项目的哪个点是核心点、哪个点是难点，你是如何解决难点的。

（5）在研发过程中，这个项目遇到了什么困难，或者说如何保证不出问题。

我觉得产品经理的基本功是想清楚事情，只有想得很清楚，才能用文字把产品文档写清楚，才能用软件把交互流程设计清楚。所以，上面 5 个问题都是帮助你展示如何想清楚的。

2. 展示自己有从 0 到 1 的产品规划能力

很多产品经理其实没有从 0 到 1 的经历，所在的公司可能分工非常细，每个人只做一个小功能或者一个小模块。但是即便如此，如果你用心，那么也可以学习，并把产品规划能力展示出来。请记住，在面试的时候你要展示产品规划能力，而不一定要展示实操能力。你可以坦白地说，如果让你规划，那么你会怎么做，而不是说所有的事情都是你做的才能体现出产品规划能力。产品规划能力可以体现在以下几点：

（1）这个项目当初为什么立项，这是很多产品经理在做从 0 到 1 的项目时都缺少思考的。是因为竞争对手发展得非常快，你们也要进入这个市场，还是因为原来的产品体系本来就包括这个部分的规划？

（2）从 0 开始，你第一步做的是什么？是用户分析、行业分析，还是商业模式分析？

（3）不但要表达出来第二步、第三步以及后续都要做什么，而且要有逻辑，这些都能体现你的产品规划能力。

（4）要能说出有了 1 以后，你是如何规划从 1 到 10 的，这点很重要，千万不要只停留在从0到1阶段。

3．展示自己有丰富的行业经验

行业经验丰富肯定不是背诵几个竞争对手的名字。行业经验可以体现在以下几点：

（1）行业竞争的格局如何？行业的独角兽是谁？它们的排序如何？它们各自的市场占有率如何？

（2）行业中的竞争对手都是什么类型的？

（3）行业中的技术壁垒、商业壁垒是什么，都有哪些专利和先发优势？

（4）你如何理解行业中各家公司的战略方向？

你对行业经验的表达一定要客观、理性。不管是对大公司还是对小公司，你都要客观地评价，既要能看到大公司在整个产业链生态上的优势，同时也要能发现一些小公司在业务上找到了差异点，从而形成竞争优势，要观察每个产品是如何满足用户需求的、是如何创造用户价值的。

4．展示自己有创新能力和学习能力

很多人只会在简历中写自己有创新能力和学习能力，但是却从来没有想过如何表现出来，当然也可能只是自己评估过高。创新能力可以体现在以下几点：

（1）在谈到创新的时候，你必须要知道现状如何，不然就谈不上创新。

（2）创新可以体现在你对细节的把握。你越熟悉，就越可以发现创新点，现在互联网行业非常流行“微创新”。

（3）创新还体现在模仿上，你能模仿，就证明你研究得比较透彻。

（4）创新还体现在不相信既成事实、敢于消除刻板印象。

学习能力可以体现在以下几点：

（1）学习能力反过来也可以促进创新能力的提升，所以你可以讲讲你都看哪些书、看哪些网站资讯。

（2）学习能力还体现在你对未知的渴望，如果面试官问到了你不懂的问题，那么你可以大胆地回答现在不知道，可以回去马上做一个专题分析。

5．展示自己具有积极心态，充满激情

自信、积极、充满激情是面试成功的重要武器，有些人在面试的时候非常低沉，显得很悲伤，也有些人满脸挂着笑容，他们的表情就代表了成功，所以要注意以下几点：

（1）声音要足够大，要洪亮，不要有颤音，可以紧张但不用胆怯。

（2）必须能详细、自信地讲述出自己的优势，最好能用简短的例子说明自己在某些方面与众不同的优势，但是切忌夸大。

（3）无论你现在的能力如何，你都应该勇敢面对，不用想太多结果。

（4）即使面试官出的一些题比较刁钻，你也要保持心态积极，做出足够的应变。

总之，你要带着目的去面试，多尝试几次，对整个面试的把控就会有进步。你要对每次面试都做复盘，让自己能够成长最重要。

问题82 在面试过程中有几道题没有答好会影响结果吗

小刘去大公司面试，非常紧张，连续有两道题没回答好，对答案一知半解。小刘心想，大公司的面试真严格，确实没有准备好，之前这个业务不是我负责的，所以有些细节我不知道，没答好问题，面试官肯定发现了不是我做的。所以，小刘更加紧张，还在思考前面的问题。

这个场面非常常见，因为大多数人很难控制自己的情绪，尤其在关系到自己的切身利益的时候。就像篮球比赛一样，失误不可怕，因为比赛还在继续，可是如果一直在后悔懊恼，在想刚刚的问题，就会答错更多的问题，丢失更多的机会。

在面试过程中即使有几道题没有答好，你也千万不要担忧，就让它过去吧。坦率地讲，这真的不会影响最终的结果。相反，紧张，瞻前顾后，才是导致每道题都可能答不好的原因，最终会丢失机会。这种失败绝对不是面试官给你的结论，而是你自己给出了放弃的信号。

为了不紧张，为了不影响整体结果，你需要在以下几种类型的题目上做充足准备，在其他问题上也许会有一些错误，但是不要紧，不一定会影响大局。

1. 自我介绍千万不能卡壳

这个问题千万不能出错，不管业务完成得怎么样、能力怎么样，如果你连自我介绍都卡壳，那么给面试官的第一印象就会很差了。自我介绍需要展示哪些内容、有哪些套路其实已经讲过了，你需要不断地练习。

自我介绍容易卡壳的原因有以下几个，你可以注意一下：

（1）当面试官不说话的时候，你会担心讲错了，或者做了更多的解释和补充，反倒画蛇添足。

（2）在自我介绍时，你容易不自信，因为有很多业务不是你做的。

（3）自我介绍的内容都是过去做过什么，缺少有价值的内容。

（4）对自我介绍的讲解缺少逻辑框架，只有时间线索。

（5）在自我介绍时对时间控制得不好，要么讲的时间非常短，基本 2 分钟就草草地结束了，要么啰啰唆唆地讲了 10 分钟。

2. 对公司的业务介绍不能过于简单

对公司的业务介绍是考查产品经理的重要环节，如果一个产品经理连公司的业务都不能描述清楚，那么绝对做不出合格的产品。产品经理要能够做好行业分析、商业模式分析、公司业务概况分析、业务流程分析。

在一般情况下，对公司的业务介绍会出现以下难点和问题：

（1）你们公司的主营业务是什么？这道题考查你是否具备全局视野，你不但要知道自己做什么，还要知道其他同事、其他组的同事、其他部门的同事都在做什么。

（2）竞争对手有哪些？这道题是考查你对外部市场竞争的了解程度的。你要知道竞争对手都在做哪些业务、竞争对手都做了哪些产品、你们是否跟进了、你们是否有类似的产品、你们的核心竞争力是什么、目标市场和目标用户群体是否重叠、在面对竞争时你们有什么战略和战术。

（3）对公司的业务你有什么优化的想法，如果让你规划，你打算怎么做？这个问题考查了你有没有创新能力、对现有产品有没有深度了解、对竞争对手了解多少。

对于这些问题你都可以提前思考准备一下。

3．具体业务的细化问题

对这个问题的回答是体现你的基本功的，如果你连自己的工作项目都讲不清楚，就等于面试失败了。在回答具体业务的细化问题时有以下几点需要注意。

（1）切忌解释业务。

案例：小罗是重型机械工程网的产品经理。重型机械工程网虽然也可以算作电商网站，但是有自己的特征。比如，以租赁为主、二手交易需要验货等。

假设面试官不太懂这个行业的特点，问了一些小罗认为非常基础的问题，那么小罗最好不要解释业务，一定要想办法用通俗的比喻绕过这些问题，直接谈问题的本质，千万不要解释行业和业务。

在很多时候，你越解释越解释不清，并且你和面试官容易陷入对行业的讨论、对商业模式的探究，从而使得面试官完全忽略了你做的事情。

（2）谈业务的目的是展示工作思维和工作方法。

当讲具体业务的时候，你要记住要给面试官展示工作思维和工作方法，和刚刚的问题一样，不要讲得太细，或者不要讲得太线性了，不要从头讲到尾，一定要有框架。

案例：小白在原来的公司是负责搭建会员体系的产品经理，在介绍业务的时候说："我仔细分析用户画像，然后根据公司的目标制定会员体系的框架，为了能够奖励用户行为，设计了相关的积分体系，比如用户转发活动可以得到多少积分、用户签到可以得到多少积分、积分能够兑换礼品，这样形成了一个闭环……"

小白以为自己说得非常好，把整个业务流程和用户行为路径都描述了一遍，但其实这会导致出现很多冗余信息，而且面试官一下子要接收很多信息，必须跟上他的节奏才能明白他讲的内容。

这个时候比较好的做法如下。

① 描述一下大的概念。搭建会员体系的目的可以是拉新、留存、促活，也可以是品牌回馈、建立荣誉体系。

② 描述一下会员体系的核心价值。在当时的条件下，公司选择的方向是什么，希望达到的目标是什么。

③ 描述为了达成这个目标做了哪几件事情，其中什么事情是最核心的、什么事情是偏长期的、什么事情是体现创意的等。

这样的描述会显得有框架，结构特别清晰。其实在面试的时候你不一定对每一道题都能给出完美的答案，面试也是一个比较好的学习机会，你可以去看一下别人做了什么。当遇到几个比较难的问题时，你要记得及时问面试官如何做，或者在最后的时候问。

问题83 在面试时经常被面试官打断，是不是就失败了

小曹在一个小公司做了 4 年产品经理，今年刚刚升职为产品总监，很想去大公司工作，结果到了面试的时候，面试官经常不等小曹说完就打断他，然后问下一个问题，小曹感觉自己没有发挥出真正的水平，又觉得这个面试官没有礼貌，总打断别人。总之，他觉得失败了。

实际的情况是小曹不一定失败，虽然总被打断，但是并不代表回答得不好，也许刚好回答到要点上，所以面试官就直接问下一个问题了。当然，也有可能小曹回答得不好，面试官想直接考查他的下一个能力，不想浪费时间。

面对这种在气势上有压迫感的面试官，你应该沉着冷静，需要注意以下几点。

1. 面试官觉得你讲的内容跑题了

你应该马上停下来，可以喝口水，也可以低头摸一下鞋，这都没关系，你需要转移一下注意力。这个时候你要去想刚才的回答是不是没有逻辑、是不是没有重点、是不是没有结合这家公司的业务。

案例：小周是在某大型互联网公司做内容运营的策略产品经理，她的工作主要是对内容的挖掘、包装、运营。简单地说，她要根据用户调研构建用户画像，确定用户标签，然后根据用户标签提出一些内容挖掘的方向，技术团队根据方向、标签以及用户画像，对内容进行挖掘、筛选，最后做运营内容上的整合。

她面试在线教育公司的职位，内容就是课程，这些课程相对固定、成熟、成体系化，所以不太需要通过算法或其他手段进行挖掘。她的做法可能在大型互联网公司是可行的，那里有很多数据，有挖掘的技术，同时她对算法、内容的整合也非常有经验。相反，对于教育行业来说，产品经理的工作重心是内容的包装与呈现，是相对偏营销类的，需要更多地考虑如何把现有的课程卖给消费者，以及

消费者在购买后的完整的上课体验。产品经理要抓住卖点，要对用户洞察，要对市场竞争情况非常了解。

所以，如果你的回答内容跑题了，面试官就会打断你。

2. 你回答的内容偏执行细节，不能反映本质

有时候为了描述工作细节，而没有提炼出工作内容的本质是什么，或者并没有表达清楚实际的方法论是什么，也是会被面试官打断的。

还用上面的例子来说，小周的工作其实本质上就是做内容的精确匹配，让用户可以看到感兴趣的内容。

当面对这种情况时，她应该冷静一下，重新组织一下语言，然后坦诚地告诉面试官刚刚没有讲好，重新再讲一下。不过这非常依赖于她平时对工作的总结和复盘，如果平时没有逻辑框架，那么很难在面试中马上总结。

在日常工作中，你要多对自己的工作进行梳理，提炼总结，这样才能从根本上保证说出来的内容是有逻辑的。

3. 面试官经常打断你，可能是一种压力测试的方式

有些时候面试官希望通过压力测试的方式考验应聘者的表现。比如，面试官一直追问工作的核心指标是什么、核心驱动力是什么，一直追问某个指标是如何完成的、有没有方法可以让指标翻倍等。这些可能都是压力测试。这时你一定要沉着冷静，可以先复述一下面试官的问题，或者用自己的话表述一下问题，然后让面试官确认是不是这个问题，这样做的目的是争取一些思考的时间。

当然，在争取时间后，你要看自己是否具备能力，能否在短时间内回答出面试官的问题。在这种关键时刻的沉着淡定，取决于你对日常工作的熟悉，对自己能力的自信。

4．你要更小心轻松的气氛、随机的问题、看似聊天的面试

面试官可能会随机提问，让面试的氛围很轻松，但实际上你要非常小心。

随机问问题，其实背后的逻辑并不随机，面试官完全可以对着简历把同类工作抽离出来，目的是看打破时间线索后你能否把问题看得通透、能力梳理是否足够清晰。

在这种情况下，你应该把语速调慢一点，要确保能够掌控局面，能够掌控节奏。你的节奏越慢，越容易缓解自己的紧张，越容易把问题化解。相反，对每个问题都很快答复，如果在说到一半的时候被面试官打断，那么你可能会紧张，总感觉并没有回答完整，担心给面试官留下坏印象。

不管面试官做出什么反应、用什么方式，你都要坦然接受，要时刻保持冷静，因为你和面试官可能只是一时间没有找到可以相互理解的“点”。

问题84 面试官都有什么类型

每个面试官的风格都不一样，在现在的职场中，你可能听过很多能力不如你、经验不如你的人却非常成功地入职了大公司。你可能从来没有想过面试官有什么区别，今天我们就来看看都有哪些类型的面试官。如果你能快速地发觉面试官的风格，并采取正确的方式，就会更加自信和谈吐自如。

面试官可以简单地分成以下几种风格。

1．风风火火型的面试官

这类面试官好像工作特别繁忙，所以在面试时语速快，经常打断应聘者，表现得风风火火。当然，如果应聘者在介绍业务时语无伦次，回答得过于冗长，那

么面试官可能还会走神。

最佳的应对方法：你的回答一定要简练，你要想办法给面试官留下深刻的印象，千万不能啰唆，对于不会的问题千万别绕圈子，可以提议安排一个面试作业，为自己获得更多的面试机会。

2．善于发现事实的面试官

这类面试官比较愿意通过一些封闭性的问题考查应聘者，经常会问以下问题：

“你的父母是做什么的？”

“你在上大学时的平均成绩是多少？”

“你最近一年取得了哪些成果和突破？”

“你管理的下属有多少人？”

很显然，这样的问题是一个陷阱，面试官希望你回答得更全面一些，比如你有几个下属。对于这个问题，你千万不要只回答一个具体的数字，一定要把相关的分工职责、组织架构、未来规划等都回答出来，甚至还可以讲以前带过多少人的团队，或者讲在带人方面有什么心得体会，可以在未来带更多的人。

最佳的应对方法：在回答问题时，你要准确地描述事实，并且能够补充完善，形成一个有逻辑的完整答案。

3．理论学派的面试官

这类面试官会通过一些开放性的问题考查应聘者做某件事情的信心或方法。

“你为什么选择教育行业？你以前的经验好像没有与教育相关的。”

“你有信心做好用户增长的工作吗？”

“你认为某个战略方向对公司的发展有何重要意义？”

其实这些问题都是比较理论化而非实操的，应聘者比较容易做好准备。当然，这又是一个陷阱，面试官并不是要和你讨论战略，而是考查你在面试前是否准备得充分、能否从应聘公司的角度回答这些问题。

最佳的应对方法：理论学派的面试官主要在意的是想清楚，思考得有深度，比较重视方法论的沉淀。所以，在面试的时候，你要注意逻辑表达和对理论的提炼。

4．严肃的回忆型面试官

这类面试官始终很严肃，面无表情，好像随时都可能结束面试。他们比较喜欢问以前项目的细节，比如以下的问题：

“你当时做这个项目的想法是什么？”

“你和你的直接上级对发展方向有什么不同的看法吗？”

“你当时做了哪些事情把业绩提升了？”

面试官提出上述这些问题的目的主要是希望回到当时的场景，考查应聘者当初的做法，所以应聘者在答案中可以体现出个人的成就动机，也可以体现个人的技能水平。

最佳的应对方法：你要时刻保持微笑，亲切友好，但不要掉以轻心。你要用你的专业回答面试官，千万不要被面试官的严肃表情欺骗了。

5．面向未来的面试官

这类面试官特别喜欢问假设性的问题，这些问题都是假想的，其实最大的问题是应聘者怎么做、如何表达出自己的方法论。他们可能经常会问以下问题：

“假如遇到一个很难合作的人，你会怎么做？”

“假如进入一个完全不懂的行业，你会怎么开展工作？”

“如果出现一个突发事件，那么你如何保证完成任务？”

最佳的应对方法：你同样要用假设性的答案回答，这样可以表达得更完整、更完美，而不用担心超出你的能力范围等。

6. 发散思维型的面试官

这类面试官不拘泥于固定的面试程序，在一分钟前还在谈论用户增长，而下一个问题可能就是谈论你的兴趣爱好。应聘者面临的挑战是这些主题看起来并不相关，而且不知道面试官是如何评判自己的。

最佳的应对方法：你要精心准备，将自己的优势与工作的许多不同方面联系起来。

问题85 在面试前如何做好准备工作

面试找工作最重要的就是要做好准备，并且你要理解面试的目的是要找一个适合的人，而不一定要找一个优秀的人。所以，在面试前准备的时候，你要围绕合适、匹配这样的关键词准备。

当然，有很多人过分迷信大公司的工作背景。从心态上讲，你没必要迷信有大公司工作经历的应聘者。大公司的工作经历可能会带来好的经验和资源，但是大公司的人也未必都是精兵强将，过细的工作分工有时候会消磨人的创意和激情，而这点对你想应聘的职位未必合适。

那么什么样的简历是好简历，是面试官喜欢的呢？

优秀简历的标准仁者见仁，但有一点不可否认，那就是优秀简历能引起面试官的注意，让面试官花尽可能多的时间看。那么，什么内容是面试官在最初的15

秒内最想看的？

毫无疑问，就是工作能力，当你在简历上写了能力的时候，同时等于写入了面试官的大脑里，面试官看到这些能力，心里只有一个疑问：“这些是真的吗？”在接下来的面试过程中，面试官就要想办法验证这些能力。当然，这些能力是需要在简历中用“关键词、数字、结果”来描述的。比如，你平时做了很多产品运营的活动，就可以用一段话写出你在工作中做了多少个活动，这些活动的业绩如何、价值是什么等。

面试是体力活，筛选简历更是体力活中的体力活，所以面试官们都会非常快速地筛选出符合预期的简历。面试官会看应聘者过去的职位是什么、对这个行业了解多少、对工作流程和工作方法是否熟悉，在心里会想这个应聘者在加入团队后是可以马上上手，是需要一个老员工教一教，还是需要花费一笔培训费用来帮助他适应新的职位。

面试官还要分析简历的细节。简历的细节包括很多方面，面试官通常先要看时间的连续、行业的连续、工作内容的连续，也要判断工作能力是否有提升。面试官会问应聘者为什么某段时间没有工作、为什么在这么短的时间跳槽了 3 家公司。

简历的内容大体上分为两个部分，客观内容主要有个人信息、教育经历、工作经历、个人成绩 4 个方面，主观内容主要有应聘者对自己的描述。一般来说，面试官的考查重点在客观内容上，会仔细寻找与成就有关的内容。

应聘者在面试前要做好以下 4 点：

（1）要反思过去的阶段成果和问题，明确知道自己是怎样工作的、是怎样得到这些成绩的。

（2）要审视当前的方法和方式是否有值得优化的地方，因为只有方法才能够被迁移。

（3）要停下来休息一下，给自己一个节奏放缓的机会。不一定每个公司都值得去，哪怕只是面试。你要思考为什么去、值不值得去。

（4）判断下一步朝哪里走，如果方向错了那么只会越跑越远，所以在职场中你要学会给自己的职业发展设置节点。

当然，对于面试准备来说，更基础的事情是以下6件，它们可以帮助你舒缓心情，沉着应战。

（1）问清楚面试的安排。比如，什么时间面试、公司具体在什么位置、面试的职位是什么、面试官如何称呼等，你最好让人力资源经理给你发邮件或者短信，以便准确记录。

（2）做好对公司的研究。在面试前，你最好先了解这家公司，了解这个部门、职位发展的历程，包括公司的业务、团队的组织架构等信息。

（3）要演练面试技巧。没有人天生会面试，面试的能力和技巧都是刻意练习出来的。建议找一些实用的技巧，然后和家人或者朋友私下反复练习，或者对着镜子练习。此举不仅可以提高面试技能，还可以缓解面试中的紧张情绪。

（4）在面试前要反复回顾简历。在面试前，你务必将简历中最匹配该职位的点用关键词提炼出来，然后用业绩和职业成果证明你具备相应的能力，并且要学会讲真实的故事，越详细越好。

（5）放平心态。面试其实只是求职过程中的一个环节，整个招聘过程还有很多环节，重要的是你要知道自己的能力，也要知道对方的要求，并且能够正常地发挥。

（6）遵循条理性原则。你要将公司可能雇用你的理由用自己过去的经历有条理地表达出来，可以把个人基本信息、工作能力、工作经历、教育与培训作为重点内容。

问题86 面试回答得没有逻辑，感觉自己都讲晕了，怎么办

很多应聘者在回答问题的时候没有逻辑，感觉自己已经把以前做的、能想到的都表达得非常清楚了，但是面试官还不满意，他们不知道面试官到底是想听细节，还是想听框架。

下面介绍几种非常管用的表达方法。

1. 观点陈述法

如图 5-1 所示，你要先从一个观点讲起，然后给出原因，再给出相应的例子，最后对观点做出总结。

图 5-1

举个例子：

你认为你非常适合产品运营的工作（观点）。

因为你作为工科生，对逻辑和数字都非常敏感，所以能够触类旁通，迁移经验和能力到其他项目中（原因）。

比如你在某大公司实习时，参与了一个什么项目，在项目中解决了一个什么问题（这里可以引出一段实习经历的工作介绍）（例子）。

因此，你认为你非常适合这份工作（观点）。

2. 时钟陈述法

很多应聘者把时钟陈述法理解错了，认为按时间顺序说就是时钟陈述法，其实它的核心意图是把过往的经历按照模块划分，经常分为事前、事中、事后。

举个例子：

你在一家公司上班，工作的主要职责是对线下运营活动进行评估。如果面试官问你平时的具体工作内容有哪些，那么有以下两种回答方式。

第一种：你经常出差谈活动合作，有时候要看资料，有时候要打分，有时候要写报告。

第二种：你经常出差去线下活动场地考查。在出差前，你要研读供应商的相关活动方案资料；在出差中，你要到供应商的工厂里实地勘察；在出差后，你要根据指标打分并形成报告。

很明显，第二种回答更清楚。这就是时钟陈述法，按照时间顺序组织信息模块，说明整个工作的逻辑。

3. 旅行路线法

旅行路线法就是比喻做事情的时候有固定套路、固定线路、固定的停靠点和监测点，按照地点的顺序展开工作。

还用上面的例子，如果不是说出差前、出差中、出差后，而是按照火车上、工厂、办公室这 3 个地点来讲，那么大家也能听明白。

比如，在火车上，你要看供应商的相关活动方案资料；到了供应商的工厂里，你要实地勘察；回到办公室后，你要根据指标打分并形成报告。

因为大家对火车上、工厂、办公室都有概念，所以你这么一说，他们的大脑中就会出现具体情节，有视觉化效果。所以，旅行路线法的一个最大特点就是能帮助听众结合具体情境更好地理解传达的信息。

4．三角法

三角形是最稳定的图形，所以很多成功人士在演讲的时候都愿意使用三角法，经常从3个方面阐述观点。比如，新的组织架构是新增长、新运营、新营销；新的演讲可以让听众开心、开眼、开悟；高效的培训可以让学员心动、激动、行动。

你需要不断地练习三角法，首先把要表达的内容进行框架性的组织，然后对着镜子练习套路。当然，你也可以随时随地、有意识地不断练习。比如，你可以从以下3个方面阐述开会：会议前、会议中、会议后；办公会、视频会、电话会；周会、季度会、年度会……总之，你要不断地练习，直到遇到话题时能够自动化地输出你的语言表达框架。

按照上述办法的练习可以分成3个阶段。

第一个阶段，用套路写邮件，至少写1个月，在每次写完邮件后都回顾一下，看看是否逻辑清楚。

第二个阶段：在开会时用套路发言，持续2个月，同时写邮件练习也不要停，要让自己的文字表达能力进化成口头表达能力。

第三个阶段：用这些方法进行一对一回答问题的练习，持续3个月，同时其他两项练习也不能停，要让自己的能力从使用准备好的材料表达，变成可以游刃有余的灵活应对。

问题87 面试官如何考查应聘者能否胜任该工作

面试其实主要考查的是应聘者能否胜任该工作，那么胜任工作的能力要如何考查呢？

我们首先来看传统的面试过程，很多面试官在进行面试的过程中没有提前设计过相关问题来系统地考查应聘者的职位胜任力，通常提问也比较随意，比如，“请先介绍一下你的个人经历、你的强项和弱项是什么？你喜欢和不喜欢的工作是什么？你的个人工作风格是怎么样的？”

这样的提问属于两难型提问，可以得到一些答案，但是没办法判断应聘者能否胜任这个职位。再比如，面试官问：“请说一下你在工作中做得最成功的决策是什么”。这时，如果应聘者坦诚地说：“我工作时间不长，而且只做一些事务性的工作，还没有独立决策的实力”，那么问这样的一道面试题就是失败的。所以，好的面试官会把这个问题稍做修改：“请谈一下你在过去的生活或工作中做得最成功的个人决策或者其他决策是什么。”

应聘者在遇到这种传统的面试问题时，要理解面试官背后的意图，要知道面试官究竟想问的是什么、希望得到一个什么样的答案。有些应聘者在回答的时候比较随意，可能回答“没有”“不知道”等非常简单的答案，其实可以延展一下。比如，“没有类似的经验，不过我认为可以分成3点……”或者说：“您提的这个问题非常好，我现在一时间不知道有什么更好的答案，我愿意回去之后马上研究一下，如果可以我希望能把研究报告给您发一封电子邮件。”

这样稍稍延展都可以表达应聘者的学习能力、做事情的意愿等。

但是在职场面试中，面试官对于胜任能力的考查更加重视，面试官的考查目的和方法可以从以下几个方面阐述。

1. 针对不同的职位一定会有不同的要求

不同的职位、不同的职业等级代表了不同的能力要求，比如对初级产品经理面试，面试官可能更注重基本功和能否完成基础的执行工作，而对中级或高级产品经理面试，面试官可能就要考查是否有产品规划能力。也就是说，在面试时对每个人能力的要求是不一样的，针对每一个职位都会有特定的面试问题和面试方式。

互联网上流传的所谓的通用能力模型在现实中只有一部分适用，比如基础运营人员在电商行业和教育行业都会做一些拉新的营销活动，初级岗位的能力要求类似，客服人员在不同的行业中都差不多，都针对用户的投诉或疑问进行服务。

2．考查胜任能力的面试形式一定是半结构化的

很多传统的非结构化面试在事前没有任何设计，提问也很随机，通常比较主观，难以系统、全面地考查应聘者的胜任力，结构化面试又过于刻板，不能根据应聘者的情况进行有针对性的提问，通常难以深入地考查其胜任能力，而半结构化面试则事先根据职位胜任能力做一套面试题的设计，同时在面试过程中又允许面试官根据具体情况做有针对性的追问，从而可以深入地考查应聘者的胜任能力。

所谓半结构化就是有固定的考查点，比如对产品经理要固定考查行业洞察力、商业洞察力、用户洞察力，考查产品规划能力、项目管理能力，以及长期布局的能力。半结构化面试多采用开放性的问题，希望应聘者能够回答完整的链路，或者方法论，然后根据具体的细节和数字指标进行追问。

3．考查胜任能力以行为性问题和情境性问题为主

考查应聘者的胜任能力最主要的题型就是行为性问题和情境性问题。因为过去的行为是对未来最好的预测，这已经在大量的人才评价实践中被充分证明了。当然，还有一种题型是情境性问题，是把应聘者放到一个假定的情境中考查应聘者的应变反应。比如，“假如让你回到滴滴和快的开展补贴大战的时期，你会做怎样的产品优化？你是先进行地图规划、司机派单等技术产品迭代，还是先选择营销补贴把用户都抓在手里呢？”

不同的面试官可能问的问题不一样，但是目的都是一样的，就是希望通过半结构化问题、行为性问题、情境性问题考查你对这个职位的胜任能力，考查你对这个职业等级的匹配程度。

问题88 面试的问题到底能不能预测

小李最近不太高兴，因为连续去几家公司面试都铩羽而归，感觉特别无奈。在做完自我介绍后，面试官的提问非常不可预测，小李总感觉有些问题没有准备充分。下面就来讲讲，如何预测面试官的问题。

1. 最重要的原则

在面试时你希望向面试官传递什么积极信息？这点非常重要，是你掌握主动权最重要的原则。你要摒弃以前的刻板印象，千万不要进入“你问我答”的模式，面试不是知识问答节目，而是一个展示自己能力的机会，你一定要抓住机会，向面试官传递“我是最适合的，我是与目标职位最匹配的”。

2. 综合素质类的问题

面试官主要考查以下几个方面，并判断应聘者的综合素质情况。

（1）通用能力：包括语言表达能力、综合分析能力、组织协调能力、判断决策能力、创新能力。

（2）个性品质：包括价值取向、求职动机、进取意识、意志品质。

（3）经验和知识：包括知识广度、专业知识、相关经验。

（4）个人仪表：包括穿衣风格、礼貌谈吐等。

所以，在准备面试的时候，你可以逐项自查，看看有哪些方面做得还不到位。

3. 面试官的主观印象题

面试是一个主观性比较强的过程，不像笔试有一个非常明确的客观标准，面试往往受到面试官的个人主观印象、情感和经验等许多因素的影响。不同的面试官对同一位应聘者的评价往往会有差异，而且可能各有各的评价依据。

在一般情况下，面试官可能问以下问题，从面试官的角度来说这些是最基本的问题，如果回答不好，那么面试官在主观上就会判断这个应聘者与职位不匹配。

（1）在面试之前，您对我们公司的产品和业务了解多少？

如果应聘者了解得不够深入，那么说明并不看重这次机会，如果连最基础的搜索工作都没做，那么很难想象这样的应聘者以后会在实际工作中有非常好的主动性。

（2）请问您做的这个产品的优缺点分别是什么？

如果应聘者对这样的问题不能很好地回答，那么说明应聘者缺少发现问题的思维和习惯，不能更全面地看待产品，没有横向地和市场中竞争对手比较的习惯，未来在实际工作中很难完成产品的中长期规划和产品布局设计。

（3）请问您业务增长 30%是如何做到的？

如果应聘者不能很好地回答这种问题，那么说明缺少工作方法，可能对数字不够敏感。在未来的工作中，应聘者可能很难对业务增长或者业绩下滑做出准确的判断。

由于对人的素质评价是一项非常复杂的工作，所以面试官会把自己长期积累的经验运用到面试评价中。从这个角度来说，这种主观性也有独特的价值。可能还有很多这种主观判断，但是从应聘者的角度来说，这些问题就是要准备好的，要体现出自己的能力、工作的方法论。

4．站在面试官的角度想问题

你要站在面试官的角度想问题，要知道面试官究竟希望招聘一个什么样的人。在一般情况下，面试官更希望看到的是一个积极主动的人。如果招聘一个高级产品经理，那么面试官还需要应聘者经历过一些异动，这些异动有可能是横向的职位轮换，也有可能是纵向的职位晋升。

其实积极主动的产品经理一定是有成长的、有进步的，如果简历中的几个跳槽经历并不能说明你在成长，那么很难打动面试官。能够打动面试官的，其实是不断地突破自己的能力极限、不断地挑战职业新高度的状态。当然，有些应聘者是在内部进行异动的，或者通过换平台提升，在面试官眼里这些都是可以接受的。最糟糕的情况是，一个应聘者在原来公司工作了5～8年，从来没有任何晋升，也没有轮岗，甚至每年的工作业绩都比较一般，变化不大。有经验的面试官在遇到这种应聘者时都会问一个问题："你最近几年有什么进步和成长？"

站在面试官的角度想问题，一定要向未来看，要想象自己如果加入了这个团队，那么可能面临什么问题，可能会有什么挑战。

你可以模拟面试官或者找一个朋友对每个细节进行提问，还可以准备一份问题清单。在一般情况下，写满2页的简历应该可以准备150个问题左右，有上面提到的一些基础性问题，同样也会有很多对细节的追问。因为对每个人、每个职位的要求不一样，所以这里就不一一列举了。你可以遵循你希望传递什么信息给面试官、面试官为什么会相信你的答案这样的原则准备。

问题89 "面经"到底有没有用

面试一直是人才评定的一个基本手段，用于鉴别应聘者的能力和与其他应聘者的差异。令人遗憾的是，人们至今未能对面试形成一致的看法，有人认为一定要招聘高学历的，有人认为一定要招聘有大公司背景的，有人认为在实践中面试就是面对面的交谈，感觉对了就行，学历好不好、背景好不好不重要，都可以培养。其实面试的目的是考查应聘者是否具备任职所需要的素质，而不是为了交谈而交谈。

那么什么是面试呢？面试是一项复杂的交谈活动，面试官要想尽办法考查应聘者是否具备相关的能力和条件。所以，面试官要精心设计面试试题，而且需要在面试过程中对应聘者进行提问，并观察应聘者的表现和倾听应聘者的回答。应聘者通常为了能够谋求职位，千方百计地展示自己，积极地表现自己的长处而掩盖不足。这在无形中给面试官摸清真相增加了难度，所以面试也是学问很深的技术和艺术。

不知道从什么时候开始，互联网上流行一个词，叫“面经”，意思是面试的经验之谈，还有部分职业生涯规划网站、大学生求职就业网站专门搜集面试经验，然后给更多后来人分享。很多即将毕业的大学生希望通过阅读面试经验，获得提示，提前准备面试问题，以免在面试的时候紧张。

面试是通过面试官与应聘者双方面对面的信息交流考查应聘者是否具备与职位相关的能力和个人品质的一种评测手段。既然像一种考试，做到“知己知彼”就无可厚非了。收集面试经验的目的是希望能够学习“前车之鉴”，为自己增加成功面试的筹码。那么面试经验究竟要怎么用呢？

1. 肯定不能照搬别人的答案

在面试经验里一定有很多问题和答案，但是这些答案绝对不是标准答案。你不可能直接背诵别人的答案，而且面试官也不喜欢听到千篇一律的回答，尤其对常见问题的答案见多了就会反感了。比如，“你有什么缺点？”如果你回答“我特别固执，在工作中遇到困难时，一定要想办法解决。”这种答案听上去好像把缺点转化成了优点，殊不知面试官已经听过太多类似的了，这种抖机灵的答案已经不能够打动面试官了。

同样，对业务上的问题就更不可能背诵别人的答案了，因为每家公司的业务都不一样，业务规模、用户规模也都不一样。你只能模仿别人的思路，结合自己的能力重新设计答案。

2. 把面试经验当成例题库

下面列出一些常见的问题，你可以思考一下属于你的答案。

（1）考查学习能力。

大学有哪些科目？

你最喜欢哪一个学科？

你的成绩如何？你是如何学的？请谈谈你的具体做法。

（2）考查协调能力或者人际关系。

请讲述你在大学期间所做的最能体现组织才能的一件事情。

请讲述在工作中你如何组织跨团队的项目合作。

（3）考查合作性。

请讲述一个你最愉快的合作项目。

请讲述你在工作期间所做的给予他人帮助最大的一件事情。

（4）考查对压力的承受能力。

请讲述你在工作期间所经历的压力最大的一件事情，你是如何处理的？

请讲述你如果遇到年终业绩目标制定不合理的情况，那么会怎样处理？

（5）考查决策能力。

请讲述在工作或大学期间，你独立做出的一个影响你将来生活的决定是什么。

请回想一下这几次离职，你怎样做出的决策？

（6）考查信息收集能力。

为了完成项目报告，你会如何收集材料？

公司有一个新项目要立项，你会如何处理？

（7）考查责任心和主动性。

在新项目中你不是核心成员，会主动承担什么工作？你印象深刻的一件事情是什么？

面试有点像买房子，即使房地产商把房子描绘得再好，如果没有去现场看样板间、没有考察过周边环境、不知道房间布局等具体情况，你也不太可能把这个房子买下来。你也要给面试官展示更全面的自己，以此获得面试成功。

问题90 面试中的万能型的回答模板

在中国，大学毕业生没有太多的社会经验、工作经验，所以在面试求职前会比较惶恐，希望能够找到万能型的回答模板。但已经工作了两三年的产品经理如果还希望能有一套模板，甚至能有题库帮助他成功入职大公司，那么这是多么可笑的事情啊。

面试本身就不是一场考试，不应该有标准答案、万能型的回答模板。面试是一场表演，是一场让应聘者充分展示实力的表演。之所以大家希望有万能型的回答模板，或者相信有万能型的回答模板，是因为面试官的问题差不多，比如，“请做一下自我介绍”“你做过什么成功的案例”“你曾经做的一个失败的项目是什么，怎么解决的困难”等。

当然，也有面试官会提出很大的问题来考查应聘者是否思路清晰，比如正在面试你的是某公司的产品总监，他的问题可能是“你觉得我们公司的产品在移动端怎么布局更好一点？”听到这个问题，估计你瞬间就会头痛，与一个面试官讨论这样的问题，无论你回答得多么好，考虑得多么周全，在他的心中你的回答永远都不会是一个合格的答案。

那么这样的问题到底有没有万能型的回答模板呢？模板肯定没有，但是回答的思路是有的。首先，这个问题与正在面试的公司业务相关，其次这个问题太大了，在整个公司恐怕也没有几个人能给出完美的答案，这时可以按照下面这几个步骤来回答。

第一，不要直面问题。在面试时，一定不是所有问题都有答案，也不用回答所有问题。像这种问题太大了，大多数人都没法回答，在面试这种情景遇到这种问题时能做出正常反应就已经很厉害了，要在短时间内回答一个公司级的大战略问题，本身就不太可能。

第二，把话题引到自己熟悉的方向。如果你不好回答这个大问题，那么可以讲讲你熟悉的产品，当然以你作为一个用户的角度来讲，你认为下一步这个产品可以发展成什么样。同样，你也可以讲讲你熟悉的移动互联网、你认为移动互联网的流量池在哪里、可以用什么样的产品承载流量、你认为符合移动端用户体验的产品应该是什么样的。你可以把回答多往自己熟悉的话题引导，做延展，讲出自己的方法论、对行业的理解、对未来发展趋势的判断。

第三，最好避免谈论公司的产品，尤其是批评产品。在任何场合批评自己原来公司的产品都是不合适的，更何况给准备要去的公司产品挑毛病，这是面试大忌。之所以说是大忌原因有三：原因一，过多地批评自己公司的产品，会给人留下负面、抱怨的印象，所有的产品都不可能是完美的产品，为什么不能发现产品的闪光点，而要发现问题呢？原因二，其实你在很多时候认为产品出了问题，可能并不完全是问题，可能是公司的战略选择，公司把更多的精力和资源投向了其他方面，只是你没有了解完整的信息；原因三，面试官就在公司内部，公司花重金聘请他让他来解决问题，他比在外部的你更了解准确的信息，他都没有准确的答案、合适的解决方案，怎么会如此凑巧，你就能够在面试的短时间里想出一个解决方案呢？

这种高难度的问题是不容易回答的，你可以巧妙地回答，避免“正面”回答问题，举个例子：“贵公司的产品，作为公司最具发展性的产品，我相信整个团队肯定已经做过多次深入的讨论，一定已经有周全的方案来为贵公司赢得移动互联网的船票，甚至人工智能时代的船票。”

这样的回答没有直面问题提到的具体的产品规划和布局，只是告诉面试官他的问题你听到了，但是这个问题真的太大了，公司现有团队每天研究都没有特别好的答案，作为应聘者，你很难在现场给出一个令人满意的答案。

所谓的面试万能型的回答模板就是千万不要在不擅长的问题上给出一个不专业的答案，你可以考虑迂回战术，可以找擅长的方向作答，但是要保证在最基础的题目上发挥正常。

有些人认为只要掌握了万能型的回答模板，具备了一定的工作经验、技能、学历，再加上性格上的某些特点，就完全可以胜任工作了，这其实是错误的逻辑。

变是唯一不变的，万能的也可能是最不能的。一个应聘者可以具备所有条件，但是也可能无法胜任某一项工作。相反，很多人可以胜任这项工作，但是可能并不具备全部条件，尤其那些工作能力很强的人更是这样的。

面试不仅仅考查应聘者具备了某些外在的条件，面试官还需要将注意力从应聘者具备什么样的外在条件转移到应聘者的实际工作能力上。在设计行为面试题时，面试官会更多地考虑让应聘者讲讲当时他遇到的某种情况，讲讲具体是如何处理的，引导应聘者讲讲真实发生而非杜撰出来的故事。

问题91 人力资源经理经常会问的话题有哪些

招聘就是找到最合适的人、真正有能力的人的一个过程。在一个大公司里通常有招聘经理和人力资源业务合作伙伴（HR Business Partner，HRBP)，招聘经理主要负责对外发布招聘广告、收集简历、筛选简历、约面试，在面试完后还会进行背景调查，最后发聘用通知。人力资源业务合作伙伴工作的侧重点主要为员工发展、人才发掘、能力培养等方面。

招聘，从字面意义上理解，就是先“招”过来，再“聘”用，一定希望应聘者“招之即来，来之能战，战之能胜”。所以，我们经常能在招聘海报上发现很多公司都用“你来不来”“就等你来”“虚位以待”这样的话来吸引应聘者。

下面帮你总结一些经常遇到的问题，请你认真准备。

1. 个人信息的问题

（1）请你做一下自我介绍。

（2）你觉得在你的个性上最大的优点是什么？

（3）请说说你最大的缺点。

（4）你的朋友对你的评价怎么样？

（5）最能概括你自己的 3 个词是什么？

（6）你的业余爱好是什么？

（7）请说说你的家庭。

（8）眼下在你的生活中最重要的是什么？

（9）你认为你在学校属于好学生吗？你的学习能力强吗？

（10）你怎样看待学历和能力？

2. 职业素养

（1）你对加班的看法是什么？

（2）你对工资的要求是什么？

（3）在 5 年的时间内，你的职业生涯规划是什么？

（4）如果面试成功，在工作一段时间后却发现不适合，那么你会怎么办？

（5）你认为领导要求使用的方法不是最好的，还有更好的方法，你应该怎么做？

（6）你通常如何处理别人的批评？

（7）你和别人发生过争执吗？你是怎样解决的？

3．业务问题

（1）你还有什么问题要问吗？

（2）你对我们公司了解多少？

（3）你最擅长的方向是什么？

（4）你能为我们公司带来什么呢？

（5）你怎么理解你应聘的职位？

（6）请说说你对行业、技术发展趋势的看法。

（7）你对工作的期望与目标是什么？

（8）对于你申请的这个职位，你认为你还欠缺什么？

（9）对这项工作，你有哪些可预见的困难？

（10）你的工作经验欠缺，如何能胜任这项工作？

（11）请谈谈你过去做过的成功案例。

4．求职动机

（1）请说出你选择这份工作的动机。

（2）你喜欢这份工作的哪一点？

（3）你为什么要离职？

（4）你欣赏哪种性格的人？

（5）请谈谈你对跳槽的看法。

（6）什么会让你有成就感？

（7）你为什么愿意到我们公司来工作？

（8）你希望与什么样的上级共事？

（9）你从前一家公司离职的原因是什么？

（10）你如何安排自己的生活时间？你会不会排斥加班？

（11）你想过创业吗？

（12）除了本公司，你还应聘了哪些公司？

（13）你何时可以到岗？

公司最贵的成本其实是招错人。招错人会损失时间成本，浪费资源，在很多情况下还会留下一个烂摊子，让旁人或者接替者不得不背上这些成本。人力资源部门在公司承担着重要的工作，尤其在招聘这个环节，既是第一关，也是最后一关。

问题92 每一轮面试的侧重点是什么

招聘的门槛是千万不能降低的，一旦降低了就很难再严格把关了，对公司的长远发展很不利。招聘的一条黄金法则就是，如果数量与质量不可兼得，那么质量一定要放在首位。宁缺毋滥，宁愿漏聘，也不要误聘。

第一轮面试由招聘经理做简单的应聘者基本背景的概况面试。

这轮面试主要考查应聘者个人的基本概况，保证应聘者的背景资料真实、基本能力符合招聘要求、求职动机合理等。这轮面试属于初步筛选，有时候也因为简历众多，招聘经理可能直接通过对应聘者的过往经验进行判断。

这轮面试如果通过，那么招聘经理会和你约第二轮的面试时间和地点。建议你打听一下下一轮由哪个面试官面试、他的职级和姓名，甚至工作风格。你不要不好意思问，问到了相关信息就可以做更多的准备，即使没问到也不会影响面试安排。

第二轮面试是业务面试，面试官通常是直属部门领导或相关业务专家，主要关注应聘者的业务深度和潜力。问题主要围绕应聘者的相关项目经历、职业成果、业绩数字展开，这时应聘者需要提前准备好简历中提到的数据和产品规划，表述要真实但不乏精彩。这轮面试不同于招聘经理的粗略业务询问，面试官会就某个细节进行追问，也会就同业的竞争策略问题展开讨论。面试官一般会问你竞争对手的公司发展情况，竞争对手的战略、战术，以及你对未来产品格局的看法，主要考查你对该领域的关注度和积累度达到了什么程度。

面试官会通过一系列专业问题考查应聘者的专业能力，比如产品规划能力、用户洞察能力、需求分析能力、基础的产品文档编写能力、交互设计能力等。同时，面试官还会考查应聘者的商业分析能力、对用户体验设计把握的能力。

业务面试的目的是找到一个最合适的应聘者，通过面试判断应聘者在入职后能否胜任这个职位的工作、是否需要进行额外培训、是否和团队原有成员具备统一的行业认知、能否快速融入团队。

应聘者如果表现得好就可以进入下一轮面试，如果发挥得不好，可能就止步于这轮面试了。这也是本书前面几章多次提及的，希望每个应聘者都能够非常重视业务面试。

第三轮面试是业务领导或高管面试。

这轮面试一般由业务部门的总监、总经理等面试，相当于对业务能力的终面。这轮面试要比上一轮面试提升一个层次。如果说上一轮面试主要考查业务基础能力，那么这轮面试考查的重点在于应聘者是否知道工作的方法、工作的目标。

很多应聘者每天都在埋头苦干，对自己工作的内容非常熟悉，但是从来没有抬起头来看看周围，没有向上仰望，所以基础能力、基本操作没有问题，但是不知道为什么要这么做。

在这轮面试中你需要注意以下几点。

1. 不只了解行业知识

你可能知道竞品的一些功能细节、运营活动等，但是在这轮面试中，你要表达出来的不仅仅是了解，而是能够分析宏观层面的东西、商业模式的区别、用户群体的差异等，甚至要有自己独特的分析框架。

2. 产品规划能力

上一轮面试可能也提到了产品规划，提到了产品研发管理，这轮面试要更多地提一下横向和纵向。要横向地和市场内的竞品比，找出你的产品的优势是什么、创造的用户价值是什么，要纵向地看你的产品迭代的节奏、产品体系的布局、要打造一个什么样的用户心智。

3. 产品团队融入与管理

这轮面试比较关注个人的综合素养，领导们一定会考虑你的个性、谈吐、形象，考虑你适合在团队里扮演什么样的角色，是“老黄牛”“开心果”“大白兔”类型的员工，还是具有狼性的以结果为导向的积极拼搏者。

当业务领导面试结束后，可能还会有高管面试。高管面试不同于前几轮的面试。高管面试通常是非结构化的面试，看上去很像平时聊天，然而从波澜不惊的谈话中，高管们运用他们自身非常丰富的工作经验和人生阅历，去考查应聘者的性格、对公司文化的认同。

第四轮面试是人力资源经理面试。

如果你已经进入这轮面试，那么我先恭喜你，你基本成功一半了。人力资源经理会给你介绍公司的情况、该部门的情况、团队的情况，结合你的个人信息、个人能力、个人背景再一次做问答。人力资源经理还要和你讨论工资、期权等问题，如果没有意外就会给你发录取通知书了。当然，有的公司的人力资源经理是有一票否决权的，所以你对人力资源经理问的业务问题也要认真回答，不能敷衍。他们可能不太懂业务，但是你也要认真准备，不能掉以轻心。

人力资源经理面试侧重于考查个人的综合素质，比如逻辑能力、团队协作能力、沟通能力、性格特征以及对公司文化的匹配度。人力资源经理也会问一些基础类的业务情况。比如，“是否做过与职位要求类似的业务，业绩怎么样等”。

很多公司的面试流程是这样的，另外还有可能出现“职业通道委员会”面试，以便确定应聘者的职业等级，还有可能进行不同部门的交叉面试。总之，每轮面试都有各自的侧重点，公司如此谨慎，就是怕招错一个人。

问题93 面试官最后让你提问，哪些问题不能问

在一般情况下，在每轮面试结束后，面试官都会说：“你有没有什么问题要问我的？”这是一个看似简单，但是非常重要的问题，听起来是双向选择的问题，实则是最考验应聘者的。当然，也有大多数面试官到这个环节只是出于礼貌走一个过场。可是像腾讯、阿里巴巴这样的大公司绝对不可能白白浪费这样的机会，面试官在设计整场面试时就像设计一款产品一样，不会设置任何多余的功能。所以，应聘者要抓住任何一个展示自己能力的机会。很多应聘者都属于拘谨或者腼腆型的，他们会考虑一下，然后说：“您刚才的介绍已经非常全面了，我暂时没什么问题了。”或者问一些简单的问题，我认为这是非常浪费机会的。面试官不太希望听到这样的回答，因为面试官通常给你机会提问，就是想判断你想不想对公司的职位、公司的发展深入了解，如果想了解，那么刚好做一次解答，除非你对这个机会不太感兴趣。

有的应聘者直言不讳地提问，可能会让面试官比较反感，比如，“您觉得我有机会进入下一轮面试吗？”这种提问会自讨没趣，让面试官无法回答，也显得提问者十分幼稚，即使本来有机会，也会因为这种提问充分暴露了应聘者不太高的情商。面试官一般都会留点余地，不会当场点评。

有的应聘者试图向面试官“发难”，结果很可能引火上身，比如，“您认为打败微信的会是什么产品？是哪家公司？腾讯继微信之后还会做出什么伟大的产品吗？”这种提问非常无厘头，这是面试，不是比武擂台，也不是行业论坛，对于这么大的问题，估计任何面试官都会发蒙，如果面试官知道腾讯继微信之后还会做出什么伟大的产品，他就去创业了。况且，这种问题怎么可能用两三句话就说清楚呢，即便说出来的答案也绝对是价值不高的、大家都知道的。这时，如果面试官反问一句：“你提的这个问题非常好，想必是有过深思熟虑的，你先分享一下你的想法？”那么提问者就会非常尴尬了，本来试图向面试官“发难”，结果让自己先回答。如果他只能简单地回答，没有逻辑可言，那么可想而知面试官对他的印象是什么样的。

有的应聘者比较关注工资福利，可能会问这个职位的工资是多少，比如，“工资福利大概是什么样的，是15薪还是18薪？工资哪天发？都由哪几部分构成？有没有股票和期权？有没有提成？五险一金是按什么比例缴纳的？公司的年假是多少天？公司有没有给员工缴纳补充的医疗保险等”。如果他在人力资源经理面试时提出这些问题还比较正常，如果在业务面试中问这些问题，就非常不专业了，说明他不知道谁应该负责这些事情。除非面试官主动问你在原来的公司拿到的实际工资，或者与你讨论相关的问题，否则不建议提这种问题。

有的应聘者看了互联网上的面试经验，可能会使用一些“套路”。比如，“请问这个职位的培训多吗？”看上去好像在问问题，又不妨碍面试评估，而且还显得比较关注个人成长，其实随着面试经验广泛流传，对于这种典型的套路型问题用的人越来越多，会让面试官反感，尤其是关注公司培训频率的问题。公司不是大学，很多知识和技能都要靠个人学习，入职大公司不等于进了好大学，不能一味地等着公司培训。公司需要能干活、能创造价值的人，提供培训的目的是开阔你的视野，期待你能给公司创造更多的价值。在职位要求中提到的基本工作技能是需要在入职前就具备的，绝对不是通过培训获得的。

有的应聘者会问一些工作以外的问题，比如，“咱们公司加班多吗？工作制是996 模式吗？咱们公司周六不上班吧？入职就能签劳动合同吧？试用期多长？咱们公司附近有地铁吗？”如果私下问朋友这些问题是合适的，看上去比较正常，但是在面试阶段问就不太得体。也许他在之前的求职经历中遇到过一些不公平的待遇，所以想在这次求职时提前问清楚，把关乎自身利益的问题都提出来，但站在面试官的角度来看这些问题都是和工作无关的，面试官会认为应聘者不关心这个职位要干什么工作，反而关心一些无关紧要的问题，会留下非常不好的印象。以上这些问题完全可以通过官网或问朋友的形式了解，不建议在面试的时候问。

你千万不要浪费最后的提问机会，这同样是展示你的机会。

问题94 面试官最后让你提问，应该问哪些问题

面试官最后让你提问，其实就是想看看你在入职后打算怎样开展工作、是否能够快速融入工作，所以下面来谈谈应该问什么。

1. 可以问面试官这个职位的由来

比如，“我所应聘的这个职位在咱们公司是一个新职位吗？”因为在社会招聘的时候，一个职位空缺的原因，要么是原来的人离职、跳槽、升迁、换岗，要么就是出现了新业务、新职位。应聘者问这个问题的目的就是表达希望知道这个职位的职责、这个职位的工作范围、这个职位有哪些待处理的问题。

如果是旧的职位，那么还可以问前任产品经理是因为什么离开的、前任产品

经理有哪些地方做得好公司希望继续保持或者有哪些地方希望改进。

如果完全是一个新的职位，那么可以追问公司有什么规划，为什么要设立这样一个非标配的、在行业内不多见的职位，或者问公司希望对这个新职位设立一个什么样的目标。

2．可以问面试官这个职位面临的挑战是什么

比如，"咱们团队去年经历的最大的挑战是什么？咱们团队准备怎样迎接今年市场的挑战？"

切忌问面试官"问题"，比如，"咱们团队遇到的最大的问题是什么？"相信我，没有任何人喜欢这样的提问，这会让面试官觉得比被领导批评还难受。应聘者问公司现在最大的问题是什么显得非常不礼貌，任何一个公司都有问题，在经营过程中哪有不遇到困难和问题的，有问题不要紧，要有解决方案，但是从谈话技巧上来说，问"挑战"好过于问"问题"。

3．可以问未来这个职位最紧迫的任务是什么

面试官在最后的环节问应聘者有没有问题，就是想考查应聘者对公司的意向度，以及应聘者做决策的依据，所以在这个环节中应聘者务必要认真准备。应聘者可以问这个职位最紧迫的任务是什么或者可以提前做哪些课题研究以便能够更快地融入团队。

提出这样的问题意味着应聘者看重这个职位，主动提出要完成一个作业、一个课题研究，或者一个竞品分析，也可以争取更多的表现机会，增加面试成功的概率。

4．可以通过提问暗示自己可以在公司待3年

产品经理要用产品思维思考面试，产品的终极目标是满足人的需求，面试的终极目标就是满足公司对应聘者的需求。在面试中，应聘者要展示自己的专业性，

同时也可以展示自己的职业生涯规划。比如，“我知道我原来在小公司做产品经理可能还有不少地方需要磨炼，想问一下未来3年我会接触哪些业务？我要做怎样的努力才有机会超越您？”这样的提问，提到了3年计划，暗示自己可以在公司待3年，还直接剖析了自己的缺点，向面试官表示自己有自知之明，以及希望学到更多知识的意愿。

让面试官觉得你好学，让面试官想成为你的导师，是这种提问方式的小技巧，可以给面试官一个发挥的机会。这类问题最好不是通过背景调查和信息收集得到的，必须是面试官最感兴趣且有意愿和你聊下去的问题。

5．可以通过提问展示你的作品

在最后提问的时候，你可以提前设计一下，比如，“我之前对竞品做了一些研究，不知道在未来的工作中是否可行？”这时，你拿出准备好的作品，面试官可能会被震撼到，这样的方式可以展示你收集信息的能力，展示你通过电脑、杂志、书籍、文档、互联网等进行分析和研究的能力，这些能力是做竞品分析及需求分析的基础。面试官可能会对你为何有意识地收集这些问题及信息、使用了哪些工具和方法感兴趣，可能又会提出一系列问题，不过这些问题应该是你可以提前准备好答案的。你只需要把提前准备好的信息收集理论、产品分析理论、需求分析理论一一讲给面试官听，让面试官看到你更全面的能力。

问题95 怎样正确地谈工资的问题

面试到了最后的环节都是要谈工资的，也许你是凭着工资高低选择是否面试的，谈工资无可厚非，但不管是猎头推荐、自己投简历面试，还是朋友推荐，建议工资增长一定幅度就可以了。你千万不要抱着工资不翻倍就不去的心态找工作，毕竟工资与个人能力、行业发展趋势、未来创造的价值、当前经济环境等因素相关。

下面从几个角度来讲讲人力资源经理是怎么看待这件事情的，只有“知己知彼”，你才能做出比较正确的决策。

1. 公司会考虑公平原则

为了维持公司整体工资的平衡、公平，人力资源经理可能会压低你的工资。

应对策略：你可以直接提出你的需求，只要符合市场价格就可以直说，要稍稍留一点压价的空间。从公司的角度来说，人力资源经理要看未来，看你的潜力，老员工有可能离职，在公司工作 3 年后跳槽去其他公司都非常值钱，所以老员工相对来说不稳定，那不如把这部分预算用到新人身上。所以，你直接说出你的需求并不会被拒。

2. 公司会考虑整体的工资结构

你想的工资可能就是每个月拿到手的工资有多少、年终奖有多少，非常实在，而人力资源经理要考虑得更周全，比如年终奖、季度奖金、各种节日福利，这些只是现金收入，还有公积金、社会保险、医疗保险等，甚至还包括员工的培训费用、公司补充购买的商业保险等软性福利，这些构成了全面的工资体系。所以，你们会站在不同的角度看待工资，评估的维度会差很多。

应对策略：你要考虑得更全面一些，不但要考虑现金收入，还要考虑各项福利待遇、工作时长。如果每天加班特别频繁，那么你可以用时薪比较。你同样也要考虑行业的特点，比如一些银行的工资不高，但是奖金很高，有些创业公司的工资很高，但要工作到深夜才下班。

3. 要高工资就要承担更多的责任和风险

小公司的工作强度和大公司是有差别的。如果你从小公司离职却仍要很高的工资，那么不太可能，所以要想进大公司工作，要想得到高工资，就要付出更多的努力，接受高工资意味着承担更多的责任和风险。

应对策略：在谈工资前，你最好问清楚这个职位的管理范围、团队成员构成和背景、面临的挑战、未来的发展定位，也要问清楚这个职位的工资结构，不能单纯地只看拿到手的工资，要考虑未来的挑战、未来要面临的压力。

当然，有些公司不想招聘高水平人才，公司认为要完成当前的工作，工作能力一般的人就可以，所以工资可以低一些，不用承担太多的压力。公司就没有想过要高薪聘请人才，如果你遇到这种公司，那么提出一个合理涨幅就可以了。

4．公司招人既要省钱又要好

公司的招聘状态与你逛淘宝是一样的，你想在淘宝上买到既便宜又好的东西，公司的招聘也是这样的。对于一个职位，一般会面试3～5个人，热门的职位有8个、10个人同时应聘也是非常正常的。在面试一周后，公司很可能试着对觉得还不错的几位应聘者进行压价，希望找到一个各方面与职位都很匹配的。

你觉得面试表现不错，对答如流，胸有成竹，可是你很可能不值这个价，这是多么残酷的事实啊，你不能接受这点也合情合理。

应对策略：在谈工资的时候你千万不要太强硬，先要给对方留点空间，也给自己回旋的余地，千万不要把话说死了。我们一般不认为自己的价值不行，所以容易产生的疑问、失衡的评价也就产生了。

如果平级跳槽，那么工资的涨幅可能是20%～30%，也就是比在公司里正常年度调薪要高一点点；如果升级跳槽，那么工资的涨幅可能是30%～40%；如果降级跳槽，但是却进入大公司工作了，绝对是有可能降薪的，你要考虑进大公司工作追求的是什么。

总之，在谈工资前，你最好了解更多情况，在做出决策前，一定要换位思考一下，人力资源经理也只是奉命行事，很多公司其实为了留住人才，非常愿意把更多的工资回报放到年终奖，或者强调公司的福利、年度调薪等。你要根据自身情况做决策，并没有一个适用于所有人的标准答案。

问题96 怎样回答个人素质类题目

在面试的时候，应聘者一定会被问到关于个人素质方面的问题。总监、总经理级面试的重点已经不是考查业务能力，而是关心应聘者的个人潜力和个人素质了，尤其在人力资源经理面试的时候更关注个人素质，比如会问你最大的缺点是什么、最突出的优点是什么、曾经做出过哪些成绩、有什么样的失败经历等问题。

下面从个人素质方面来谈一下怎样回答。

1. 怎样表达自己善于沟通

很多人都会在简历中写自己善于沟通，可是写出来就代表会沟通吗？肯定不是，那如何表达呢？你要讲一个故事，讲一个场景。善于沟通其实是一个手段，推进事情有进展才是目标，所以在你讲的沟通场景故事中，一定要包含在什么场景中通过什么沟通方式、沟通技巧达到了什么沟通结果。

沟通一定要想得全面一些，只有想得清楚才能表达得清楚，在沟通中不是谁的嗓门大谁就能够得胜。夸夸其谈，不着边际，胡言乱语，只会在沟通中出丑，将自己的不利之处暴露无遗。沟通的话不在多而在精，观点鲜明、论据严密、一语中的才能达到一鸣惊人的效果，同时也能反映你清晰的逻辑思维。即使与别人的意见不同，你也最好先表示认同，然后再提出不同的看法。

既能够清楚地表达自己的立场，又不会令别人难堪，既让自己的观点更有说服力，又不引起别人的抵触，这些都是产品经理在传递产品理念时必备的能力。同时，所有的沟通都是为了更好地推进事情的进展，过分地表现自己而攻击对方观点往往无法达成最后的目标。

2．怎样表达自己有解决问题的能力

能发现问题、解决问题，得到一个求同存异的结果，最后达到某种共识，这就是产品经理最优秀的能力。据理力争、试图压倒其他同事则会被视为缺乏团队精神，基本上会被排挤，是不会与其他人达成共识的。

为了能够展示出有解决问题的能力，你需要表达出怎样发现问题、怎样定义问题、怎样拆解问题，然后给出一个解决问题的框架。你要展示出在出现分歧、讨论进入僵持阶段的时候，是如何积极协调推动讨论进行的。在必要的时候，你还要展示出是如何学会妥协的，要以团队利益为中心，这样才能彰显领导能力，毕竟对于产品经理而言，说服他人不是目的，与人争吵更不是手段，解决问题才是做事的正确方式，能给出一套解决方案才是最终靠谱的。

3．怎样表现学习能力强

为什么在面试的时候要表现学习能力强呢？因为学习能力代表了应聘者的发展潜力、适应能力、融入团队能力。在很多时候，应聘者可能涉及跨行业，涉及做不同领域的产品，以前没有做过，但是又很想得到这份工作，那么只能表现出来“虽然没有做过，但是学习能力强，很快就能上手”，以此来获得面试官的认同。

（1）快速学习某个领域的专业知识。你可以举一个之前工作的例子，通过阅读上市公司的财报、新闻媒体的专栏文章、请教公司的同事、参加行业论坛会议等方式快速完成知识积累。这就是你的一套方法论，可以适用于任何行业，你可以在 7 天内成为行业的“专家”。

（2）持续学习某个领域的专业技能。你可以举一个生活中的例子或者在上大学时的例子来表达你对专业技能学习的方法。比如，你喜欢分解标准动作，喜欢观看教练或高手的视频、琢磨他们的标准动作、琢磨他们的思路、思考为什么要那样做，然后自己勤于练习，最终掌握某种技能。

（3）能够将原来积累的能力迁移到新领域。能力迁移其实是职场人士最应该在面试的时候表达出来的。因为在很多时候当遇到新问题的时候你希望可以用老

的模式、老的能力解决，把未知的问题转化成已知的问题是大家最习惯的方式。所以，你要表现出来你可以看清楚问题的本质，并且能够归类合并问题，能够把过去的能力迁移过来。

4. 如何正确表达优缺点

当面试官问到有什么优缺点的时候，很多应聘者都模仿网上的一些答案，耍一些小聪明，其实面试官已经听过很多遍了，比如下面这样的回答只会给面试减分。

例 1：我的缺点是遇到问题比较较真、认死理。应聘者的心里想说我的优点是我有刻苦钻研的精神。

例 2：我的缺点是遇到问题会反复考虑，不能及时做出选择。应聘者心里想说我的优点是做事严谨。

网上教学给出的经验是不能说“我没有缺点”，但是又不能直接讲一些真的缺点，比如，“不负责任、不好学、不合群、没激情、偏激、没进取心”等。所以，最好说一些两面性的缺点，让面试官听起来是缺点，实际上是优点。坦白来说，这种回答现在已经不可信了。

正确的方式是先回答自己在哪方面有优势、有价值，然后再坦诚地回答有什么缺点，而这个缺点是不太重要的方面。比如，文科生可以说数学逻辑有欠缺。

问题97 如果面试官不按套路提问怎么办

并不是每个人都有足够的能力把控面试，而且在面试的时候总有可能遇到一些极具挑战、极具跳跃性、不按常理出牌的面试官。所以，在面试的过程中，不可控的问题是一直存在的。

那么面试官通常会问一些什么问题呢？如果面试官随机问问题那么该如何准备呢？下面就来讲讲不按套路出牌的套路是什么。

套路一，与意愿相关。

（1）你为什么要加入腾讯选择这个职位？

（2）你为什么非要做产品经理？

（3）你最好的内在驱动力是什么？

其实你可以用你的职业生涯规划回答这类问题，告诉面试官你对这个职业是怎么理解的、对这个职位要做的事情有什么样的期待、你的内在驱动力是你的激情等。

套路二，与工作视野相关。

（1）你平时都阅读哪些网站或公众号的文章？

（2）你怎么看短视频行业？

（3）你怎样看主播直播带货的现象？

（4）你最近常用的 App 有哪些？它们为什么打动你？

这类问题都在考查你的行业洞察力，考查你在日常工作中视野够不够宽，能不能通过其他行业、其他公司的业务吸取一些经验教训。你可以围绕着你对业务的理解，把看到的事情串起来，表达出背后的规律。

套路三，对过往工作的细节非常关注，穷追猛打。

面试官通常会让应聘者描述以往负责的项目，然后追问一些细节问题，这些追问的细节问题是不太容易准备的。但是归根结底，面试官希望看到一个有结构化思维、逻辑分析能力很强的应聘者。

你要记住不要纠结细节，要讲得有条理，思路要清晰，要多用序号回答。比如，我接下来从 3 点来详细阐述……这种给面试官设置“路标”的回答，非常容易获得面试官的好感。

套路四，考查产品经理对技能运用的程度。

（1）你在以前的工作中有哪些成就？

（2）你遭受过什么失败或挫折？

（3）请说一个最令你的总监满意的项目。

对于这类问题，你可以拿一个之前做的项目或者功能举例说明，可以通过细节内容来表现如何分析和解决问题。同时，你也可以给面试官展示一下相关的产品文档、原型设计稿或者线上功能。这些都可以代表你对技能运用的熟悉程度。

套路五，关注一些应聘者的潜力。

（1）你从以前的失败中吸取了什么教训？

（2）在目前的工作中你碰到了哪些问题和挑战？

（3）假如让你重来一次，你会做哪些改进？

面试官主要想了解应聘者是如何面对失败、面对困难的，同时期望听到应聘者说出采取哪些措施纠正错误、如何避免问题再次发生，以及收获是什么。

在被问到这类问题时，你最好稍微思考一下，不要一下子给出答案，可以从自己的职业技能出发，讲讲方法和思路。

面试本身就是一个学习的过程。产品经理的原型能力、项目跟进能力、技术基础等技能，是可以通过工作或培训花点时间磨炼出来的。运营能力也是产品经理的必备技能，是需要随着入行时间的增加、自己不断学习总结才能提高的，运营能力重点体现在对产品的规划和战略方向的思考。这就需要产品经理具有超限思维，不仅要了解产品是如何设计的，还要了解如何营销，要脱离职位、部门的界限思考和解决问题。

所以，看上去面试官不按套路问的一些问题，其实都是在考查一个产品经理最基本的能力。

问题98 如何考查一个高级产品经理

对于一个高级产品经理来说，面试的问题肯定不再集中在对一些工作技能的考查，更多的应该是考查如何看待事物、如何认识问题。更为重要的是，要考查应聘者能否站在比自己职级高两到三个层级的位置上看待问题。

比如，在面试高级产品经理时，面试官会问，假如你是微信的高级产品经理，你会为产品设计哪些新的功能？

无论遇到何种风格的面试官，你都不用有太多压力，也不用想着自己可以像第一轮面试那样一鸣惊人，而要通过对各种经历的描述来突出自己的潜力。你可以用一个过去从 0 到 1 的项目经历来反映自己的潜力，在描述事情的难度时，可以不从 0 开始讲，而从负数开始讲。

另外，在表达上你也可以利用欲扬先抑的方式，比如，刚做某个社交 App 产品的时候，你不太在意用户的投诉反馈，认为有些意见就是因为用户不是你的目标用户群体，所以才会提出这样的问题。后来，你在偶然研究竞品时发现，竞品是反过来设计迭代产品的，以满足用户需求为核心，会非常积极地听取用户的意见，因此得到了无数用户的点赞。于是你重新做用户调研，重新定义产品。

对高级产品经理的面试考查有以下几个方向。

1. 在逆境中的一些行为特质

面试官在面试时会经常考查产品经理在逆境中承受巨大压力时如何应对复杂局面。对应聘者进行压力测试，甚至用质疑、尖刻、咄咄逼人的语言，从应聘者最薄弱的地方入手提问，会让应聘者处于一种尴尬的境地，再加上不友好的态度和锐利的眼神会使得应聘者感到紧张。

在这个时候，面试官观察应聘者的行为、应聘者使用的一些方法和套路就比较真实。比如，“你没有这个方面的行业经验，凭什么说服我录用你呢？”面对这种盛气凌人、存心刁难的提问，假如你被惹恼了或者心理防线崩溃，那么这场仗你就输了。在回答这类问题时，你必须头脑清醒、冷静应对，不必与面试官针尖对麦芒，可以采取迂回战术，巧妙地回答。在这个过程中，面试官其实并不要求你能够把问题回答得有多好，只是在观察你的情绪和面对压力时的应激反应。

2. 面试官会通过不熟悉的事考查能力

面试官一般会提出一个问题，这个问题必须是应聘者不熟悉，而面试官熟悉的问题。面试官绝对不是用这种问题炫技，而是用这种问题判断应聘者用什么方法定义、分析和拆解一个陌生问题，这可以考查应聘者有没有成熟的思维框架。

当然，面试官也可以问一个应聘者非常熟悉的问题，看应聘者能不能用通俗的语言解释清楚，以此判断应聘者在未来负责一些产品细节和性能的优化时或者在从事产品日常维护和沟通之类的工作时，是否可以不断追求卓越，能否推动产品创新。高级产品经理必须有非常好的思维框架，对用户、对商业模式要有足够的认识，思维方法论要成熟，要经常对产品做出创新。

3. 通过标签增加判断维度

有些面试官在看简历的时候，通常会给应聘者贴一些标签，找一些关键词来描述应聘者。例如，“在阿里巴巴工作过”“985、211 名校毕业”等，这种标签无疑是给应聘者增加了门槛，带来了比较。

对于高级产品经理这样的人才和高阶职位，因为离职替换成本太高，所以在面试时，面试官不但要提高门槛，要和行业内优秀人才比较，还会预判该应聘者在入职后两年内的成长性和跳槽的可能性。

同时，面试官还会关注应聘者的批判性思维、同理心、用户理解力，考查应聘者如何快速融入新的团队、“空降”到一个团队。

高级产品经理绝对需要深入理解业务，同时还要能进行跨团队深度协作，所以越是高级产品经理，越是通过招聘渠道进入公司的“空降兵”，就越要付出很高的熟悉成本和磨合成本。

另外，高级产品经理要能够体现出经验的价值，有些业务问题可能无法用数据判断，必须依靠知识和数据背后的判断、产品理念，而这就要依赖于高级产品经理的说服能力，靠人格魅力、领导力。

问题99 找到好工作是靠运气还是靠朋友

你是怎么找工作的？是投简历还是找相关行业的猎头推荐？你想过让同学、朋友、旧同事给你介绍新的工作吗？有研究表明，在找工作的过程中有一种弱关系发挥了重要作用。你可能会问弱关系究竟指的是什么样的关系，在找工作这件事上是怎么发挥作用的？

自从人类进入工业时代以来，在越来越大的城市和流动性越来越强的公司中，人情化的因素已经大大削弱了，没有了家族关系，没有了农耕时期的村落关系。可能大多数人在职场中都有一个普遍的经验，就是家庭背景、教育程度、个人综合素质等都会对一个人的职业发展和收入水平产生重要影响，但是这种影响又不是绝对的，有的时候人们也会因为一些偶然因素得到很好的工作机会。比如，一个偶然认识的人随口告诉了你一个工作信息，或者你在找工作的时候，恰好你喜欢的公司有合适的职位等。找工作这件事情有很大的运气成分，而运气其实就是弱关系的力量，虽然这些社会关系并不是一个人主动选择或者长期维持的关系，而是不经意间建立的，但是这些关系可以在恰当的时候、恰当的地方恰好帮上忙。

那要怎么衡量弱关系呢？有 4 个维度，分别是认识时间的长短、互动的频率、亲密性和互惠交换。认识时间长、互动频率高、彼此之间的关系比较亲密、互相信任经常帮忙的关系就是强关系。相反，认识时间短、几乎没有互动的关系就是弱关系。但弱关系在信息传播中有很明显的优势，能够帮助人们接触新事物，找到合适的工作，还能够增强社区的凝聚力等。

例如，小虹是一位刚毕业的产品经理，在大公司实习，表现突出，可是大公司没有转正的机会了。有一天中午，大家一起吃饭，小曹说他太太的公司正在招人，职位也刚好合适。这个消息显然是小曹从他太太那里听来的，小虹马上投递了简历，就被录用了。这个案例其实经常发生在我们身边，这就是弱关系网络的特点，这个网络上的节点很多，覆盖的范围非常广。

弱关系提供的信息更广泛，在想找工作的时候，我们一般会先到招聘网站上看看，但是这种正式途径的效果不一定好。因为出现好工作的时间窗总是短暂的，好的工作机会往往不是在你想要找工作的时候出现的。另外，在传递工作机会的时候，提供信息的人多少还会为被推荐的人讲上几句好话，通过熟人推荐而获得的工作的工资和待遇一般会更好，工作满意度也比较高。

强关系之间因为人们的生活圈子高度重合，很多信息都是雷同的和多余的，但是弱关系就不一样了，弱关系具有很大的差异性，经常能够跨越阶层和团体传递信息，远远超过了强关系一般可以接近的领域。举个例子，如果你的微信朋友以同事居多，那么在公司周年庆的时候，你就会发现被“刷屏”了，大家发的信息都是一样的。这就是强关系的缺点。而弱关系带来的信息具有更大的流动性，弱关系往往会将获得的信息带到不一样的平台和圈子，这个圈子里面就会有很多机会。

其实每个人在日常生活中都在打造一个“人设”，也可以说在积攒人脉，积累这种弱关系。虽然好运气会影响找工作，但是归根结底还要看你的能力。因为你平时做得非常好，在同事心目中留下了非常好的印象，形成了非常好的口碑，所以一旦出现好机会，别人就会第一时间想到你。这种信任对个人、公司，以及整个网络都有巨大的价值。

另外，不管是靠运气，还是靠朋友，你都要更加积极主动。比如，在面试结束后，你可以找机会添加人力资源经理的微信，或者直接添加面试官的微信，对于这种当场的小要求，很难有人会拒绝，如果拒绝就会显得非常不礼貌、不友好。在添加微信后，你可以主动留下姓名和电话，等过两天再发微信消息追问一下面试反馈或者面试进展。你还可以主动找朋友打探消息，甚至再次登门拜访，这些都能彰显你的个人能力、积极推动事情落地的激情。

要想找到好工作，平常一定要好好表现，并不是哪一天你想找工作，别人就突然愿意推荐你，就非要推荐你不可，这一切的基础都来自你每天为自己打造的“人设”、你在别人心中的印象。

当然，即便有朋友推荐，你也要好好准备面试。这层推荐关系会让面试官格外关注你，甚至还可能提高了标准，因为朋友在推荐你来的时候，一定附带了一些优秀的评语，而你为了不让自己失败，不让朋友蒙羞，会背负很大的压力来面试，这些因素都可能造成你面试紧张，发挥失常。所以，你要提前做充足的准备，把要展示的能力、能证明自己能力的作品、过去工作的方法、细节的数据提前回顾一遍。你千万不要认为你是朋友推荐的，就觉得理所应当会聘用你，该有的公平、公正、公开肯定是要有的。

问题100 面试到底为了什么

这已经是最后的一个问题了，也算是最终的拷问：“面试到底为了什么？”

也许你会说面试就是为了找工作，还能为了什么呢？其实面试是一块试金石，是一面镜子，是一种成长的驱动力。面试是为了展示自己的能力，是为了让市场给你评估。面试就是一场秀，就是一次演讲。

面试不是为了炫耀，不是恳求别人给你一份工作，更不是坐在那里等着别人“盘问”，所以你必须要学会掌控面试的主动权，学会抓住任何一次机会。

你应该把面试看成一次“产品”的创造，要具备用户思维，要给用户真正的价值。对于这个产品来说，面试官就是你的用户，而用户的“需求”调研早就完成了，并写在招聘要求中，所以绝对不应该出现“自嗨”的简历和面试。

如果你是产品经理，就应该很清楚如何满足用户需求，就应该知道简历加面试就是一个论证的过程，你要用你的简历和面试时的自信表现赢得面试官的认同。然而很多人却不知道面试官为什么会认同他们，都以为是过去的工作经验、过去的项目经验决定了面试能否成功，其实这是最大的误解。面试永远都是寻找与职位最匹配的人，虽然没有人不想找到最强的人，可是最强的人不一定愿意来面试、未必能接受这个条件，也未必在这个时间段刚好处于离职状态，所以你要充满信心，你虽然不是最强的，虽然没有大公司的工作背景，但是不意味着就没有任何机会。

如果真的通过过去的工作背景和工作经验评估一个人，那么整个人才市场就只能从上向下流动了，就不可能有人从小公司跳槽到大公司了，这显然是不符合常识的。面试就是评估能力，只有能力匹配才能够胜任工作，也只有胜任了工作你才是公司希望找到的那个人。

你以为你的能力超群，觉得离开这家公司绝对会找到更好的工作，动不动就想裸辞，那么就应该来参加一次面试，让市场检验你，让市场给你一个评估结果，是不是金子，一试便知。

当然，面试也是为了找到自己的不足，看到和行业内顶尖高手的差距，你去大公司面试就是一种学习，只有当知道哪里不足的时候，你才会知道到如何成长，所以说面试是一种成长的驱动力。

最后，希望每个读者都能够找到合适的位置大展拳脚，找到最匹配的职位让自己发挥能力，让自己成为最闪光的那一位。

附录 1

个人简历自查表

个人简历的检查点	你的答案和修改计划
1．简历结构是否完整	
2．在你的简历中是否有一些与工作职位无关的信息	
3．简历模板是否有更便于阅读的版本	
4．简历的格式是否通过不同设备测试过	
5．在简历中是否已经表达了核心能力	
6．在简历中是否介绍了工作流程和工作方法	
7．在简历中是否有业绩可以证明能力	
8．简历的表达是否有逻辑，工作经历是并列关系的、递进关系的，还是按序列排序的	
9．简历能否体现出你是与目标职位最匹配的人选	
10．在简历中有没有可以引起面试官注意的亮点	
11．简历是否按以“用户（面试官）”为中心设计	
12．你是否为不同职位、不同公司准备了不同的简历	
13．你是否在投简历前认真研究过目标公司	
14．你是否认真阅读、分析了招聘要求，并在简历中有对应的点	
15．你是否还在海投简历	

附录 2

能力测试题范例

能力测试范例（部分公司会在面试前要求应聘者提前做题，不同的公司有不同的目的，在此不做评判）

1．“无知”与“无畏”两词的意义：

a）相似

b）相反

c）既不相反也不相似

2．“征服”的反义词是：

a）压倒

b）屈从

c）强迫

d）击败

3．“净化”的反义词是：

a）消毒

b）擦洗

c）污染

d）清除

4．白菜的零售价是8.5元/斤，批发价是8.25元/斤，如果批发100斤，那么比用零售价买100斤节省多少钱？

5．一个男孩今年4岁，他的姐姐的年龄比他大一倍，当这个男孩25岁的时候，他的姐姐的年龄是多少？

6．一个男孩在33天内存了298元，平均每天存多少钱？

7．三人合作做生意，决定不论投资多少，大家平分利润，甲投资4500元，乙投资 4500 元，丙投资 1000 元，如果获利 1500 元，那么甲所得的红利比按投资比例分红少了多少元？

有些公司还会有行为测试题，在互联网上可以找到很多，有些公司也会把各种类型的题目混编，有语文题，有数学题，甚至还有英语题，并且要求应聘者在一定的时间内完成。

当然，也有一些公司把类似的题目放到了线上，在面试邀请邮件中会有专门的访问地址和账户名、密码。如果答题分数过低，你可能就会失去面试机会。所以，当遇到这类公司的时候，你要保持冷静，机灵一点。